| 光明社科文库 |

新时代高校人才培养内部质量保障体系研究

计国君◎主编

光明日报出版社

图书在版编目（CIP）数据

新时代高校人才培养内部质量保障体系研究 / 计国君主编. --北京：光明日报出版社，2023.5
ISBN 978-7-5194-7246-7

Ⅰ.①新… Ⅱ.①计… Ⅲ.①高等学校—人才培养—保障体系—研究—中国 Ⅳ.①G649.2

中国国家版本馆 CIP 数据核字（2023）第 089223 号

新时代高校人才培养内部质量保障体系研究

XINSHIDAI GAOXIAO RENCAI PEIYANG NEIBU ZHILIANG BAOZHANG TIXI YANJIU

主　　编：计国君	
责任编辑：李壬杰	责任校对：李　倩　张月月
封面设计：中联华文	责任印制：曹　净

出版发行：光明日报出版社
地　　址：北京市西城区永安路 106 号，100050
电　　话：010-63169890（咨询），010-63131930（邮购）
传　　真：010-63131930
网　　址：http://book.gmw.cn
E - mail：gmrbcbs@gmw.cn
法律顾问：北京市兰台律师事务所龚柳方律师
印　　刷：三河市华东印刷有限公司
装　　订：三河市华东印刷有限公司
本书如有破损、缺页、装订错误，请与本社联系调换，电话：010-63131930

开　　本：170mm×240mm	
字　　数：253 千字	印　　张：16.5
版　　次：2023 年 10 月第 1 版	印　　次：2023 年 10 月第 1 次印刷
书　　号：ISBN 978-7-5194-7246-7	
定　　价：95.00 元	

版权所有　翻印必究

写作组成员
（按姓氏笔画为序）

计国君　甘雅娟　刘亚西　刘公园　许卓斌　陈祥祺
李艳勤　冷　伟　林钰青　胡赛明　郭建鹏　钱素萍
崔　凯　黄文祥　梅雄杰　康　锐　薛成龙

序　言

　　我国高等教育已进入以提高质量为核心的内涵式发展阶段，《国家中长期教育改革和发展规划纲要（2010—2020年）》明确提出，提高质量是高等教育发展的核心任务，是建设高等教育强国的基本要求。《中国教育现代化2035》也提出，到2035年我国要迈入教育强国行列。因此，建立中国特色、世界水平的高等教育质量保障体系，是贯彻教育规划纲要的基本要求，也是提高高等教育质量的主要抓手。自20世纪80年代以来，高等教育质量和质量保障建设问题逐渐成为国际社会关注的焦点议题之一。各国尽管高等教育规模和发展阶段不同，管理体制和政府领导方式也不同，质量保障体系在模式选择、运行机制方面也存在着诸多差异，但在围绕质量提升方面采取的具体举措，尤其是提出的一些先进理念和前沿实践非常值得我们借鉴和推广。

　　教育部高等教育司2022年工作要点以高质量高等教育体系建设为主题主线，以新工科、新医科、新农科、新文科建设为工作统领，以高等教育数字化为战略引擎，以培养卓越拔尖人才为核心目标，以振兴中西部高等教育为战略重点，以调整优化学科专业结构为关键举措，全面提升高等教育人才培养的根本质量、区域协调发展的整体质量、支撑引领高水平自立自强的服务质量，加快完善以"四新"建设为代表的高等教育发展中国范式，使我国高等教育走好人才自主培养之路。教育部教督〔2021〕1号印发的《普通高等学校本科教育教学审核评估实施方案（2021—2025年）》（新一轮审核评估）也聚焦高等教育质量保障，强调推动高校积极构建自觉、自省、自律、自查、自纠的大学质量文化，建立健全中国特色、世界水平的本科教育教学质量保障体系，引导高校内涵发展、特色发展、创新发展，培养德智体美劳全面发展的社会主义建设者和接班人。世界面临着百年未有之大变局，中国共产党第十九次全国代表大会上的报告正式把高等教育的基础支撑作用提升到支撑与引领并重，使高等教育成为可持续发展的最大红利与牵引动力。习近平总书记强调强国必须强教，高等教育是一个国家发展水平和发展潜力的重要标志。这都凸显了高等教育作为国之重器的重要作用。鉴于上述，构建高校内部质量保障体系，推动人才培养高质量内涵式发展，是本书的出发点。

本书试图通过历史梳理、现状调查、国际比较等研究环节，全面梳理中外高校人才培养质量保障体系的现状和发展趋势，总结和提炼国内外高校人才培养质量保障体系建设的成功经验与先进工具。本书在宏观层面反思具有中国特色的高校人才培养质量保障体系建设路径，在微观层面探究适合中国国情、教情的高校人才培养质量保障理念、机制和工具。这不仅在理论方面丰富了高校内部质量保障体系研究的视角和维度，也将在实践方面为推动教育质量观念革新、创新高校内部质量保障机制、完善人才培养质量保障体系、全面提高人才培养质量提供指引性方法和策略。

本书融合了多所国内高校的调查数据统计分析，梳理了国外高等教育内部质量保障的典型实践，集成了新时代高等教育发展的核心理念，整合了200多篇学术界的实践与理论研究成果，结合写作组成员研究的思路最终集成了本书的体系结构。其中有些内容属于探索性的，还未见文献论述，同时本书得到教育部重大课题攻关项目"高校人才培养质量保障体系研究（16JZD045）"的支持。

本书共分七章，按照质量保障的理念与方法、经验与启示、历史与反思、理想与现实、价值与追求、未来与展望、经验与科学的脉络展开。第一章阐述了高等教育质量保障的宏观理论，主要包括质量保障的基本概念、内涵与特征、原则与方法等；第二章梳理了国外高等教育质量保障发展情况，主要包括发展历程、基本模式与特征，以及带给我国高等教育质量保障体系建设的启示等；第三章回顾了我国高等教育质量保障实践的政策与实践历程，主要包括政策沿革、实践要素、组织架构、具体举措，以及发展特征等；第四章通过对国内多所高校内部质量保障建设问卷调查数据的统计分析，对我国高校内部质量保障建设的现状，面临的问题和挑战进行了深入分析；第五章专门探讨了高校内部质量文化建设，强调质量管理的成功很大程度上往往取决于高校的组织文化；第六章对标新时代我国高等教育发展的未来趋势和内部质量保障的实践基础，从理念、机制、内容和方法四个方面摹画了高校内部质量保障的新趋势；第七章是案例研究，运用个案研究法，呈现了西南交通大学、常熟理工学院以及厦门大学在内部质量保障体系建设方面的探索与实践，以期为高校实践提供一些鲜活、生动和可操作性的启发与借鉴。

  本书作者还要特别感谢光明日报出版社组织出版的《博士生导师学术文库》。薛成龙、林钰青负责本书第一章的主要撰写工作；刘亚西负责第二章的撰写工作和全书的统稿工作；陈祥祺、梅雄杰负责第三章的撰写工作；许卓斌、梅雄杰、刘亚西负责第四章的撰写工作；郭建鹏、刘公园负责第五章的撰写工作；甘雅娟负责第六章的撰写工作；计国君、甘雅娟负责第七章中厦门大学案例的撰写工作，黄文祥、崔凯、康锐、冷伟、胡赛明负责西南交通大学案例的撰写工作，钱素萍、黄文祥负责常熟理工学院案例的撰写工作。作者值此表示真挚的谢意。在生命的长河中，我一直信奉：做人与求学同行；寻真与求知同进；治学与慎思同存。无论是助我者、正我者、嘲我者，他们实际都教给我太多的生命哲学。即便有这么多人的支持与帮助，惜哉本人才疏学浅，我很难对书中可能出现的不足之处找出借口，这些错误均是我个人的责任。我恳望所有浏览本书的同仁们批评指正，值此一并致谢！

目 录
CONTENTS

第一章　高等教育质量保障内涵、原则及方法 …………………………… 1
　第一节　高等教育质量的解读 ………………………………………………… 1
　第二节　高等教育质量保障的内涵 …………………………………………… 7
　第三节　高等教育质量保障的基本原则 …………………………………… 10
　第四节　高等教育质量保障的主要方法 …………………………………… 14

第二章　经验与启示：国外高等教育质量保障发展 …………………… 18
　第一节　国外高等教育质量保障发展历程 ………………………………… 18
　第二节　国外高等教育内部质量保障的基本模式 ………………………… 29
　第三节　国外高等教育内部质量保障的特征与启示 ……………………… 52

第三章　历史与发展：我国高等教育质量保障的实践探索 …………… 59
　第一节　我国高等教育质量保障体系之历史沿革 ………………………… 59
　第二节　我国高等教育外部质量保障之实践探索 ………………………… 66
　第三节　我国高等教育内部质量保障体系建设之实践 …………………… 85

第四章　现实与挑战：我国高校内部质量保障的发展现状 …………… 95
　第一节　我国高校内部质量保障体系建设的现状 ………………………… 95
　第二节　我国高校内部教育质量保障存在的问题与差距 ……………… 108

第三节　我国高校内部教育质量保障面临的新挑战 …………… 113

第五章　价值与追求：高校内部质量文化建设 ……………………… 119
　　第一节　高校内部质量文化的内涵与外延 …………………… 121
　　第二节　高校内部质量文化建设的目标与原则 ……………… 131
　　第三节　高校内部质量文化建设的任务与方法 ……………… 138
　　第四节　高校内部质量文化建设的框架与要求 ……………… 148
　　第五节　高校内部质量文化测评的思路与工具 ……………… 156

第六章　未来与展望：高校内部质量保障的新趋势 ………………… 167
　　第一节　高校内部质量保障理念的转变 ……………………… 167
　　第二节　高校内部质量保障机制的创新 ……………………… 177
　　第三节　高校内部质量保障内容的创新 ……………………… 184
　　第四节　高校内部质量保障技术与方法的创新 ……………… 189

第七章　经验与科学：高校内部质量的典型案例剖析 ……………… 198
　　第一节　西南交通大学内部质量保障体系探索与实践 ……… 198
　　第二节　常熟理工学院"校—院—专业"三级教学质量保障
　　　　　　体系的构建 …………………………………………… 210
　　第三节　厦门大学内部质量保障体系的探索与实践 ………… 220

参考文献 ……………………………………………………………………… 237

第一章

高等教育质量保障内涵、原则及方法

什么是质量，教育质量究竟指的是什么？高等教育质量保障的地位与作用如何？其指向性是什么？高等教育质量保障要遵循哪些基本原则，高等教育质量保障又是如何形成的，有哪些主要模式？这些问题既是高等教育质量保障研究的基本问题，也是高等教育质量保障实践中需要回答的现实问题。本章将从质量是什么，为什么要进行质量保障，以及如何进行质量保障三个维度梳理高等教育质量保障的相关问题，试图为探索中国特色的高等教育质量保障提供借鉴与思考。

第一节 高等教育质量的解读

要想理解高等教育质量保障，我们首先必须回答"质量是什么"这一命题。一般而言，人们对质量的认识源于制造业和商业。在制造业和商业服务领域，质量是衡量事物、产品或工作等优劣程度的重要尺度，常常用"好""更好"等字眼来体现，质量代表了企业对产品品质、技术标准、顾客为先等内在价值的追求。但作为一个学术话题，质量概念进入管理学领域则是二战以后。其原因是第二次世界大战大大提高了人们对制造业和军事领域质量重要性的认识，其标志是美国为探索和创新质量管理新理念和新方法，于 1946 年成立了质量控制协会（American Society for Quality Control）。日本则将生产军工产品的经验直接应用于民用企业，这一转变使日本企业在 20 世纪 70 年代获得了巨大的成功，掀起了日本企业的"质量革命"，日本企业由此成为质量管理的引领者。美国质量管理大师爱德华·戴明（William Edwards Deming）和约瑟夫·M.朱兰（Joseph M. Juran）等人通过对日本企业质量管理的研究和推广，促使美国企业意识到质量管理不仅要强调统计数据，还应包含整个组织过程的方法，由此掀起"全面质量管理"（Total Quality Managemen）改革运动。

蒂布拉蒂·R.克伦帕特拉（Tirupathi R. Chandrupatla）通过对质量管理相关理论的梳理，提出了四位对现代质量管理理论做出了突出贡献的质量管理学者[①]。

第一位是被誉为"现代质量管理之父"的爱德华·戴明，他认为质量是管理者的责任，质量意味着一种可预测的一致性和可靠性，其具有适合客户的质量标准。从 1950 年开始，他为日本企业作了系列关于统计过程控制的讲座。1982 年，在其出版的《冲出危机》（Out of the Crisis）一书中，系统地阐述了质量管理思想，这些思想后来被概括为"戴明十四原则"[②]，并被日本众多企业采纳，显著提高了企业产品质量，对现代企业质量管理产生了深远的影响。

第二位是现代质量管理"领军人物"约瑟夫·M.朱兰（简称为"朱兰"），他提出了"质量是适切使用"（Fitness for Use）的观点。1951 年，他在《质量管理手册》（Quality Control Handbook）一书中，系统地总结质量管理三部曲，即质量规划、质量控制和质量改进。其中，质量规划是实现公司目标的过程，具体包括确定内外部客户及需求，开发产品或服务来

[①] TIRUPATHI R C. Quality and Reliability in Engineering [J]. Proceedings of the Institution of Mechanical Engineerts Part G Journal of Aerospace Engineering, 2013, 227（1）: 209.

[②] 戴明十四原则：1. 提高产品与服务要有持续不变的目的；2. 采用新观念；3. 停止靠大规模检验来提高质量；4. 结束只以价格为基础的采购习惯；5. 持之以恒地改进生产和服务系统；6. 实行岗位职能培训；7. 建立领导力；8. 消除恐惧；9. 打破部门之间的障碍；10. 取消对员工的标语训词和告诫；11. 取消定额管理和目标管理；12. 消除打击员工工作情感的考评；13. 鼓励学习和自我提高；14. 采取行动实现转变。

满足其需求等；质量控制是在运营过程中实现目标的过程，而信息统计是控制的主要工具；质量改进是突破卓越的、达到前所未有的性能水平的过程。根据朱兰质量管理"三步曲"，众多企业有效减少了企业生产过程中的浪费问题。

第三位是被称为"零缺陷"管理之父的菲利浦·B. 克劳士比（Philip B. Crosby），他提出了"质量是零缺陷"（quality is zero defects）的概念。1979 年，他在出版的《质量是免费》（*Quality Is Free*）一书中系统地总结了质量管理四原则，即质量是符合要求的、管理系统是预防的、性能标准是零缺陷的、测量系统是不符合要求的成本。根据菲利浦·B. 克劳士比的质量管理理论，摩托罗拉公司开创了"六西格玛"（Six Sigma）的方法，成为企业改善经营绩效和提升战略执行力的有效手段。

第四位是质量管理史上的关键人物阿曼德·V. 费根鲍姆（Armand V. Feigenbaum）。他于 1951 年出版了《质量控制：原则、实践和管理》（*Quality Control*：*Principles*，*Practice and Administration*）一书，该书于 1961 年又改名为《全面质量控制》（*Total Quality Control*）再次出版。根据阿曼德·V. 费根鲍姆的观点，组织中每个人都参与质量改进的过程，企业全面质量控制实际上是整合企业组织各群体的质量发展、质量维护和质量改进工作的有效体系，从而使生产和服务能够在经济水平上运行并达到客户的完全满意。阿曼德·V. 费根鲍姆还提出了质量改进三步骤，即质量领导、质量技术和组织承诺。这些思想对 20 世纪 50 年代初的日本企业产生了深远的影响，也奠定了阿曼德·V. 费根鲍姆在质量管理领域的权威地位。

上述四位质量管理领域的权威专家关于质量的理解和认识，为现代质量管理理论体系的构建奠定了重要的思想基础。尤其是他们关于"质量是零缺陷""质量是符合要求""质量是适切目的"等的认识，对高等教育质量保障的理论与实践有着重要启示意义。

与商业领域关于质量的认识不同，教育领域关于质量的理解最早可以追溯到亚里士多德。他在《政治学》一书中说："教育和研究是为了自己而存在的"①。根据这一认识，质量的目的应当是适切教育，是为了社会进步和个人发展的教育。从更近时间看，教育质量可以追溯到中世纪的欧洲，当时工商业盛行的"行会"组织，通过制定严格的产品和服务质量规则、设立检验委员会等制度，并以一种特殊的标志或符号表明产品符合标准和规则。作为中世纪行会组织重要组成之一，大学也类似地通过学位授予这一制度，证明学生具备相应的知识水准和从事相关职业的能力，这是高等教育质量保障制度的雏形。

高等教育质量作为学术概念真正进入人们研究视野是在二战之后。其背后原因是美苏争霸诱发了以美国为首的西方各国对高等教育质量的全面关注。例如，1957年，苏联卫星上天引发了美国对自身教育质量危机的深刻反省，由此出台了《国防教育法》，掀起了美国自二战后的第一次高等教育改革浪潮。20世纪80年代，针对美国教育质量的滑坡问题，美国又出台了《国家处在危险之中，教育改革势在必行》的报告。特别是从20世纪80年代开始，波尔（Ball, CJE）提出"质量究竟是什么（What the hell is quality）"，大量学者从不同视角对教育质量进行了解读。1993年，哈维（Havey）等人系统地梳理了高等教育质量的多元视角，主要包括：质量是追求卓越（Quality as exceptional）、质量是追求完美和一致性（Quality as perfection or consistency）、质量是零缺陷（Zero defects）、质量是适切目的（Quality as fitness for purpose）、质量是物有所值（Quality as value for money）等②。在此基础上，劳拉·辛德勒（Laura Schindler）（简称为"劳拉"）等学者进一步从四个维度对高等教育的质量内涵进行了总结③：

---

① JOHN F P. European Student Handbook on Quality Assurance in Higher Education. [EB/OL]. (2009-12-01) [2022-11-19]. https：//www.academia.edu/31925798/.
② LAURA S, SARAH P E, HEATHER W, et al. Definitions of Quality in Higher Education: A Synthesis of the Literature [EB/OL]. (2015-09-30) [2022-11-19] https：//www.researchgate.net/publication/284217681.
③ LAURA S, SARAH P E, HRATHER W, et al. Definitions of Quality in Higher Education: A Synthesis of the Literature [EB/OL]. (2015-09-30) [2022-11-19] https：//www.researchgate.net/publication/284217681.

1. 质量是目的（Purposeful）。这类观点通常把教育质量视为产品和服务质量来看待，认为高等教育质量应与高等教育目标和任务联系起来，强调高等教育质量的规范、要求和标准，尤其是外部认证或监管机构定义的标准。

2. 质量是卓越（Exceptional）。这类观点同样把质量理解为产品和服务的质量，但不同的是，其关于高等教育质量的认识更强调通过高标准的产品和服务来实现教育质量的差异化和卓越性。

3. 质量是转换（Transformative）。这类观点不仅把质量看作高等教育的产品和服务，而且把质量焦点放在高等教育产品和服务如何有效促进学生学习（包括情感、认知和精神运动领域等）以及个体潜能和专业能力发展等方面。

4. 质量是问责（Accountable）。这类观点认为，高等教育机构需要对利益相关者负责，因此，质量就是通过优化资源配置并提供精准（零缺陷）的教育产品和服务。

基于此，劳拉等人进一步提出了教育质量的概念模型（见图1-1），以此说明各质量概念之间的相互关系。在其概念模型中，位于核心层是利益相关者，他们是质量的定义者和标准的制定者。中间层部包含质量四大概念（质量是目的、质量是变革的、质量是追求卓越和质量是问责），而最外层部分包含了能够反映质量概念的具体指标。通过这一概念模型，劳拉试图说明，质量概念需要立足于多元视角，特别需要从利益相关者的观点出发，并以一种更加灵活和包容的角度理解质量，并选择具体指标来衡量质量。

除了劳拉等人对质量概念的多维界定之外，另一相对权威的定义来自1998年联合国教科文组织出版的《面向21世纪高等教育的展望与行动报告》，提出"高等教育的质量是一个多维的概念，它应该包括它所有功能和活动：教学和学术项目、研究和奖学金、人员配备、学生、建筑、设

图 1-1 质量的概念模型与分类界定

施、设备、对社区和学术环境的服务"①。显然，该定义将高等教育质量解构为不同高等教育功能和活动单元的属性特性。1998年9月，在欧洲部长理事会发布的关于欧洲高等教育合作的建议中指出："高质量的教育和培训是所有成员国的目标"②。这里将"高等教育质量"特指为以"education"和"training"为核心的质量。2001年，欧洲高等教育机构签署的《萨拉曼卡公约》指出："质量是欧洲高等教育领域的基本组成部分，与其如何获得社会信任、确保学位权威性、促进社会流动、提高社会吸引力和包容性等息息相关"③。显然，这里将"高等教育质量"的概念，直接指向了人才培养这一核心事项上，即高等教育质量就是指人才培养

---

① UNESCO. Higher education and research: challenges and opportunities: thematic debate, eorking document [EB/OL]. (1998-10-05) [2022-05-06]. https://unesdoc.unesco.org.

② JOHN F P. European Student Handbook on Quality Assurance in Higher Education. [EB/OL]. (2009-12-01) [2022-11-19]. https://www.academia.edu/31925798/.

③ JOHN F P. European Student Handbook on Quality Assurance in Higher Education. [EB/OL]. (2009-12-01) [2022-11-19]. https://www.academia.edu/31925798/.

质量。

综上所述，高等教育质量是一个历史概念，也是一个多元的概念[①]。高等教育质量概念的这些变化，既反映了社会不同利益相关者对于高等教育价值的不同理解，也反映了高等教育职能发展变化对高等教育质量的影响。特别是随着新公共管理运动的兴起，问责制、绩效评价等公共管理概念的引入，极大地拓宽了高等教育质量的内涵与外延边界。就内涵方面而言，高等教育质量从一开始，就已经存在着两种截然不同的逻辑假设：一种质量是内在的，如亚里士多德所说，教育和研究是为自己而存在的；另一种质量是外在的，即教育质量需要特殊的程序或机构来认定其符合特定的规则和标准。对这种假设，巴奈特（Barnett）曾经做过类似解读："一种是关于学术价值和知识的隐性概念，它体现的质量是高等教育成员贡献的性质和特点，而不是结果。另一种是绩效概念，高等教育被视为一种有输入和产出的产品。高等教育质量是根据绩效指标中所反映的绩效来衡量的。"[②] 从外延发展来看，在高等教育发展早期阶段，高等教育质量侧重的是人才培养质量。而后，随着科学研究、社会服务等大学职能的延伸，高等教育承担越来越多的社会责任，高等教育质量外延从最初人才培养扩大到科学研究、社会服务以及文化传承创新等诸多方面。但从本质上的指向性而言，高等教育质量首先是人才培养质量，科学研究水平和社会服务能力归根结底是为提升人才培养质量服务的。

第二节　高等教育质量保障的内涵

高等教育质量保障也是一个历史的、多元的概念。在经典的高等教育

---

① LAURA S, SARAH P E, HRATHER W, et al. Definitions of Quality in Higher Education：A Synthesis of the Literature ［EB/OL］.（2015-09-30）［2022-11-19］. https：//www.researchgate.net/publication/284217681.
② RYAN P. Quality assurance in higher education：A review of literature ［J］. Higher Learning Research Communications，2015，5（4）：4.

论著中，鲜有质量或质量保障这一概念表述。高等教育质量保障是作为一种"无须自证"的要求存在于高等教育系统，其天然被认为是一种隐式系统，被学术共同体所默认。换言之，高等教育系统本身就是质量，不需要额外的外部质量保障组织或机构来认定。但是，自二战之后特别是20世纪80年代以来，这种状况发生了根本性变化，部分国家开始建立包含专门质量保障机构、质量标准和对高等学校或专业项目进行质量审查过程（或程序）的一系列复杂框架，一种基于外在需求的质量保障系统应运而生，其标志是各国纷纷成立国家层面的质量保障机构并开展高等教育质量保障，以此在社会与高等教育机构之间建立一种质量信任担保机制。对此，有学者针对1988—2015年之间学术界关于质量保障的定义进行了系统梳理，并将其划分为以下四种类型[1]：

一是把质量保障作为一种标准（或工具）来看待。例如，质量保障是通过集体努力确保大学教育过程质量保持在预先设定标准；质量保障是对教育项目进行系统审查，以确保保持可接受的教育、奖学金和基础设施标准；质量保障是确认学生达到培训组织设定标准条件的方法；质量保障是所有态度、对象、行动和程序，通过它们的存在和使用，以及连同质量控制活动，确保在每个项目中保持和提高适当的学术标准；质量保障作为一个通用术语，是所有外部形式的质量监测、评价或审查的简写。

二是把质量保障作为一个过程（程序）来理解。例如，质量保障重在质量维持和改进，是对质量进行系统化、结构化和持续关注；质量保障是确保保持和提高质量所必需的政策、态度、行动和程序；质量保障是持续实施的精神、政策和流程，目的是确保保持和提高质量，这样的质量是具有明确价值和利益相关者需求所定义的质量；质量保障是由质量保障机构和认证机构在外部或机构内部执行的一套过程、政策或行动；质量保障是（评估、监测、保证、维护和改进）高等教育体系质量的持续的过程。

三是把质量保障作为一个互动关系来解释。质量保障是作为协调工

---

[1] LIVIU M, JULIA I. Quality Assurance in Higher Education A Practical Handbook [M]. Budapest: Central European University, 2016.

具；质量保障能使大学成为一个学习型组织；质量保障是建立利益相关者信心的过程，即提供（输入、过程和结果）满足期望或达到最低要求的措施；质量保障主要是教师、学生和机构学习环境之间互动的结果；质量保障本身有多种目的来加强学习和教学效果，在整个高等教育系统的利益相关者之间建立信任关系，并提高欧洲高等教育领域的协调性和可比性。

四是把质量保障作为一个组织文化来诠释。例如，质量保障意味着在高等教育机构发展一种高质量文化，使每个人都意识到自己在维持和提高机构质量方面的作用；质量保障应确保一个课程内容、学习机会和设施符合学习环境（Standards and Guidelines for QA in the EHEA）。2002—2006年，欧洲大学联合会实施的一项为期四年的质量文化项目研究发现，质量不仅仅是简单的质量控制、质量管理等管理学概念，其背后隐藏着相应价值和责任。

从以上质量保障的定义可以看出，质量保障也是一个历史和多维的概念。2007年，联合国教科文组织综合各种质量保障的定义，提出了一个较为全面的解释："质量保障是一个包罗万象的概念，它指的是对高等教育系统、高等教育机构或课程进行持续评估的过程，包括评估（Assessing）、监测（Monitoring）、保证（Guaranteeing）、维持（Maintaining）和提高（Improving）。"[1] 换言之，首先，质量保障是一个评估过程，这一过程主要包含质量管理、质量增强、质量控制和质量评估等手段；其次，质量保障作为一个监管机制，其目的是实现高等教育机构对社会问责的回应和自我改进；最后，质量保障注重协商一致，通过确定的评估程序和标准，提供关于高等教育质量的价值判断。

总之，高等教育质量保障是一个历史和多元的概念。从其发展历程来看，高等教育质量保障经历了从内隐式系统向外显式系统的转变。从内涵方面来看，学界对高等教育质量保障的解读更多是从质量标准、程序方法

---

[1] MICHAELA M, STAMENKA U T. A New Generation of External Quality Assurance: Dynamics of Change and Innovative Approaches: New Trends in Higher Education [M]. Paris: International Institute for Educational Planning, 2021: 9-15.

来认识的。质量保障首先被理解为一个过程、程序、结构或机制的问题，强调质量保障目标、过程控制、质量改进等，并且区别于工商业领域的质量保障概念，高等教育质量保障概念更加复杂多元，其不仅仅关涉技术、程序和标准层面的过程控制，也包含组织心理、文化及其价值层面的追求。

第三节 高等教育质量保障的基本原则

从词源定义来看，原则是解释或控制某事如何发生或工作方式的基本想法或规则。原则既包含了对客观事物规律的基本遵循，也包含了主观价值判断。就此而言，高等教育质量保障的基本原则，既包含对高等教育规律的基本认识，也包含对高等教育质量价值的追求。

罗马尼亚学者安卡·普里斯卡留（Anca Prisacariu）和澳大利亚学者马苏德·沙阿（Massoud Shah）于2016年发表了《围绕价值和伦理的高等教育质量界定》（*Defining the quality of higher education around ethics and moral values*）一文[①]，文中作者延引了不同学者的观点，以专门探讨质量及质量保障背后的价值取向问题。有的学者认为"质量价值"包括学术、管理、教学和就业四个方面。也有学者提出大学质量保障的四种思维方式，即学院理性、管理理性、促进理性和官僚理性（Luckett，2006）。在此基础上，安卡·普里斯卡留和马苏德·沙阿提出，确定高等教育质量的定义应该围绕着伦理和道德，其核心则是回归大学自治传统。此外，安卡·普里斯卡留和马苏德·沙阿也意识到，在高等教育规模不断扩大、私立高等教育蓬勃发展以及高等教育市场化的背景下，高等教育质量保障也趋向于多元利益相关者视角，取决于其关注重点是在研究、教学或是机构

---

① LAURA S, SARAH P E, HEATHER W, et al. Definitions of Quality in Higher Education: A Synthesis of the Literature [EB/OL]. (2015-09-30) [2022-11-19]. https://www.researchgate.net/publication/284217681.

治理等方面的选择与博弈。

2011年,欧洲高等教育认证委员会名誉主席约翰·斯坦丁(Judith SEaton)发表文章《质量保证的作用与高等教育的价值观念》(*The Role of Quality Assurance and the Values of Higher Education*),提出高等教育质量保障的三大核心价值,分别是学术自由(Academic Freedom)、大学自治(Institutional Autonomy)和社会责任(Social Responsibility)。具体而言,学术自由是指高等教育教学、研究和服务能够不受外部公共或私人权力的不当干预和影响;大学自治是指大学在做出学术判断和确定学术方向时所必需的独立性,体现在教学、研究和服务方面的制度政策和优先事项上;社会责任是指将高等教育视为社会中主要组织和机构,以及包括学生和学术界在内的利益相关者。高等教育质量保障基本原则就是要维护学术自由、大学自治和社会责任①。

综合以上不同学者关于质量保障价值的理解,我们会发现坚持传统意义上的学术自由、大学自治的价值取向,会使高等教育质量保障更多趋向目标的自我改进。相反,强调高等教育的社会责任,会使高等教育质量保障更多倾向质量控制和公共问责。换言之,高等教育质量保障往往在学术自由与社会责任价值之间摇摆,高等教育质量保障的目标也相应在质量控制、问责和改进三者之间往复。具体而言,主要体现在以下几个方面:

其一,学术至上原则。学术至上是高等教育质量保障建设的根本性原则。历史地看,质量具有内在价值和外在价值两种逻辑取向,内在价值体现为教育本身就是质量的目的,且根植于学术自治、学术自主、学术自律、学术诚信等传统的学术追求中。外在价值取向是高等教育机构与社会需求互动的结果,强调高等教育机构以其产品属性适应社会需求的程度。高等教育质量保障过程实质上就是高等教育机构平衡内在和外在两种价值

---

① EATON J S. The Role of Quality Assurance and the Values of Higher Education [A]. Hilligje van't Land · Andreas Corcoran · Diana-Camelia Iancu. The Promise of Higher Education: Essays in Honour of 70 Years of IAU [C]. Switzerland: Springer Nature Switzerland AG, 2021: 181-186.

取向的过程。从根本上而言，高等教育质量保障坚持学术至上原则，即质量保障需要尊重学术组织的特殊性，给予高等教育机构充分的信任，强调高等教育机构的学术自治、学术自主等，突出学术力量在质量保障中的自主权和话语权。

其二，教育为本原则。教育为本是高等教育质量保障活动的指向性原则。一方面，高等教育质量保障直接指向的是人才培养，而人才培养是学校的根基，是衡量高等教育质量水平的根本标准。尤其在高等教育基本职能不断分化与拓宽的当今社会，高等教育必须重申人才培养是高等教育的本质职能，科学研究和社会服务是其衍生职能，质量的指向性首先应强调的是人才培养质量。因此，大学应当围绕着学生的多样化学习需求，给予学生丰富的学习体验和多样化的成长路径，并着力营造支撑多样化学习的教学资源和成长环境。另一方面，高等教育对大学教师的要求首先应体现在教学工作中，明确教师的首要责任是教育教学。大学教师应树立以学生为中心的理念，建立良好的师生关系，应用多样化教学方法，充分调动学生学习的主动性和积极性。

其三，以学生为中心的原则。以学生为中心的原则是相对于高等教育质量保障活动的内容而言。这一原则首先体现为在质量保障过程中要充分尊重学生的主体地位，给学生提供充分参与、评估和决策的机会，提高学生质量保障建设过程中的主体意识；其次，以学生为中心的原则体现为质量保障建设应围绕着学生的成长、学生的学习需求等，建立灵活多样的教学体系，建立从学生入学到毕业的"全生命周期"的质量保障体系；再次，以学生为中心的原则还体现在成果导向的教育理念上，强调高等教育机构要关注学生的学习体验，突出成果导向的课程设计，应用包容多样的教学和评价方法，调动学生学习的主动性和积极性，帮助学生顺利完成学业。

其四，以教师为主体的原则。教师队伍是高等教育质量保障建设的重点内容，是创造高质量学生学习体验的重要保障。以教师为主体的原则强调高校必须从过去的"管理主义"转向"发展主义"。这种转变不仅要求高等教育机构规划富有竞争性的人才发展战略以增强人才吸收力,还要建立明确、透明的招聘和晋升机制,以确保教师公平竞争,为教师生涯的发展创造条件和提供机会。特别是在信息技术与教学深度融合的背景下,我们要鼓励教师大胆进行教学创新,建立教学共同体,开展深度教学合作,以主动适应信息技术的革命对教育教学带来的挑战。

其五,质量保障的发展性原则。发展性是高等教育质量保障的目标性原则,强调任何质量保障活动都要基于发展改进的目的,而非单纯的控制。首先,开展质量保障活动,都要以人的发展为根本目的,除了高校师生的发展外,还应当对其他利益相关者的发展有所帮助。其次,质量保障应当有助于高校自身的可持续发展。质量保障应有效保障学校各项工作的顺利开展,保障高校能够按照自身的办学使命实现质量保障的目标、任务与要求。再次,质量保障要利于高等教育系统的可持续发展。质量保障不仅要确保高校对学校本身、教师和学生发展方面发挥的作用,也要评估高校对社会经济、政治、文化等方面的作用。

其六,质量保障的多样性原则。多样性原则是高等教育大众化背景下高校内部质量保障建设的必然要求。这种多样性体现在:一是参与质量保障的主体多样性。高等教育质量保障需要建立利益相关者网络,吸引利益相关者广泛参与,形成多元共治的质量保障格局。二是质量保障标准的多样性。教育质量标准要因人、因地、因校而宜,质量保障既要有底线要求,又要有多样的引导标准,引导各高校根据自身实际实现多样发展,避免片面追求"一刀切"的同质化模式。三是保障方式的多样性。质量保障既可以通过制定法律法规手段、学校规章制度来实施"自上而下"的质量保障,又可以通过校内自我评估实施"自下而上"的质量保障。四是质量保障模式的多样化。质量保障既可以实施中央集权模式的行政主导模式,又可以实施分散诊断分析的学术主导模式。

其七,质量保障的系统性原则。系统性原则意味着高等教育质量保障是一个整体系统,需要系统考察质量保障体系内不同要素、环节之间的关系,提升质量保障的整体效能。这主要体现在三个方面:一是质量保障主

13

体的全员性。即质量文化赋予组织中的每个人都负有质量保障的主体责任。各质量保障主体应相互协调、内外一致，形成质量保障合力，共同保障和促进高校教育教学质量的提高。二是质量保障体系的全面性。质量保障不仅关注具体的技术标准、教学要素投入和过程监控，还强调以人才培养为主线，从人才培养目标、培养模式、过程监控以及结果输出等各个环节考察质量保障子系统的有效性，包括保障目标设计的科学性、培养模式的匹配性、过程监控的有效性以及结果输出的社会适应性等。三是质量保障过程的全周期性。质量保障应围绕着人才培养过程，建立从学生招生、过程培养和就业服务全生命周期的质量保障闭环，实现教学质量、招生就业质量和管理质量的全面提升。

其八，质量保障的科学性原则。科学性原则是相对于高等教育质量保障运行过程而言的。首先，科学性原则要求质量保障过程是可观测、可控的。从时间维度看，教育质量是一个不断追求止于至善的过程，是高等教育发展的永恒主题。但落实到实践层面，则需要科学制定关于目标设计、资源投入、过程管理以及结果评价等具体观测与评价指标。其次，相对于传统经验式管理而言，科学管理强调质量保障体系建设必须基于数据与事实，通过设定指标和测定具体数据，对教学质量进行量化监测。再次，科学管理体现于质量保障的可持续性，突出质量保障的成果导向、闭环管理和持续改进，强调对质量保障过程的定期动态的监测反馈、评价和及时反馈，做好质量保障闭环的"最后一公里"，形成质量保障持续改进的闭环管理。最后，科学管理还体现质量保障的整体有效性和效率。即任何质量保障工具手段的使用，应以不增加质量保障系统整体成本负担为原则，强调质量保障的有效性、效率性和节约性。

第四节 高等教育质量保障的主要方法

如上所述，质量保障是一个包罗万象的概念。人们对高等教育质量保障的不同理解，根植于不同国家或地区的高等教育发展历史和文化的不同，由此也就形成了丰富多彩的高等教育质量类型、模式与方法。但总体上而言，各国在构建高等教育质量保障体系的过程中，主要都采用了评估、认证、审核、基准法等方式与手段，具体如下：

一、评估（Evaluation）

从世界范围内来看，评估是高等教育质量保障最为广泛使用的手段。评估既可以是外部评估，也可以是高等教育机构的内部自我评估。从历史发展看，评估最初的目的是确定机构及其研究方案的优点和缺点。但随着高校质量保障的改革与发展，评估逐渐演变为具有资质的评估机构对高校办学质量进行监督和评价的过程。从实践层面来看，评估通常是对高校、专业或课程进行系统的分析和评价，并对其质量状况和改进做出判断和建议。从评估对象来看，评估主要包括三方面内容：一是课程评估。即对某一特定课程教学活动的评估，包含了学生对教师的教学评价、同行专家评价和院校领导评价等；二是专业评估。即对某一专业活动进行评估，如医学、建筑、法学等领域的专业评估；三是院校评估。即对院校整体高等教育活动及效果进行评估，如我国高校本科教学工作评估。

二、认证（Accreditation）

认证是国际上高等教育质量保障最为广泛使用的方法之一。坎贝尔（Campbell）和罗日尼奥伊（Rozsnyai）曾提出，认证是对满足有关课程或机构质量的最低公开标准的正式认可。哈维（Harvey）则认为，认证标志着对"理想的质量门槛"的验证。通过认证，则表明高等教育机构已经达到了质量门槛。联合国教科文组织将认证界定为"是政府或私立机构对高等教育院校整体或某一具体专业/项目的质量进行评估的过程，目的是对其是否达到特定预设的最低标准或标准做出的认可，这一过程的结果通常是授予某种地位/状态（一种是/否）的决定，给予某种认可，有的时候是给予某种具时效性的运营许可"。从认证类型来看，主要包括院校或机构认证和专业（或学科）认证两种。机构认证是指对高等教育机构的整体认证，如AACSB、EQUIS、AMBA等。专业认证是指对专业（学科）人才培养标准的认证，如工程教育认证等。

三、审核（Audit）

与认证和评估不同，审核并不是评估机构或研究方案本身的质量，而是对现行质量保障运行的效果进行评价。联合国教科文组织将审核定义为"通过基于证据的同行评审过程，调查一个机构的质量保障机制和程序，使之能够确保质量的提升"①。从审核类型看，审核评估主要包括院校审核、内部审核和管理审核三种。其中，院校审核是指在同行审核资料、实地考察的基础上对高校保障教育质量及持续提高质量所采取的措施和机制进行审核。内部审核是指由高等学校内部人员组成的审核小组或委托第三方机构对高校的质量保障所采取的措施、效果和优缺点进行审核。管理审核是指对高等学校的管理及其政策、决策等进行审核。从我国审核评估实践看，自2013年教育部教学评估中心启动教学审核评估试点工作，到2018年年底，全国已有650所学校参加了审核评估，基本形成了我国特有的本科审核评估制度。

四、基准法（benchmark）

基准通常是指"一种标准或参照点"，用以测量、判断和评价一个事物的质量，并测量某一特定活动的结果。从基准法在高校质量保障建设中的应用实践来看，其主要包括：第一，学科（专业）基准。即为某一个具体的学科（专业）提供标准参照。如2018年教育部颁布了《普通高等学

---

① MICHAELA M, STAMENKA U T. A New Generation of External Quality Assurance: Dynamics of Change and Innovative Approaches: New Trends in Higher Education [M]. Paris: International Institute for Educational Planning, 2021: 9-15.

校本科专业类教学质量国家标准》，该标准以专业类为单位，明确各专业培养目标、规格要求、课程设置、师资队伍、教学条件，是各专业类所有专业必须达到的最低要求。第二，课程编制基准。它是针对某一课程计划或课程设计、编制和教学的最低标准指南。第三，办学条件标准。如2004年部颁布的《普通高等学校基本办学条件指标合格标准》，主要包括了生师比、具有研究生学位教师占专任教师的比例、具有高级职务教师占专任教师的比例等12个基本办学条件指标。

随着信息技术与教育的深度融合，以及跨界高等教育的出现，高等教育质量保障呈现了一些新的形态与内容。2014年，联合国教科文组织发起成立"高等教育内部质量保障优秀原则和创新实践项目"（Exploring Good and Innovative Options in Internal Quality Assurance in Higher Education，简称IQA项目），邀请了包括厦门大学在内的全球八所大学共同开展高等教育内部质量保障优秀原则和创新实践研究[①]。这一研究标志着世界高等教育质量保障从以外部质量保障为重点转向了以探索构建内部质量保障体系为重点的质量保障建设，这些方面的内容将在后续章节中进一步讨论。

---

① University of Duisburg Essen from Germany; Economics University of Vienna, Austria; University of Bahrain; University of Talca, Chile; University of Stellenbosch, South Africa; Daystar University, Kenya; American International University of Bangladesh.

17

第二章

经验与启示：国外高等教育质量保障发展

在世界与历史的坐标中，高等教育质量问题一直备受关注。尤其是进入20世纪90年代以来，世界各国纷纷在高等教育领域内掀起了一场"质量革命"，形成了各具特色的、适应国家经济社会发展的质量保障模式。对此，我们梳理和探究国外高等教育内部质量保障模式的发展历程、具体举措和实践特征，有利于我国立足国际前沿，全面把握高校内部质量保障的国际概况和前沿趋势。尤其是近年来，在强调高等教育治理现代化和构建高质量高等教育体系的背景下，高校内部质量保障建设越来越成为衡量院校办学水平的核心指标之一。国内学术界虽然对西方高等教育体制、质量保障框架等进行了大量研究，但是多偏向于写实性的介绍，对宏观层面的运行机制和规律性探讨不够深入。

因此，本部分在梳理国外高等教育内部质量保障发展历程的基础上，参考美国质量管理专家沃特·阿曼德·休哈特（Walter A. Shewhart）提出的PDCA循环理论，从内部质量保障的目标（Plan）、实施（Do）、评价（Check）和改进（Act）四个环节抽出国外高校质量保障机制建设的核心特征，以期对国内高校内部质量保障实践建设有所启示。

第一节 国外高等教育质量保障发展历程

在学术界，一个显见的观点是，具备现代意义上的高等教育质量保障的兴起与高等教育规模的扩张休戚相关。正如马丁·特罗（Martin Trow）1973 年在 Problems in the Transition from Elite to Mass Higher Education 一书中所指出的，在任何一个发达国家，高等教育所出现的问题都与其规模扩张紧密关联，这些问题主要包括财务、行政管理、招生、课程教学、质量标准的确立、考试方式、文聘授予、学生就业等诸多方面①。一方面，从大学自身来看，扩招使得更多的人有机会进入高等教育，导致高等教育生源多样化、复杂化，而"精英阶段"能够体现高等教育办学质量的"面向精英""培养精英"的传统逐渐被打破，取而代之的是大学类型分化导致其社会功能、层次地位等出现了多样性分化。对哪些高校是研究型大学、综合性大学、理工类学院，以及不同类型学校的课程设置与教学手段有何区别等问题，亟须一套质量标准予以厘定。另一方面，扩招带来的国家投入成本大幅提高，"用不足的成本做更多的事"成为影响国家政府管理高等教育的基本事实②，也引发了高校与其他社会公共机构竞争社会资源的问题，使高校与社会的关系日益紧张化。因此，如何优化高等教育管理与资源配置，以"有限的"资源投入获取更多的收益和回报成为高等教育质量管理的核心事项之一。鉴于上述分析，以下主要基于国家范畴内的高等教育从"精英化"走向"大众化"，进而迈向"普及化"的阶段性转型，管窥国际社会对高等教育质量保障的理解与实践。

一、权责自负："精英化"阶段的高等教育质量保障

在高等教育发展的历史长河中，质量问题始终是一项核心议题。回顾中世纪大学建立的早期形态，主要是为了确保师生教育教学活动的合法性以及免受地方当局、市民、企业等其他社会团体的滋扰和侵害，才纷纷效仿其他社会手工艺协会、自治团体等建立学者和学生行会组织。对此，有

---

① MARTIN T. Problems in the Transition from Elite to Mass Higher Education [R]. Educational Problems, 1973: 57.
② 约翰·布伦南，特拉·沙赫. 高等教育质量管理——一个关于高等院校评估和改革的国际性观点 [M]. 陆爱华，等译. 上海：华东师范大学出版社，2005: 27.

学者指出,"一个大学不是一块土地、一群建筑甚至不是一个章程,而是老师和学生的社团和协会。……早期的大学因此能够以停办或迁徙到其他城市作为交涉手段,而使地方当局做出某些让步"①。在大学谋求"独立"的过程中,不仅争取到更为安全、稳定和有利的外部支持条件,也逐渐形成一套稳定、有序的内部质量保障运行秩序。

在中世纪行会背景下,大学内部管理机构负责人均由教师选举和教师担任,日常教学活动的开展及其管理都是由学校层面全权把控。因此,其质量保障体现出显著的"权责自负"的特征。并且随着大学作为合法高等教育机构的审批程序逐渐得到教皇或国王的授权和保障,大学开始从一般性的行会组织,逐渐转向受政府官方认可的合法机构,进一步从法律上确定了大学及各类高等教育机构、团体等在设置课程内容、开展学术讲座、进行人事管理、审查和授予学位证书等方面的"自主权"。在此基础上,大学不断深化内部制度建设,来提升办学质量。以博洛尼亚大学为代表的"学生大学"为例,其在选聘教师时,不仅要求教师宣誓遵守学生管理者制定的有关学校事务的所有规定,而且对上课迟到、拖课、授课中忽略了讲授难点和未按时完成课程内容等问题的老师,也会给予罚款处罚②;同时,早期大学还将行会组织中用于区别不同工种、能力的做法引入大学质量管理中,对应学生掌握知识的纵深程度颁发不同层次和类型的学位③,逐渐形成了早期的学业考试与学位制度;此外,作为一种特定类型的行会组织,取得同行认可以及扩大行业影响力是衡量高等教育机构办学质量的重要手段。因此,高等教育机构在广泛吸纳优秀国际生源的同时,还聘请全球知名学者到校任职。对此,威尔·杜兰(Will Durant)曾描述中世纪的巴黎大学:"不仅吸引了大批国际学生,而且集聚了一批'心智最敏捷

---

① 戴维·林德伯格. 西方科学的起源 [M]. 张卜天,译. 长沙:湖南科学技术出版社,2013:215.
② 贺国庆,王保星,朱文富. 外国高等教育史 [M]. 北京:人民教育出版社,2003:51.
③ 黄福涛. 外国高等教育史 [M]. 上海:上海教育出版社,2008:50.

最突出'的知名学者，几乎构成了公元1100—1400年的哲学史。"①

进入中世纪后期，随着欧洲科技革命带来的民族国家经济日益崛起，加之宗教改革运动的冲击，高等教育在经济社会发展中的积极作用愈发凸显，世俗王权也因此开始逐渐加强对高等教育的关注与问责。由此，高等教育的质量保障开始由"权责自负"转向"利益共担"，突显出世俗性、民族性等特征。就外部问责的角度来看，国王、君主或地方政府等开始通过对大学重新颁发特许令、制定律法规定等，限制大学特权并影响高等教育机构的人才培养目标，以强调服务国家和地方的利益需求。比如14、15世纪以后，苏格兰、神圣罗马帝国等开始通过颁布限制外国留学生政策、政府直接任命校长、派遣国家官吏视察大学等手段，加强对高等教育机构的监管。法国国王亨利四世也曾试图为巴黎大学制定新章程，规定大学要培养"适合公职需要，并能胜任其职责"的人②。从大学内部组织来看，与早期大学相比，随着大学规模的扩大，大学开始在大学评议会（General Assembly）之下专设各类专门委员会等，形成决策机构—执行机构的二级质量管理模式，关于大学招生、人事任命、课程设置、学位颁发等诸多权力也逐渐向"系"一级下沉，由系教授委员会决定，"教授治校"初现端倪。

进入近代以后，在资产阶级革命浪潮的推动下，各主权国家进一步加强了对高等教育的外部把控。比如法国政府建立帝国大学制，在中央设置管理全国各类教育事务的"帝国大学"，由皇帝直接任命其最高首长为总长（Grand-maitre）。法国政府还设立大学评议委员会（Couseil de l'universite），处理学校立法、财政、教师聘任等重大问题，建立督学制，以视察和监督学校教学、考试、学校财政等工作，不断深化政府对高等教育的外部问责③。英国国会通过制定大学法案，逐步取消传统大学中的特

---

① 威尔·杜兰.世界文明史·信仰的时代（下）[M].幼狮文化公司，译.北京：东方出版社，1999：1285.
② 李兴业.巴黎大学[M].长沙：湖南教育出版社，1988：32.
③ 黄福涛.外国高等教育史[M].上海：上海教育出版社，2008：98.

21

权以及一些不利于推动科学发展和有损国家利益的某些宗教方面的规定，同时，设立大学管理专门委员会，通过财政拨款手段，对大学实施监管。德国则主要是直接任命大学教授，授之以国家公职人员的身份；同时，还进一步设置教师资格考试制度、医师资格考试制度、国家公务员考试制度等各种形式的国家考试，对高等教育的教育教学进行监督和干预。而就院校层面来看，高等院校在与国家权力、宗教势力进行博弈的同时，也在不断地进行自我革新，类似美国初级学院、法国高等专科学校、英国城市学院等一批"新型"独立学院、专门学院等纷纷成立，并通过开设各种与工业化发展相匹配的工科、商科、技术科等实科课程，不断增强高等教育办学与经济社会发展的适应性。

总之，在所谓"精英化"阶段，高等教育的质量问题长期是由高等教育机构进行"自我把控"，对为谁培养人、培养什么样的人、如何培养人等高等教育面临的根本性问题，往往具有相当程度的"话语权"。而随着文艺复兴、宗教改革等运动对人民思想观念的冲击，以及欧洲科技革命对先进生产力和生产方式的革新，世俗王权对高等教育的监管与控制不断加强，并逐步渗透至学校人才培养、人事招聘、资格考试等诸多方面，影响着高等教育的办学质量。但整体来看，政府对高等教育的影响更多是集中在办学权力和办学方向等层面，强调高等教育要走出"象牙塔"，与国家经济社会的发展需求相一致，并未就其各项办学活动的质量提出具体、明确的标准或要求，也没有将提升办学质量作为高等教育办学改革的一项具体任务举措。相应地，高等院校各项办学实践的质量保障，往往是基于院校层面的组织机构改革、同行评议等内部秩序的监督与控制，具备现代意义上的质量保障机制建设尚未明确建立。

二、建立外部问责机制："大众化"阶段的高等教育质量保障

进入19世纪末20世纪初，随着西方各国高等教育的规模扩张，美国、法国、德国、英国等先后步入高等教育大众化进程（毛入学率达到15%-50%的水平）。在同一时期，以美国心理学家爱德华·李·桑代克

(Edward Lee Thorndike）为代表的一批学者开始尝试将心理测量的理念与方法引入学校学业成就评价中，掀起了一场"教育测量运动"，反映了各国对高等教育质量由"主观评价"向"客观测量"的转变，推进了高等教育评价理论的发展。但是，随着评价手段的发展，人们发现仅仅通过质量评价及其带来的激励手段并不能从根本上实现本科教育教学质量的提升，必须要建立一套系统的质量管理机制。与此同时，到了20世纪中叶，新自由主义思潮风靡西方福利国家，其主张的市场机制和私有化不断渗透到"教育市场"（Education Market）的理念中。其中，作为教育服务提供者的高等教育机构与政府、产业界、学生等诸多利益相关者构成了"教育服务"的"买卖关系"。而为了确保"教育市场"的正常运转，人们需满足两个基本条件：一是要确保高等教育"产品"与利益相关方的诉求相一致；二是利益相关方能够充分了解高等教育各方面的服务信息与质量。换言之，各国需要存在一个社会"中介"机制，能够有效打破高等教育机构与利益相关者之间的信息壁垒，为利益相关者选择和购买高等教育服务提供方向指导。在此背景下，"制度化"的高等教育质量保障体系应运而生。需要说明的是，这里所谓"制度化"的质量保障机制建设主要是指学校之间或上级部门为保障院校和专业/项目质量而构建的外部质量保障。与其相对应的，内部质量保障作为传统上出于监控和改进高等教育质量以及回应外部问责而开展的校内实践，也相应地得到了进一步的规范化和制度化。

具体而言，根据不同国家政治、文化、经济等诸多方面的差异，各国进入"大众化"阶段存在时间上的"剪刀差"，但在推动高等教育质量保障体系建设方面，则鲜有例外地表现出一些共性特征。

一是各国不断形塑和深化对高等教育的质量意识，纷纷将质量保障纳入高等教育政策框架中，强调从国家层面建立和完善高等教育质量保障体系，以确保各级、各类高等教育机构能够达到和维持学术、管理和相关服务等方面的质量标准。比如美国在1952年颁布的《退伍军人再适应资助法案》中指出，联邦政府仅为那些经由国家认可的认证机构认证合格的高等教育机构拨款资助退伍军人学费，首次从法律层面强调了高等教育认证的地位和作用①。1965年美国颁布的《高等教育法案》中，再次指出获得政府学生资助项目的必要前提是获得地方政府颁发的办学许可、通过认证机构的资格认证以及接受行政和财务状况审查等，以专门法的形式确立了高等教育认证的合法性。后经过不断完善，美国逐渐形成了包括"院校认证""专业/项目认证""认证机构认证"等为核心的高等教育认证制度。与美国相比，英国高等教育规模化进程尽管相对缓慢，直到1987年，适龄青年高等教育入学率才达到15%，实现了由精英高等教育向大众高等教育的转型。但是，早在1963年英国政府发布的《罗宾斯高等教育报告》中，就建议设立全国学位授予委员会（Council for National Academic Awards，CNAA），通过干预学位授予事项保证传统大学之外的高等教育机构办学质量。进入20世纪80年代以后，英国高等教育进入"评估型政府"（Evaluative State）管理时代，即通过对高等教育预算和问责制等方面的改革，建立了一整套高等教育质量评估制度体系，引入市场竞争机制，提高了政府管理高等教育的质量和效率②。

二是重视质量保障组织机构的专业性和权威性，以科学、规范地贯彻与实施高等教育质量保障相关工作。事实上，早在"精英化"阶段，就已陆续出现一些高等教育质量保障组织，比如19世纪末美国成立的各种地区性的学校和学院协会、专业认证协会等。但这种机构往往是出于对接、协调和规范高等学校之间办学实践而自发建立的，致使机构本身缺乏必要的准入标准和管理规范，出现质量参差不齐、专业性不够等问题③。进入"大众化"阶段，出于对高等教育自身发展弊病的反思，以及社会各界对高等教育问责诉求的加强，世界各国开始探索从国家层面规范不同类型高

---

① 朱永东. 美国高等教育认证认可与许可系统的演化机制研究 [D]. 广州：华南理工大学，2012.

② 金帷. 评估型政府与英国高等教育改革 [J]. 比较教育研究，2010，32（06）：71-75.

③ 陈华仔，黄双柳. 美国高等教育外部质量保障体系的百年发展 [J]. 现代教育管理，2016（07）：61-65.

等教育认证机构的多维路径。比如美国选择将地区性的质量保障机构进行联合,并成立全国性的院校认证和专业认证联合机构,从组织建设的角度提升认证机构的统一性和权威性,同时,还成立国家层面的高等教育认证委员会(Council of Postsecondary Accreditation,COPA),负责对认证机构进行资格认证,以及协调认证机构与其他认证机构、联邦政府、高等教育机构等之间的矛盾。而英国在进入高等教育"大众化"阶段后,相继引入了科研水平评估(Research Assessment Exercise,RAE)、教学质量评估(Teaching Quality Assessment,TQA)、学术质量审核(Academic Quality Review,AQR)以及院校审查(Institutional Audit)等诸多外部评估项目,并从国家层面设立大学基金委员会(Higher Education Funding Council,前身是大学拨款委员会)、高等教育质量保障署(The Quality Assurance Agency for Higher Education,QAA)等专门质量保障机构,进一步规范并强化了质量保障工作的专业性。

三是在实施质量保障的方法选择上,开始从"质的规定"转向"量的标准"。事实上,在"精英化"阶段,无论是院校处于自身质量提升而制定了各项改革举措,或是世俗王权出于质量问责的目的要求高等院校面向政府和社会"汇报"自身发展情况,其主要都是从质量提升的角度进行一些基本的"规定性"说明。比如在美国早期的中北部地区学院与学校协会所制定的院校认证标准中,就仅有10条内容,以质的描述为主,较为笼统[1]。但是随着社会各界对质量保障工作的重视和实践推进,人们开始更多地采用一些"量的标准"刻画高等教育某一方面的质量标准或发展状况。比如英国高等教育基金委员会于1996年对其传统的评估方法进行了修订,引入了1—4分(从"不满意"到"高度满意")的评分制,对高校的课程设计、内容与组织、学生进步与成就等方面进行评估。

总的来看,进入"大众化"教育阶段以后,高等教育在教学规模、教育观念、教学功能、教育类型、学生学历经历、课程与教学标准、学术标

---

[1] 张斌贤. 美国高等教育史(中):扩张与转型(1862—1944)[M]. 北京:教育科学出版社,2019:464-465.

准以及入学选拔指标等诸多方面出现了显著变化,加之社会各界对高等教育价值的需求和关注与日俱增,使得世界各国高等教育掀起了一场以"构建外部问责体系"为核心的质量革命。与之相伴生的,是高等教育质量保障也同时陷入了自我管理与外部问责的长期博弈之中,正如阿特巴赫指出:尽管在理论上,高度自治和严格责任之间并非水火不容,但在实践层面,高等教育往往因为外部问责的挤压而丧失大量自治空间①。一是在政府统治的"权威"下,高等教育机构往往要根据政府需求调整办学方向和工作重点,甚至被迫让渡办学自主权,屈从于科层控制;二是为了响应市场的需求变化,大学逐渐从传统的学院精神走向经济理性主义和学术资本主义。与此同时,外部问责也在逐渐削弱高等教育的传统权威和社会信任,高等教育机构不得不更频繁地进行公开说明和自我辩护②。但是,由于大学无法依靠自身提供的教育服务实现资源"自给自足",也就意味着必然存在外部社会的问责和控制。因此,尽管对于高等教育机构而言,"自主""自治"是传统大学管理理念中的核心构成,但是,在政府资源配置以及市场投入机制的双重约束下,大学"只有达到公众对问责制的期望,才能够维持其所珍视的自主,这对实现学术自由、回应社会需求变化以及高质量的知识生产与传播等都是至关重要的"③。

三、强调内外兼顾:"普及化"阶段的高等教育质量保障

由于世界各国高等教育规模化发展进程不同,其进入普及化阶段的具体时间也有明显差异。按照马丁·特罗提出高等教育入学率超过50%作为进入"普及化"阶段的判断标准,美国和加拿大在20世纪七八十年代就先后进入了高等教育普及化阶段,其他多数经济发达国家或地区直到20世

---

① 阿特巴赫,波达尔,甘波特.21世纪的美国高等教育:社会、政治、经济的挑战[M].施晓光,蒋凯,译.青岛:中国海洋大学出版社,2007:4.
② MARTIN T. Trust, Markets and Accountability in Higher Education: A Comparative Perspective [J]. Higher Education Policy, 1996 (4): 309-324.
③ ZUMETA W. Public University Accountability to the State in the Late Twentieth Century: Time for a Rethinking? [J]. Policy Studies Review, 1988 (4): 5-22.

纪90年代才陆续进入普及化阶段。而进入普及化阶段后，高等教育发展面临着新阶段的转型需求与挑战。

一是普及化阶段高等教育"入场券"不再"稀缺"，而是更加强调高等教育作为一种"权力"，强调所有有能力的人都应当平等地享受进入高等教育的机会。因此，高等教育机构不断扩大入学渠道，采取开放的态度广泛吸纳不同年龄段、阶层、种族、性别等的"非传统大学生"；二是相比"精英化"阶段高等教育制度的整齐划一，以及"大众化"阶段高等教育制度的分层分类的发展，进入普及化阶段以后，高等教育的"消费主义"导向日益凸显，即为了生源竞争而体现出的诸多市场竞争行为；三是高等教育质量标准发生了变化，在新一轮科技革命的冲击下，各个行业不同程度地发生着劳动生产方式的转型，为了适应现代经济发展的需求以及体现办学特色，高等教育在结构调整、类型分化、教学形式等方面同样面临着转型挑战，其对应的质量标准、质量评价也发生了变化。但是，面对这一系列转变人们会发现，外部力量既不能直接提升办学质量，也难以依靠强制性力量迫使高等教育提升质量。因此，国际社会在继续加强高等教育外部问责的系统化、精细化、标准化、规范化建设的同时，也更加强调从外部质量保障转向内部质量保障（Internal Quality Assurance，IQA）[1]的要求。比如2005年欧盟发布的《卑尔根公报》就特别强调，高等学校才是质量保障的主体，应着力构建内外结合的高等教育质量保障标准体系。因此，"内外兼顾"成为普及化阶段高等教育质量评价的核心特征。

高等教育质量的观念层面，开始从构建外部质量保障体系转向"兼顾内外"。一方面，从高等教育外部利益相关者视角来看，最早对高等教育机构的质疑和问责，主要是由于对高等教育机构经费使用不当、校园骚乱事件频发等问题引发的不满。进一步地，在新自由主义思想的冲击下，人们开始从纳税人权力的视角提出学校应该在教学质量和教师素质等方面对社会和大众负责的观点。对此，政府在探索加强外部质量保障体系的同

---

[1] 郑觅．高校内部质量保障：框架与措施——联合国教科文组织"IQA项目"优秀案例述评[J]．中国高教研究，2016（09）：17-22．

时，也要求学校建立内部质量保障程序。比如1991年英国政府发布的《高等教育改革白皮书》指出，高等教育质量应包括内部质量控制、外部质量审核和外部质量评估三个部分。另一方面，就高等院校自身而言，除了院校办学质量自我提升的需求外，普及化阶段的"自治"已然不同以往。许多国家根据学校功能将大学划归到不同的领域，如英国把大学划分为古典大学和新大学；德国把大学划分为应用工程学院和大学等，高校则需要自行决定办学功能定位，并寻求最优的发展路径。换言之，学校的声誉与权威不仅仅依靠传统的历史积淀和学术成果来判定，还可以根据学校的功能定位从社会服务、国际交往等方面在短时间内赢得的声誉来判定。因此，一是普及化阶段的内部质量保障可以说是一种基于多样化质量标准的差异化、特色化发展的过程；二是衡量一所高校办学的成功与否，更多的是与外部监控和评估结果相关联，评估结果较好的学校就更有可能在未来发展中得到政府更多的财政资助。同时，新闻媒体也会根据质量评价结果对高校进行排名，排名的顺序也会影响高校与更多的社会主体建立合作的关系。因此，该阶段的内部质量保障也是高校取信于社会进而获取社会资源支持的主要方式。

在政策与组织机构层面，出于对外提升高等院校知名度和社会声誉，以及攫取社会资源以支持内部发展等方面的考虑，国外高等教育机构通常会在政策制定和组织机构改革方面表现出内、外部质量保障"两手抓"的特征。一方面，绝大部分高校会选择主动接受外部质量认证以获取更多资源支持和以倒逼内涵提升，比如20世纪90年代芬兰万塔（Vantaa）理工学院为了申请专业技术学院的办学资质，需要依赖外部评估来证明学校已经具备了相关条件。而意大利的威尼斯卡弗斯喀利（Ca'Foscari）大学，在尚未形成国家层面质量保障体系的情况下，主动加入欧洲大学协会的质量评估项目，以借鉴国际经验来提升自身办学效率[①]。另一方面，对于高等教育机构而言，无论是为了适应外部环境的变化（比如财政经费不足、高

[①] 约翰·布伦南，特拉·沙赫. 高等教育质量管理——一个关于高等院校评估和改革的国际性观点［M］. 陆爱华，等译. 上海：华东师范大学出版社，2005：52-55.

等教育多样化、外部质量问责的压力等），还是出于自我办学提升的需要，高校都纷纷开始关注内部质量保障体系的建设。换言之，外部质量保障制度的建立在一定程度上推动了内部问责体系的制度化进程。具体而言，高等院校通常会设立专门的质量保障机构，并结合外部质量评估的相关要求，将传统上相对独立的师资聘任、学生评教、管理制度、学术研究等内部办学实践并入到学校整体评估方案中，以内部质量问责为中心，以质量改进为导向，寻求整体办学实践的一致性和效益最大化。

但需要说明的是，在构建内部质量保障体系的过程中，基于不同国家历史传统、文化特质以及学校办学特色等方面的综合影响，不同国家在构建和处理内、外部质量保障体系关系方面的具体举措和实施效果各有不同。换言之，高等教育规模化发展的三个阶段与其质量保障体系构建的特征并非是绝对的一一对应关系，而是一种整体的、相对的发展趋向。

第二节　国外高等教育内部质量保障的基本模式

克拉克·克尔（Clark Kerr）在谈及"高等教育不可回避历史"时指出，大学存在的合法性除了"促进普遍知识"的本质之外，还体现在"越来越多地生活在一个对它们抱有企图的民族国家的世界"里[①]。因此，尽管构建高等教育质量保障体系已然成为世界各国的广泛共识，但囿于高等教育管理体制、政府领导方式以及高等教育发展阶段的不同，各国在构建高等教育内部质量保障模式、运行机制等方面仍存在诸多差异。对此，本节结合世界各国高校内部质量保障建设的典型实践，主要划分为三种类型：注重接应外部质量审查标准的构建逻辑，兼顾市场与政府调节的高度自治逻辑，以及跨境高等教育内部质量保障的构建逻辑。

[①] 克拉克·克尔. 高等教育不能回避历史：21世纪的问题［M］. 王承绪，译. 杭州：浙江教育出版社，2001：5.

一、由外到内：注重接应外部质量审查标准的构建逻辑

(一) 英国高等教育内部质量保障体系的构建

英国高等教育机构具备高度自治的传统，即便是在规模扩张时期面临"质量滑坡"的问题，为了保持传统大学学术标准的"纯粹"以及高校管理上的自治，也只是构建了"双轨制"（Dual system）质量保障体系，来对大学体系以外的公共高等教育机构进行质量管控。但是，囿于"双轨制"本身在加剧教育不公平方面的弊端，人们对传统大学的问责诉求日益加剧。对此，大学校长委员会和大学拨款委员会合作开启了大学办学效率的研究项目，并发布《杰拉特报告》（Jarratt Report），强调应当从大学内部、外部以及大学运作三个层面设计高等教育绩效指标。同时，大学校长委员会还专门设立学术审核部（Academic Audit Unit，AAU），该部负责对大学进行学术质量审计（Academic Quality Audit），以评估高等教育机构是否建立内部质量保障机制并进行有效实施[①]。

为了回应学术审核部的要求，各个大学开始制订和完善本校的学术标准，成立教学质量委员会等专门质量管理机构，并根据学术审计处1991年制定的《审计人员指导手册》以及大学校长委员会制定的《实践准则》实施内部审核与评估工作[②]。2002年，英国政府进一步对高等教育质量保障署（Quality Assurance Agency，QAA）实施的外部质量保障工作进行了重大改革，取消了原来的"持续审核"和"学科评估"，将质量保障的责任下沉到院校自身，将外部审核的角色定位于确认院校内部质量保障体系的合理有效性以及教学质量信息的真实可靠性，同时，还制定了全国统一的

[①] 苏锦丽. 高等教育评鉴——理论与实践 [M]. 台北：台湾五南图书有限公司，1997：114.

[②] 方鸿琴. 英国高校内部教学质量保障体系的特点与启示 [J]. 中国大学教学，2013（10）：87-90.

质量保障框架（Quality Assurance Framework/QAF）和《质量审计手册》①，强调院校要遵守全国统一的质量标准与学术准则。自此，英国高等教育机构开始在"有条件自治"的基础上，逐步构建了接应外部质量审查标准的内部质量保障体系。鉴于高等院校内部质量保障实践的院校差异，我们以下主要选择阿伯丁大学（University of Aberdeen）和爱丁堡纳皮尔大学（Napier University）作为案例进行剖析，两所高校分别是传统的研究型大学和应用型技术大学，代表了英国占比最多的高校教育机构类型。我们对两所高校实践的对比梳理能够充分反映英国高等院校内部质量保障体系的典型特征。

1. 内部质量保障的目标环节（Plan）

质量目标是高等院校质量保障工作的第一要务。根据英国高等教育质量保障署发布的《质量审计手册》的相关规定，各高校构建内部质量保障体系应普遍关注学校和学生的特征分析、学生学习体验、学与教的水平、学术标准和程序质量，以及其他院校合作事项等五个方面。在此基础上，各高校可以根据自身办学特点对不同方面有所侧重。以英国两所高校为例：阿伯丁大学是英国最古老的大学之一，其办学宗旨遵从"用知识改变世界，注重拥抱学生的选择，以及开展一流的教学和前沿的学术研究"。因此，在学校发展战略中，其对质量问题的关注主要集中在学生、教学和研究三个方面。根据高等教育质量保障署在2018年发布的审查报告显示，阿伯丁大学厘定了2015—2020年的核心战略主题：一是为学生、校友和教职工营造良好的生活环境和文化氛围，使他们能够充分发挥自身潜能；二是提供一流的教学环境；三是实现高质量的研究和创新。同时，这三项目标又被具体细化为九个战略目标支撑，并以年度为周期进行阶段性计划的更新与调整，该过程由学校高级管理进行监督和审核②。与之相比，爱丁

---

① QAA Scotland. Enhancement-led Institutional Review of University of Aberdeen, Outcome Report 2018［EB/OL］. (2019-03-15)［2021-08-14］. https：//www.qaa.ac.uk.

② QAA Scotland. Enhancement-led Institutional Review：University of Aberdeen, Technical Report 2018［EB/OL］. (2019-03-15)［2021-08-14］. https：//www.qaa.ac.uk.

堡纳皮尔大学（Napier University）是 1992 年英国政府废除"双轨制"之后，从原来的技术学院新晋升级的第一批应用型大学之一。根据高等教育质量保障署在 2019 年发布的审查报告显示，纳皮尔大学的战略目标是通过提供一系列工作导向课程（program-led work-related activities）确保学生在专业领域取得成功和成长成才。因此，学校对办学质量的关注主要集中在毕业生就业和创业能力提升、科研服务经济产业发展水平的提升等方面[①]。

由上述分析不难发现，英国各高等院校确定内部质量保障目标有两项基本遵循：一是出于对外部质量问责的回应，即根据高等教育质量保障署对高等教育机构质量审查的五大核心指标，确保办学质量所应关注的基本要素；二是结合自身办学定位和服务特色，确立与之相适应的质量标准或目标，并通过调整和完善内部运行机制，将整体质量目标分解到学校院校管理、课程建设、教师发展、提高毕业生就业能力、学术研究等诸多方面，以进一步指导学校二级学院以及各行政部门不断提升办学效率，为开展教育教学和科研工作提供坚实的保障。

2. 内部质量保障的实施环节（Do）

根据两所高校内部质量保障体系的实施情况，我们可以从内部组织架构以及质量控制两个维度进行分析。在组织架构层面，承担高等院校治理最终责任的是大学董事会以及学术委员会，但具体实施高等教育质量管理和监督的则是各类委员会。以阿伯丁大学为例，学校质量和标准的最终责任主体是大学董事会（University Court）和学术议院（Senatus Academicus），为了协助这两个部门的协同工作，学校还成立了政策研究委员会、大学教育委员会（下设质量保障委员会、学生支持委员会、就业创业委员会）和学生体验委员会等三个联合委员会。同时，大学董事会还下设有风险审计委员会、数字战略委员会、平等性与包容性委员会等十余个管理委员会，

---

① QAA Scotland. Enhancement-led Institutional Review：Edinburgh Napier University，Outcome Report 2019 [EB/OL]. （2020-03-27）[2020-08-14]. https：//www.qaa.ac.uk.

共同负责大学的质量保障工作①。在质量控制层面,大学董事会主要承担机构的法人职责,负责批准大学发展战略和财产资源管理等;学术议院则负责所有与教学和研究相关的学术事务,主要包括批准教学改革项目、学生管理规定、奖助学金和学位授予等等。同时,学校于2017年编制了《学术质量手册》(Academic Quality Handbook),联系并回应了国家质量保证署的相关要求,并制定了包括学生参与、自我评估、技术报告、检测评价等诸多领域的具体规范。各委员会分工协作,协同各行政部门和二级学院实施质量审查与改进工作。比如学生体验委员会负责制定和批准关于学生非学术(non-academic aspects)的在校体验政策,以及对接来自学生协会的各项学生体验相关报告等;质量保障委员会则负责课程的开设与修订、课程年度审查报告的编写、内部教学审查计划的制定等。

3. 内部质量保障的评价环节(Check)

在两所高校的内部质量保障框架中,学校进行内部质量检视的核心途径主要涵盖三方面:一是出于回应国家质量保障署的要求而开展的院校整体自我评估。评估主要围绕院校学术管理和提高学生学习体验的有效性进行,在梳理院校管理实践优秀成果的同时,检视现存的问题与不足。比如2019年关于纳皮尔大学的评估中提出,学校在扩大招生、学生就业技能提升、研究生学术进展监测工作、明确并协调学校学术研究和专业服务人员与相关行政管理人员之间的合作关系,以及大数据治理工具的使用等方面表现良好,但是存在着学生代表结构不合理、审查报告信息公开和国际化课程项目学生的英语能力不足等方面的问题②。二是院校层面的年度课程评估(Annual Monitoring)和内部教学审查(Internal Teaching Review)。年度课程评估的目的在于有效确保学校所提供的课程和项目能够满足师生的

---

① University of Aberdeen. Committees [EB/OL]. [2021-08-15]. https://www.abdn.ac.uk.

② QAA Scotland. Enhancement-led Institutional Review: Edinburgh Napier University, Outcome Report 2019 [EB/OL]. (2020-03-27) [2020-08-14]. https://www.qaa.ac.uk.

期待,并且试图寻求可持续提升和改进的空间。审查内容主要包括学生课程体验的反馈、课程审查、项目审查以及相关事项的权责分工等①;内部教学审查一般在二级学院层面实施,教学委员会负责组建审查小组,并通过循证批判性分析的方式获取各学院教学素材、年度课程计划资料、学生评教数据、会议纪要以及相关报告文件等。审查内容涉及对二级学院教学制度的整体评价;结合二级学院院长和关键部门负责人的访谈资料以及前期收集的资料,学校对学院的教学质量提升策略进行审查;梳理师生相关会议、报告等成果,并聚焦若干核心主体进行自由讨论;与二级学院合作,共同拟订指导未来一年教学工作的"行动计划"。三是建立学生反馈机制。英国高校重视学生反馈对提升办学质量的重要作用,并通过制度化手段将这一重要理念下沉至办学实践。比如阿伯丁大学实施课程反馈、学生工作人员联络委员会、班级代表、学生合作协议等学生反馈制度,通过学生视角检视学校提供的教育与管理服务的质量情况。

4. 内部质量保障的改进环节(Act)

事实上,在构建质量保障体系的框架中,学校无论是内部自我检视,还是外部质量问责,其根本上是要促使高等教育机构形成一种可持续的"质量改进"文化,这也是促进高校质量保障工作实现闭环管理的核心环节。就两所高校而言,一是在回应院校整体自我评估基础上开展的改进行动,即针对整体自我评估中所提出的发展问题制定优化改进策略,并以公开报告的形式向社会汇报改进的过程和效果。比如2021年6月,爱丁堡纳皮尔大学的学习与教学副校长牵头组建"质量和标准小组",编写"机构审查后续报告",对2020年3月院校整体评估中提出的问题,从完善学生代表机制、学生意见反馈有效性、校外学习者个性化支持、研究生科研文化、研究生先修课程学习、制度主导的审查策略、外部审查报告信息公开、跨国教育课程学生英语能力审查等方面进行回应。二是在院校内部实施质量提升改革项目。比如阿伯丁大学自2016年开始引入生产运作管理中

---

① University of Aberdeen. Annual Course and Programme Review [EB/OL]. [2021-08-15]. https://www.abdn.ac.uk.

的"精益改进"(Improvement using Lean)质量保障流程机制,将"精益哲学"(The Lean Philosophy)视为大学组织变革的重要理念和工具,构建持续改进的大学管理文化,以确保院校工作流程在实现基本需求的基础上,减轻行政负担和提升运营效率。三是在院校年度课程审查、内部教学审查以及各类师生反馈制度实施过程中,学校对审核提出的问题结合师生在校体验反馈进行自我反思与修订,以提升管理和教学的有效性。

(二)澳大利亚高等教育内部质量保障体系的构建

作为英国曾经的殖民地,澳大利亚高等院校的治理在很大程度上受到英国的影响。一方面,20世纪90年代初,澳大利亚进入高等教育普及化发展阶段。受新自由主义、新右派政治转向、全球化和知识经济等多维因素的影响,澳大利亚政府开始不断加强对高等教育的问责力度,采用政策立法、质量审查和财政拨款等多种手段对高等院校进行宏观把控,从要求大学提交"年度教育概况描述"(The Annual Educational Profiles)、建立机构评估框架(Institutional Assessment)、发布《大学的使命为基础的契约:一个框架讨论稿》,到成立澳大利亚高等教育质量和标准署(The Tertiary Education Quality and Standards Agency,TEQSA),澳大利亚政府对高等教育质量监督的要求更加精细化、标准化,并且逐渐在国家层面建立了针对所有高等教育机构的、统一的质量审计框架。另一方面,澳大利亚政府对改进大学内部治理颇为关注,发布了一系列政策指导文件、研究报告等,引导和规范大学的内部治理体系的构建。比如,1988年澳大利亚联邦政府发布《道金斯报告》(Dawkins Report),强调政府应发布统一的标准指南以指导大学改善内部管理。1995年高等教育评估委员会发布的《霍尔报告》(Hoare Report)和2003年教育科学和培训部发布的《我们的大学:支撑澳大利亚的未来》(Our Universities: Backing Australia's Future),分别对大学内部权力机构的组建、职责权限以及功能发挥等改革发挥了重要影响。尤其是2007年工党(Australian Labor Party)执政后,澳大利亚高等教育治理体系发生了重大改革，引入了以大学使命为基础的"契约"式质量保障模式①，即由教育、就业和劳动关系部（Department of Education, Employment and Workplace Relations，DEEWR）和创新、工业、科学和研究部（Department if Innovation, Industry, Science and Research）与高等教育机构共同协商，来帮助高等院校明确自身办学使命和战略方向，以及在教学、研究、学习等方面的愿景。由此，澳大利亚逐渐形成了以外部质量审计为驱动的机制，并在外部质量框架的基础上逐渐完善内部质量保障的构建逻辑。

1. 内部质量保障的目标环节（Plan）

构建以大学使命为基础的"契约"式质量保障体系，意味着高等教育机构的办学方向和战略重点更加注重政府与高校的协商一致。因此，澳大利亚高等院校内部质量保障体系的构建在很大程度上反映了"政府意志"的渗透，对此，有学者认为这是一种"国家主义"，使大学与政府的关系走向了"管理"与"被管理"的局面②。在此背景下，高等院校内部质量保障体系构建必须遵循国家指导方针，将国家标准与学校战略规划、课程结构等进行衔接③。首先，澳大利亚高等教育机构强调大学战略规划的重要地位，因为对学校而言，战略规划相当于为内部治理提供了行动方向。而在"契约"式问责框架下，大学战略规划需要与国家、地方经济社会发展相适应，明确大学在国家创新与地区发展中的优势作用，并制定具体的学校发展目标。其次，在内部质量保障程序方面，澳大利亚政府对高等院校的总体监管，强调要按照高等教育质量和标准署发布的高等教育标准框架来评判大学内部质量保障的有效性和成熟度④，即从学生参与、学习环

---

① 陈欣. 高等教育问责制度国际比较研究［M］. 北京：中央编译出版社，2014：192-196.
② 陈欣. 高等教育问责制度国际比较研究［M］. 北京：中央编译出版社，2014：157.
③ HEAZLEWOOD I. Quality Assurance, Standards And Accreditation University Courses in Exercise and Sport Science in Australia：Processes and Outcomes［J］. Anales De Pediatría，2015，73（4）：225-226
④ The Tertiary Education Quality and Standards Agency . Our approach to quality assurance and regulation［EB/OL］.（2023-01-10）［2022-03-03］. https：//www.teqsa.gov.au

境、教学、研究和研究培训、机构质量、内部问责、信息管理等7个方面构建内部质量保障体系，并将其作为大学日常运行的基本构成，以推动形成大学内部治理体系。最后，从绩效产出的角度来看，要求学生的学习和研究能够致力于国家和联邦政府优先发展的领域，并罗列出大学在学生学习成果、研究创新等方面的绩效指标，来反映大学的战略目标，确保各部门能够适切地履行职责以及为大学内部治理提供问责框架。

2. 内部质量保障的实施环节（Do）

由于各州法律规定的不同，高等教育机构在内部治理结构方面略有差异。但整体来看，大部分高校内部实施大学董事会领导下的校长负责制和委员会辅助决策机制。其中，校董事会是大学最高权力机构，一般由校董事会主席、校长、学术委员会主席、校友、学生代表等构成，负责提名和任命校长，以及在全校层面审议和监督高等院校运行中的重大事项，尤其是在大学战略规划制定、资源优化配置、内部质量问责等方面行使最高决策权。在校董事会的框架下，学校实施委员会辅助决策机制，其中，行政事务由校长、副校长、教务长、学院院长等高级管理人员负责，并由高级行政委员会、风险管理委员会、信息技术委员会等辅助决策和监督运行；学术事务主要由学术委员会及其下属课程委员会、教学质量保障委员会、大学生发展委员会，以及其他学术组织负责，共同指导和监督学校的学术活动。同时，在各学院层次也有分管行政和学术事务的专门组织。其中，大学整体层面的问责和对具体行政部门的管理通常由分管校长负责，各学院的研究生院的内部问责由各院长负责。

3. 内部质量保障的评价环节（Check）

考虑对外部质量审查标准的回应，澳大利亚高等院校在构建内部质量保障体系时，既关注大学绩效目标的实现，也兼顾内外部质量标准的协调一致，以确保高校实践能够有效满足高等教育质量和标准署在质量标准和研究创新方面所提出的要求，并避免因履行外部问责而产生重复性的工作。从内容维度来看，其内部质量评价主要关注三个方面的内容：一是对大学制定的战略规划及其绩效指标的评估，一方面要确保大学发展战略与国家、地方经济社会发展的重点领域方向一致。另一方面，也要确保其能够具体落实到各部门、学院和研究生院的实际工作中，比如体现在部门制定的教育政策、工作计划，以及各学院制定的人才培养方案、学术研究项目等各个环节。二是对大学组织管理能力的评价，通过对大学不同层次、类型治理机构和管理层的绩效监控，确保各行政、学术部门以及支持性服务部门等能够按照专业、高效的秩序运行，从而使大学持续高效地提供高等教育服务，有效保障大学战略目标的实现。常见的评价工具有行政部门、院系和其他学术单位组织的自我审查、财政收支与运转调查、风险管理审查等。三是对大学质量绩效的评价，即从结果产出的角度，对大学办学成果进行量化评估。评估内容通常包括毕业生就业去向调查、学生课程学习满意度评价、教学质量检查、毕业生技能评估、学生研究创新能力调查等。在此基础上，学校还会结合外部质量审查的要求形成自我评估报告，既用于自我检视院校的发展问题，也用于提交给联邦政府和面向社会进行信息公开，以证明办学成效和寻求外部支持。

4. 内部质量保障的改进环节（Act）

长期以来，澳大利亚质量保障机构都采用质量循环（ADRI）模式对高等教育机构进行外部质量审查，即从启动（Approach）、展开（Development）、结果（Research）和改进（Improvement）四个方面检视高校办学绩效。这就意味着，"改进"不仅要成为院校内部治理中的必要环节，而且就如何"改进"进行论证说明并形成自我评估报告，提交至质量审核部门进行确认。比如是否有改进的具体策略、改进策略的适切性和可行性问题、具体如何开展改进行动，以及是否形成了持续改进的工作机制等。事实上，澳大利亚在不断强化外部质量审核的过程中，大学内部质量管理体系和流程也相应地得到了改进。据统计，首先，有82%的大学已经将质量循环（ADRI）模式应用于大学内部质量体系要素框架的搭建中，并且在提升大学内部治理有效性方面发挥了关键作用[1]。其次，注重院校评估数

---

[1] SHAH M. Ten years of external quality audit in Australia: evaluating its effectiveness and success [J]. Assessment & Evaluation in Higher Education, 2012: 761-772.

据信息的管理也是内部"改进"的重要内容。根据外部质量审计的要求，大学要建立基于证据的决策文化，即改进领域的确认、改进策略的提出等，都需要基于绩效数据加以佐证。

二、由内到外：兼顾市场与政府调节的高度自治逻辑

（一）美国高等教育内部质量保障体系的构建

美国早期的高等教育质量保障机制的建设，主要是为了回应20世纪六七十年代的大学生运动、校园骚乱事件与大学经费使用不当等管理问题，并通过外部问责优化高等教育管理秩序和提升办学效率。而人们对高等教育内部质量问责的关注主要归因于以下三点：一是随着20世纪70年代末美国高等教育进入普及化阶段，学校规模不断扩张引发了质量的"严重滑坡"。1983年，美国国家教育优化委员会（The National Commission on Excellence in Education）发布《国家在危机中：教育改革势在必行》的报告，指出美国学生成绩明显下滑，且落后于其他先进工业国家，于是社会各界开始强调关注高等教育内部质量问题。各州政府也开始要求大学制定相应的质量标准并采取一定的措施评估学生的学习效果。评估目标是提高学生学习效果和教学质量，评估内容是关注毕业生对所学知识和技能的掌握情况。二是以追求经济（Economy）、效率（Efficiency）和效益（Effectiveness）为原则目标的新公共管理运动，逐渐渗透至学校、政府、医院等公共部门的管理实践①。高等教育机构纷纷将目标管理、全面质量管理、绩效测评等企业管理思想应用于院校内部质量保障体系建设中，强调提高管理效率以更好地服务公共管理目标，注重系统内部组织建设以协调大学政治、行政和学术权力的运行秩序。三是进入20世纪90年代，克林顿政府推行的"重塑政府运动"（Reinventing Government Movement），进一步推动了高等

---

① OECD. Governance in Transition: Public Management Reforms in OECD Countries [M]. Paris France: Organization for Economic Co-operation and Development publishers, 1995: 7.

教育权力的下沉,强调衡量高校办学效率主要是通过对绩效指标的测量和评估,而高校管理者有自主选择达成目标的方法。到 1994 年,美国已有 18 个州的公立高等院校开发了内部绩效指标体系（Internal Indicator Systems）[1]。正如伯顿克拉克（Burton R. Clark）认为,在美国的教育市场中,很大程度上由消费者（学生和家长）把握着平衡的杠杆,而各院校则依靠消费者的选择赖以生存。因此,美国高校办学需要建立特色以增强吸引力,而非被动地接受统一模式[2]。由此,美国高等教育逐渐形成了以高校自身质量监控为核心的竞争力,兼顾市场和政府调节的内部质量保障模式。

1. 内部质量保障的目标环节（Plan）

学术界关于美国高校构建内部质量保障体系的目标已有相当丰富的研究成果。一个普遍的共识是,由于学校办学使命和办学特点的差异,其对质量的理解、标准以及相应的履责范式也有不同。但是梳理关于美国高校内部质量保障的理论研究,马丁·特罗认为其主要聚焦教师质量、学生的质量、学术质量以及课程与教学质量四个方面[3];格雷厄姆·帕特里夏·阿尔比约（Graham Patricia Albjerg）则更为详细地将其划分为对高校管理团队的监督、教师的任命与审查、科研评估与奖学金、课程与教学审查、学生学业评估、二级学院子系统的审查等诸多方面[4];威廉姆·耐特（William Knight）将美国公立高等院校内部质量保障的主要内容划分为教师行为、学生管理、学生学习评估等[5]。综合来看,已有研究认为美国高

---

[1] GAITER G, NEDWEK B P. Measuring Up: The Promises and Pitfalls of Performance Indicators in Higher Education [M]. San Francisco: Jossey-Bass publishers, 1994: 6.
[2] 陈欣. 高等教育问责制度国际比较研究 [M]. 北京:中央编译出版社, 2014: 108-110.
[3] MARTIN T. On the Accountability of Higher Education in the United States [M]. Princeton: Princeton University Press, 1988: 36-40.
[4] GRAHAM P A. Accountability of Colleges and Universities [M]. New York: Columbia University, 1995: 24-25.
[5] 威廉姆·耐特,刘智勇. 院校研究与质量保证——以美国高等教育为例 [J]. 高等教育研究, 2008 (08): 17-25.

校内部质量保障的关注点主要集中在课程与教育质量、科研与学术质量、教师与学生质量、学校组织机构质量这四个方面。此外，有学者在对比了美国不同类型公立高等院校授予博士、硕士、学士和副学士等不同层次学位的内部质量保障指标体系后发现，不同层次学位指标体系的"质"基本相同，只是"量"有所不同。而不同类型高校则通过对内部质量目标的层层分解，构建具有本校特色的内部质量指标体系。该过程主要是由高校发展历史和办学特色决定的，也与学校的学术自由程度以及与市场的距离相关[①]。比如加州大学伯克利分校在制定"学生成功"标准、师生"智慧联结""卓越课程"和"卓越科研"等方面的内部质量目标，无一例外地彰显了其作为"美国公立研究型大学三大巨头"之一的办学使命的担当；而威斯康星大学麦迪逊分校以其注重"社会服务"闻名于世，其内部质量保障在关注学生、教师、课程等一般质量标准的基础之上，还强调"威斯康星理念"的拓展。

2. 内部质量保障的实施环节（Do）

由于美国联邦政府对高等教育没有直接的管辖权，各州政府对高等教育的干预也更多集中在制定州政府教育拨款方案、处理政府与高校关系等方面，鲜少干涉学校具体办学事宜。因此，美国高校对内部事务具备高度的自主权。但是，面对外部社会对高校问责的压力以及提升自我办学质量的内部诉求，高等教育机构选择将内部质量建设的成果面向社会公开，作为自我提升的自律工具，以赢取外部信任与资源支持。为此，大部分高校纷纷建立专门的内部问责部门，如佐治亚大学成立的学校规划与问责办公室（Office of Program Development and Accountability）、佛罗里达州立大学成立的院校研究办公室（Office of Institutional Research）等，它负责整合与分配学校的教学资源，以确保学校课程和各类项目的质量卓越。在质量控制方面，1996年，美国大学教授协会等多部门联合发布的《大学与学院治理的联合声明》（*Statement on Government of Colleges and Universities*），明确

---

① 王桂艳. 美国高校内部质量指标研究［D］. 厦门：厦门大学，2013.

了以校长为首的院校行政管理团队，凸显了教授治校的学术评议会是高校内部质量保障的主体。校长由学校董事会任命，负责学校的整体运营，同时，学校还组建了由校长、副校长、教务长、分院院长、系主任等共同构成的高级管理团队①，将学校事务进行责权分化并监控相关领域办学实践的质量。学术评议会是美国公立高校教授参与学术治理的重要实体管理机构，负责院校课程设置、学术标准制定、师资聘用、学位授予等学术权力方面的工作。学术评议会不仅要向学校师生的学术事务问责，而且其内部成员也是学术问责的重要对象。此外，不同职能部门所做出的决策或规划实施，必须由学校各个治理委员会讨论，以民主投票的方式决定项目是否可以实施，实施过程中也要向治理委员会汇报执行成效，以确保项目实施的公平公正。

3. 内部质量保障的评价环节（Check）

美国公立高等院校实施内部质量评价的方式主要包括院校内部审查、内部评估和内部审计三种。内部审查的深层逻辑在于帮助院系更加充分、科学和客观地了解自身现状，同时向社会进行自我说明。一般而言，美国公立高校每5—7年会进行一次全面的内部审查。审查内容主要是通过相关制度文件、工作程序、会议纪要、部门和学生意见反馈等，对高级管理团队工作、课程内容与教学过程、学术与研究、教师发展与学生质量等进行审查。审查工作一般由学校专门的审查委员会执行，委员会成员在各个学校略有差异，但主要是由学校行政人员和教授共同组成的，也会有学校邀请外部专业人士参与审查过程。委员会最终会形成一份以存在问题和改进为导向的内部审查报告，作为自我审查和对外获取政府财政资助的主要依据。内部评估的核心逻辑是通过有目的地收集学校办学特定领域的数据信息，来发现内部质量不同环节的实施效果和相互联系，找到现存的问题并制定改进措施，以实现办学质量的提升。其中，美国公立高校的学生学习成果评估（Student Learning Outcomes Assessment）最为典型。事实上，美

---

① FLAWN P T. A Primer for University Presidents：Management the Modern University [M]. Austin：University of Texas Press，1990：32.

国有近80%的大学进行全国大学生学习投入调查、50%的大学进行毕业生调查、47%的大学使用自行开发的学生学习调查问卷来搜集学生/毕业生学习和工作的成果信息①，并运用大数据分析工具对学生学习调查问卷进行数据清洗和结论挖掘，以判断教育目标的实现程度并对存在的问题进行诊断。分析结果将通过各种途径反馈给相关部门，用于制定和推行提升学生学习成果的改革举措。内部审计旨在提升院校运行的价值和效率，以改进风险管控和创造效益。大部分美国高校设有专门的内部审计办公室（Office of Internal Audit），审计流程主要包括制定年度审计计划、确定审计对象、审计通知、动员会议、实地调查、持续沟通、编写审计报告并提交等环节，是评价高校内部经济活动、管理制度和活动等是否合理有效的重要手段。

4. 内部质量保障的改进环节（Act）

美国公立高校内部质量问责的结果主要以审查报告、年度评估报告等形式呈现，美国公立高校内部质量问责的结果根本目的在于激励与改进，同时也是促使院校内部质量保障实现管理闭环的关键环节，具体体现在三个方面：一是内部质量报告制度背后所蕴含的可持续性"改进"的哲学，使得内部质量评估成为高等院校质量保障的一种重要工具。具体而言，主要是通过定期评估和发布各类质量报告来及时发现大学运行中的优势和不足，以及时调整和改进发展方向，确保内部教育质量优化的连续性，形成循环闭合的质量改进文法和范式。二是通过对比不同高校的内部绩效指标，了解学校在同类高校中的方位和次序，既能够做到与兄弟院校知己知彼，确保在市场竞争中处于优势地位，又能够及时调整办学布局，充分发挥资源禀赋以寻求更加有利的提升空间，培养"适销对路"的专业人才，实现差异化发展，这也是体现美国高校市场化、多样化发展的重要基础。三是影响学校政策的制定和组织机构的建设。约翰·布伦南（John Brennan）的研究指出，高等院校政策、组织机构的受重视程度与学校质量

---

① 黄海涛. 学生学习成果评估：美国高等教育质量保障研究［M］. 北京：教育科学出版社，2014：146-147.

评估机制的作用发挥并非始终呈正相关关系，但可以确定的是，针对内部质量评估所进行的回应能够促使高等教育机构特定部分的政策与组织架构发生实质性的变化，但这一影响程度是由学校自身的办学特点所决定的[1]。

(二) 日本高等教育内部质量保障体系

我们从历史来看，日本高等教育质量保障制度建设主要经历了两个阶段：二战之前，日本实施中央集权式的高等教育质量问责制度；二战后，日本受美国高等教育模式的影响，效仿了美式高等教育改革，实施中央指导下的大学自治制度。在此过程中，宽泛意义上的高等院校质量评估一直存在，但并未进行制度化的规定，直到1991年，文部省颁发修订版的《大学设置基准》指出，"大学应努力就本校教育研究活动等情况开展自我检查及评估，并根据检查和评估的主题设定适当项目和建立相应的组织体制"。自此，制度化的日本高等教育内部质量保障开始不断完善。据统计，截至1997年，已有83.7%的高校至少完成了一次自我评价，56.4%的高校完成了两次以上[2]的自我评价。但是，区别于欧洲国家的高等院校先设立政府主导的大学评价机构并制定具体的高校内部质量评估指标体系，日本的高等院校更加重视以各自的方法开展自我检查与评估，体现了自己院校的高度自治性。鉴于此，日本高校的内部质量保障体系建设体现了一种先内后外、先易后难，以及由内部评估向外部评估过渡的发展道路[3]。与此同时，日本高等院校作为一个追求公共利益的事业机构，在高等教育市场化改革（主要体现为营利性大学的出现、竞争性资金的增加以及产学研协作的扩大等方面）的进程中[4]，日本高等院校的内部质量保障体系建设同样受到政府的政策调控以及来自市场力量的调节。总体来看，日本高等教

---

[1] 约翰·布伦南，特拉·沙赫. 高等教育质量管理——一个关于高等院校评估和改革的国际性观点 [M]. 陆爱华，等译. 上海：华东师范大学出版社，2005：117-122.

[2] 秦琴. 日本高等教育质量评价与保障体系：历史演进与改革方向 [J]. 高教探索，2018 (01)：62-70.

[3] 郑晓齐. 亚太地区高等教育质量保障体系研究 [M]. 北京：北京航空航天大学出版社，2007：1-3.

[4] 傅帅雄. 日本高等教育市场化改革探析 [J]. 高教探索，2016 (10)：66-70.

育内部质量保障体系同样呈现出兼顾市场和政府调节的高度自治的特征。

1. 内部质量保障的目标环节（Plan）

根据日本大学改革支援·学位授予机构的定义，高等院校教育和研究质量保障体系系统地建立在"前置设立审批""后置认证评估"，以及高校自行开展的质量提升活动（包括自查和评价）的基础上。其中，"前置设立审批"和"后置认证评估"独立于大学之外，构成了外部质量保障的部分，高校自行开展的质量提升活动则被作为内部质量保障的内容。需要说明的是，区别于其他国家通常将第三方机构评估作为外部质量保障的内容，日本高校在自我评估的基础上，增加了"局外人"的外部评估作为内部质量保障的一部分，独立于"后置认证评估"的环节[1]。而大学作为一个自治组织，其内部质量保障是指为实现其办学使命与宗旨，不断检查和评估其开展的教育研究活动、系统组织运行和设施保障状况等，并将检查结果用于提升、改进和向社会解释说明上，以培育一种自发改进的质量文化。从内部质量保障目标的内容要素来看，日本高等教育机构关注的核心内容主要包括建立质量保障政策和制度、教育项目的检查和评估、新教育项目的校内审批、教职工生涯发展保障、学习环境和学生支持的检查与评估、教学和研究活动的有效性评估六个部分[2]。另外，考虑不同类型高等院校的组织特性以及行业领域的差异，上述六个部分并非绝对的划分标准，特殊情况下需要对个性化的内部质量保障体系进行合理性说明。

2. 内部质量保障的实施环节（Do）

为确保内部质量保障体系的有效运作，日本高等院校按照大学组织层级建立了三级质量保障工作机制，以实现质量保障工作的信息获取与质量改进实践的有机联系。具体而言，学校层面，明确指定分管全校质量保障工作的负责人，该负责人通常由校级管理人员担任，并成立全校性的质量

---

[1] 大学改革支援·学位授与機構. 内部質保証［EB/OL］.［2022-02-24］. https://niadqe.jp.

[2] 質保証システムの現状と将来像に関する研究会. 教育の内部質保証に関するガイドライン［EB/OL］.［2022-02-24］. https://niadqe.jp.

保障组织（由教育和研究机构代表组成的委员会组织），负责对各学部、研究院上报的质量审查结果进行审议并下达改进指令；各教育研究组织（学部、研究机构等）层面，也明确指定了专门的质量保障负责人及相应的组织；单个教育项目（包括学位教育项目和非学位教育项目）层面，需明确相应的实施和质量保障责任人等。需要说明的是，教育项目不仅可以由单一学科组织提供，也可以由多个学科、院系共同实施，因此，必须明确对每个教育项目质量负责的教育研究的基本组织。此外，在三级质量保障组织运行机制方面，还强调合作与共享，即确保组织层级之间能够共享质量保障工作获取的信息和发现的问题，并据此作出改进举措以及建立相应的资源配置方案。

3. 内部质量保障的评价环节（Check）

日本高等教育内部质量保障的评价实施主要是以教育项目审查的方式实现的。所谓项目审查，是指由大学自主负责定期监控和搜集教育项目的实施状况，并将其评价结果与项目质量的持续改进联系起来的活动。教育审查的具体目标和实施频次是由各个大学的内部质量保障政策确定的，强调以自我检查和评估为核心，且不以回应第三方评估为主要目的。监控的内容主要包括开课情况、教学大纲、课程状态、成绩分布、毕业率、就业率、学生满意度/成绩调查结果、班级问卷调查结果等。从评价流程来看，日本高等院校的教育项目审查主要包括六个环节：一是建立项目审查实施机制，明确项目审查负责人、团队，以及支持审查工作的院校研究部门。二是设定审查方法和实施重点，项目审查要求审查部门在开展审查工作前先进行自查。届时，审查部门将与学校质量保障分管领导、质量保障委员会讨论具体审查方式和重点事项。三是由院校相关部门为审查部门提供校内数据信息，并与取得的其他院校相关数据进行对比，进而提出学校发展存在的问题。四是审查部门要根据前期数据撰写自查报告，并将自查报告汇报至外部评估委员会。这里的外部评估委员会与外部质量保障体系中的认证评估单位有着本质的区别，外部评估委员会是院校自主成立的自我审查辅助组织，委员会成员由大学内部决定，主要包括教育项目领域的专家、院校评估研究专家、学校其他教育项目负责人、学生和毕业生代表等。五是进行外部评估，外部评估委员会结合自查报告、课程习题册、学生毕业论文以及与教育项目相关人员的面谈形成外部评估报告。六是提交自查报告，即将自查报告、外部评估报告等内容（必要时，如教育项目实施者对外部评价指标做出的判断有异议时，可以就相关问题进行特别说明）汇总提交给对该计划的质量保证负责的组织（学部、研究生院等）和大学质量保证委员会。

4. 内部质量保障的改进环节（Act）

质量提升与改进是日本高等教育内部质量保障体系建设的核心目标，其具体工作主要体现在两个方面：一是将"改进"机制内嵌在前期内部质量保障体制的顶层设计过程中，具体表现：在制定大学内部质量保障政策时，注重将质量保证工作获得的信息与学校质量改进的工作相连接，并确保能够在大学、学部、专业、班级等之间共享，使得学校质量改进工作更加科学化。同时，在层级结构的权力分配上，规定上级组织有权对下级组织下达改进指标，以及根据改进需要分配公共资源。二是注重"改进"工作的有效性问题。作为大学质量的重要监测工具，内部质量体系本身的有效性问题是大学质量"改进"工作的重要环节。因此，日本高等院校强调，学校各级质量保障组织在开展工作前先进行自查，同时结合院校研究机构的建议对质量审查的目的、流程、审查指标等内容进行梳理。高等院校还会实施院校质量保障研究活动机制，即通过多方面调查，分析学校组织机构、学生学习成果等信息，以及协调外部认证评估的相关指标内容，构建个性化的学校内部质量保障体系。此外，为确保自我审查的科学性，各高校在内部评估的基础上，还纷纷建立了区别于官方外部认证的评估制度，从"局外人"的视角再次审视学校教育质量的工作，并提出针对性的改进意见，进一步确保质量保障工作的科学性和有效性。

三、构建跨境内部质量保障标准框架：以欧盟为例

区别于上述国家层面的高校内部质量保障体系建设，20世纪90年代

欧洲地区人口跨境大流动催生了欧洲劳动力市场的一体化进程，而劳动力大市场的形塑则需要更加透明和易理解的高等教育质量标准以加强高等教育的协作。但在现实中，大部分欧洲国家尽管在该时期相继进入了高等教育普及化阶段，但各个国家高等教育发展的水平和机构类型复杂多样，缺乏统一的质量要求。在此背景下，法、德、英和意四个国家教育部部长于1998年发表了关于欧洲高等教育体系架构协调一致的联合声明，即《索邦宣言》（*Sorbonne Declaration*），强调为促进师生、毕业生流动等，在欧洲高等教育区建立共同的参考框架①。1999年，29个国家的教育部部长签署了《博洛尼亚宣言》（*The Bologna Declaration*），就建设欧洲高等教育区（European Higher Education Area，EHEA）达成一致意见②。在推行的博洛尼亚进程的后续行动中，质量保障体系建设逐渐成为欧洲高等教育一体化建设的核心工程。同时，欧洲高等级教育质量保障协会（European Association for Quality Assurance in Higher Education，ENQA）协同其他"E4集团"成员③共同起草了《欧洲高等教育区质量保证标准2005》（*Standards and Guidelines for Quality Assurance in the European Higher Education Area，ESG2005*），并于2005年的卑尔根教育部长会议正式通过实施。该标准主要包含了高等教育内、外部质量以及质量保障机构的欧洲标准三个方面的内容④。随着高等教育的多样化、互联网技术的引入以及全民教育、终身教育理念的渗透等，"E4集团"于2012年开始对ESG2005进行了修订和改

---

① EHEA. Sorbonne Declaration 1998 [EB/OL]. (1998-05-25) [2022-05-09]. http：//ehea. info.
② EHEA. The Bologna Declaration of 19 June 1999 [EB/OL]. (1999-06-18) [2022-05-09]. http：//ehea. info.
③ E4集团包括欧洲高等级教育质量保障协会（European Association for Quality Assurance in Higher Education）、欧洲学生联合会（National Unions of Students in Europe，现在改名为European Students'Union）、欧洲高等教育机构协会（European Association of Institutions in Higher Education）和欧洲大学协会（European University Association）
④ ENQA, EUA, ESIB, et al. Standards and guidelines for quality assurance in the European Higher Education Area [Z]. Brussels：EURASHE, 2005：5-9.

进，形成了《欧洲高等教育区质量保证标准2015》（以下简称ESG2015）[①]，成为欧洲高等教育区高校质量保障活动的一般遵循。此外，欧洲大学协会从2009年开始，历时两年之久，对欧洲地区222所高校的内部质量文化建设进行审查，形成三份质量文化审查报告，其中，第一部分：高等教育机构的质量保障过程[②]；第二部分：内部质量保障的流程和工具[③]；第三部分：从自我反思到质量提升[④]，以上述材料为主要分析样本，管窥欧洲高校内部质量保障体系建设，主要体现在：

（一）内部质量保障的目标环节（Plan）

欧洲高等教育的质量，被认为是欧洲于全球竞争中取得优势的关键因素之一。因此，早在2003年的《柏林公告》中，各国教育部部长就曾指出，"与机构自治的原则一致，高等教育质量保障的首要责任在于高校自身"。2005年通过的ESG2005，将内部质量标准作为高等院校质量保障体系建设的三大核心任务之一，强调了机构自治的重要性。但是，根据《博洛尼亚进程报告》内容显示，一些国家仅仅将内部质量保障体系狭义地理解为自我评估报告、高等院校原有的侧重员工/单位绩效的考核系统，或是将其简单视为应对外部质量评价的一个基本环节，并未真正从"学习成果为基础和改进为导向"的角度进行思考。对此，欧洲大学协会指出，一是应强调高等教育机构对发展内部质量文化关注的必要性，有效引入并实施内部质量管理工具，以提升办学水平；二是通过建立内、外部质量保障通用标准，提升国家间高等教育的流动性和国际互认的水平；三是在理想状况下，高校不仅要致力于内部质量保障的过程，而且要发展适应本校自

---

① ENQA, EUA, ESIB, et al. Standards and guidelines for quality assurance in the European Higher Education Area [Z]. Brussels: EURASHE, 2015: 6-9.
② EUA. Examining Quality Culture Part I: Quality Assurance Processes in Higher Education Institutions [EB/OL]. (2010-11-02) [2022-06-09]. https://eua.eu.
③ EUA. Examining Quality Culture Part II: Processes and Tools - Participation, Ownership and Bureaucracy [EB/OL]. (2011-09-01) [2022-06-09]. https://eua.eu.
④ EUA. Examining Quality Culture Part III: From self-reflection to enhancement [EB/OL]. (2012-04-03) [2022-06-09]. https://eua.eu.

身特点的质量文化，即形成基于共同价值观、信念、期望和对质量的承诺。基于此，ESG2015规定高校内部质量保障内容标准主要包括质量保障政策、专业设置与许可、以学生为中心的教学与评价、学生录取与考核评价、教师质量、学习资源和学生支持、信息管理、信息公开、专业的持续监控和定期审查、准备周期性的外部评估等方面①。在实践层面，《欧洲高等教育机构质量保障进程》报告显示，各高校最为关注的几个质量保障内容分别是教与学（98.2%）、学术研究（79.3%）、学生支持性服务（75.7%）、高效管理与治理（65.8%）、社会服务（47.7%）和其他（6.7%）②。

（二）内部质量保障的实施环节（Do）

就政策规划而言，ESG2015要求高等教育机构应该有公开的、由学生和其他利益相关者共同设计的内部质量保障政策。而根据欧洲大学协会的调查数据显示，大部分高等院校在学校以及学院层面均已制定或架构了内部质量保障相关的政策制度、组织机构以及实施程序等，并且有63%的院校将内部质量保障列为机构发展的核心事项，并予以高度重视。就质量保障组织机构建设而言，欧洲大学协会指出，高校内部质量文化建设需要领导者、学术和行政人员、学生以及其他利益相关者的广泛参与，需要充分凝聚各方利益主体的主人公精神产生合力效果。一是专门设立学校层面的质量保障办公室，直接对分管的副校长负责。具体任务是结合欧洲层面或国家层面的质量保障要求，制定学校层面的质量保障战略规划，并就相关要求，定期与各个院系的质量保障工作进行对接和跟进。二是成立学校和专业层面的质量保障委员会。委员会成员吸纳分管学校质量保障工作的校级领导、学术人员、行政管理人员、院系领导、学生、校友以及其他外部利益相关者（雇主、校外专家）等，确保质量保障实践活动组织的形成。

---

① EQUIP. Comparative analysis of the ESG 2015 and ESG 2005 [EB/OL]. [2022-07-19]. https：//www.enqa.eu.
② EUA. Examining Quality Culture Part I：Quality Assurance Processes in Higher Education Institutions [EB/OL]. (2010-11-02) [2022-06-09]. https：//eua.eu.

三是成立课程委员会。该委员会成员一般由高校教职员工、学生和校外专家等构成。欧洲大学协会的调查数据显示，有85.1%高校的课程设计是由课程委员会牵头，结合学校和学院发展战略、学生预期学习成效等协商确定的。

（三）内部质量保障的评价环节（Check）

欧洲高校内部质量保障体系的评价主要以针对教与学的内部审查为主，内容主要涉及专业和课程设置、开设课程的监控与质量提升、学生学习成效与评估、学习资源情况以及教师质量等方面。其中，关于专业与课程的评价主要侧重于学校的自我评估、师生持续性评价以及课程有效性的定期评估等；学生学习效果评价主要包括学生学情问卷调查、学生满意度调查、学生成绩考核等；教师质量方面，从招聘、录取、培养等不同环节，高校都建立了各自的标准和要求。同时，教师每五年要接受一次综合评估，评估结果与薪水直接挂钩。在研究、教学、社会服务等方面不合格者，需接受一年的继续教育，以确保教师教学的质量。此外，有99.1%的欧洲高校建立了学校层面的信息系统，把它作为检测人才培养过程中各项数据的重要工具。一类是学校系统数据，不同学校所选择的指标内容略有差异，主要体现在87.7%的学校选择了学生升学率和毕业率、65.5%的学校选择了不同院系生师比、40.5%的学校选择了毕业生就业能力追踪、53.6%的学校选择了学生课程满意度、83.2%的学校选择了学生背景信息（年龄、性别、教育背景等）、44.1%的学校选择了学校可利用的学习资源（图书、电脑、实验室等）、10.9%的学校选择了其他（如院校自身表现的指标）；另一类是学生课程学习相关数据，主要反映在76.1%的学校选择了专业学生数、70.3%的学校选择了专业研究人员数量、44.6%的学校选择了师生比、81.5%的学校选择了课程预期学习成效信息、86.9%的学校选择了专业资格许可信息、82.0%的学校选择了教学与学习以及评估信息、78.8%的学校选择了学生学习支持（交换生、流动性、奖学金等）、45.5%的学校选择了毕业生就业能力、43.2%的学校选择了在校生基本信息、54.0%的学校选择了国际留学生基本信息、49.5%的学校选择了特殊群体学生招生等①方面。这些数据既是学校进行自我审查、提升办学质量、保障信息透明度和公开度的重要素材,也是高校更加科学合理制定未来发展战略的重要决策依据。

(四) 内部质量保障的改进 (Act)

对欧洲高等教育区内部质量保障的改进与提升,欧洲大学协会指出,高校内部质量文化建设不能简单地等同于院校质量保障体系建设,而是强调从发展一种质量文化的角度审视质量保障过程:一是对院校发展战略的反思。大部分院校尽管都制定了发展规划,但并非都是成功的,需要审视的是战略规划与院校组织机构、管理制度以及实际运行秩序之间的一致性。二是对质量保障工具的反思,主要包括工具使用的效用和效率两个方面。就前者而言,需要反思质量保障工具的使用是否真正面向所要解决的质量问题,而不是仅仅只是使用了某种质量工具,避免沦为工具或数据的"奴隶"。就后者而言,则需要检视工具的使用与质量问题之间是否存在"多对一"的无效浪费的问题。三是对质量保障实施中的一些基本原则进行反思。比如院校如何看待质量保障"自上而下"的呼吁与"自下而上"的实践之间的逻辑冲突?如何看待质量保障的持续改进理念与现实中唯绩效考核指标"马首是瞻"之间的矛盾等。在实践层面,把覆盖整个欧洲区域的高等教育内部质量保障标准框架进行了一次重大调整:将 ESG2005 中的专业设置、监控和周期性审查分化为专业设置与许可、专业的可持续性监控与定期审查两项内容,并且新增了以学生为中心的教学与评价,体现了"以学生的学习为中心"这一重大理念的转变。

第三节 国外高等教育内部质量保障的特征与启示

在高等教育规模迅速扩张和多样化发展的情况下,如何确保高等教育

---

① EUA. Examining Quality Culture Part Ⅰ:Quality Assurance Processes in Higher Education Institutions [EB/OL]. (2010-11-02) [2022-06-09]. https:∥eua. eu.

质量和提升毕业生就业能力一直是高等教育转型发展的核心议题。2019年，我国高等教育毛入学率达到51.6%，我国正式迈入普及化阶段。对此，我们需要梳理和归纳发达国家高等教育普及化进程中构建内部质量保障体系方面的经验特征，为优化我国高等院校内部质量保障工作提供启示和借鉴。

一、注重内部质量保障建设的专门化和专业性

整体而言，国外高校内部质量保障体系建设呈现出专门化和专业性的特征。所谓专门化，是指将高等教育内部质量保障体系建设作为办学质量提升的专门事项予以重视。比如政府层面，英国政府就将外部质量审核的内容定位于确认院校内部质量保障体系的合理有效以及教学质量信息的真实可靠，而欧盟则是专门从区域层面制定了内部质量保障的统一标准。院校层面，大部分学校积极发挥办学自主权，除了制定提升内部质量的专门方案或战略规划外，通常还会设立学校层面或者二级学院层面的质量保障机构，直接对分管质量保障工作的校级领导负责，来规划、协调和监控学校的质量保障工作。由此，无论是自上而下的政策引导，还是自下而上的一线实践，都将院校内部质量保障进行了专门化的部署与实践。所谓专业性，是指院校质量保障工作的科学性与规范性得以不断地提升。一方面，院校内部问责团队成员通常涵盖了校级领导、教务长、分院院长等高级行政管理人员，以及学术专家、一线教师等，按照一定的选拔标准选举产生，具备内部问责的权威性并能够对评估结果负责；另一方面，伴随着院校推进高校内部质量管理的相关学术研究不断丰富，国家开始注重研究能够反映办学质量的绩效指标体系。国家通过搜集和分析学校运行中产生的指标数据，监控学校运行各方面的基本情况和发展态势，把控高校办学质量的整体状况。同时，随着教育质量评价的量化技术被越来越多地引入内部问责制中，数学、统计学、运筹学、大数据等方法和技术手段开始广泛地应用于内部评估的计量中，评估范式进一步得到科学化和规范化，也使得评价结果更具客观性和可信度。

二、关注以学生为中心的学习成果评估

自 20 世纪 80 年代以来,国外教育界关于"学生学习成果"评估的讨论已屡见不鲜。美国教育评价标准联合委员会(Joint Committee on Standards for Educational Evaluation, JCSEE)曾提出,学生学习结果是对学生学习经历之后的期待,即经过特定学习经历之后将获得的各种结果。富尔克斯(Janet Fulks)则认为这一系列成果应该包括知识、技能和态度等方面的具体、可测量的目标和结果[①]。这种将对学生学习与发展的直接关注作为反映内部教学质量的一种范式,体现了"以学生为中心"的教育理念以及教学活动本身的重要特征。

首先,从质量保障目标的厘定和过程实施来看,国外高校在构建内部质量保障体系的过程中,凸显了将人才培养作为评价的核心,强调以学生的发展为本。比如英国阿伯丁大学除了在战略规划制定中,明确将其培养学生的性质、预期成效等进行说明外,还专门组建了学生体验委员会,不断完善学生代表参与机制,强调"拥抱学生的选择"、立足学生的发展需求和关注学生的学习体验。其次,从内部问责的内容来看,国外高校尤为关注学习活动本身。比如欧盟高校在构建学校层面信息系统时,有 80% 以上的学校会选择着重收集学生升学率和毕业率、学生背景信息、课程预期学习成效信息、专业资格许可信息、教与学的评价信息等,并将其作为内部质量审查报告编写的素材依据,反映学校办学质量以及为改进课程教学提供方向。最后,从内部质量保障的评价逻辑来看,关注学生的学习成果,在一定程度上改变了传统上对资金、环境、教师、设备等教学条件的投入性评估,而是转向对教学的实际成效和产出的评价。进一步地,通过评估学生课程学习实际上发生的改变,来反推学校提供的各项支持条件,如硬件资源、教师质量、课程内容等。相当于是在传统上从办学投入要素

---

① 黄海涛. 学生学习成果评估:美国高等教育质量保障研究[M]. 北京:教育科学出版社,2014:35-37.

映射学校办学质量的"一元"关系中,引入了学习成果这一新的变量,使得评价模型和结果更加贴近学生发展的质量保障主体的实现。

三、营造多主体协同参与的内部质量文化

国外高校内部质量体系建设的经验表明,无论是建立制度化的内部质量保障制度框架、开发内部问责绩效指标,还是建立专门内部质量监控组织机构,都是提升高校办学有效性的重要手段。但是,任何一项独立举措都难以确保大学的卓越性,正如欧洲大学协会在"质量文化审查"项目中所提出的"质量文化是组织内每个人的责任",需要兼顾政府和社会公众对高校质量问责的外部诉求,以及基于提升学生学习体验和预期成果的内部诉求,形成多主体参与的质量文化新格局。国外高校在构建内部问责生态过程中,就尤为关注多方利益主体的协同发力。

从主体参与情况来看,为了更好地向公众解释办学质量以及提升内部质量评估的独立性与客观性,国外高校在构建内部问责体系时,不仅关注办学者、管理者、教师、学生等内部主体的参与,还注重校外利益相关方的参与。比如欧洲大学质量文化检视报告的数据显示,不同利益相关者以正式加入质量保障机构、参与咨询指导工作、参与评估审查活动等形式参与高校内部质量保障体系建设的程度分别介于 53.6%–90.5%(学术人员)、26.6%–68.5%(行政管理人员)、54.5%–85.1%(校级领导)、59.5%–77.5%(院级领导)、63.1%–79.7%(学生)、21.2%–49.5%(外部利益相关者)、9.9%–41.4%(校友)之间;从职责划分情况来看,国外高校强调质量保障的责任分化与共担。内部质量保障体系构建在一定程度上体现了教育分权的理念,大学董事会将质量管理的权力让渡给校长,校长通过组建行政管理机构梯队,进一步将权力分解赋予不同的管理部门,并通过建立师生代表参与机制,使得教师、学生等内部利益相关者拥有对学校质量保障工作的话语权。总体来说,学校全域都参与到学校质量建设工程中,形成了以校长为首,各级行政管理和凸显教授治校的学术治理共同推进的治理格局。

四、完善多样化发展的内部质量标准框架

在新公共管理的理论框架下，效率与卓越是公共实践的核心目标驱动力。那么，如何衡量高校内部治理的效率程度和卓越水平？事实上，质量标准不仅为高校内部质量保障体系建设提供了持续完善的方向，而且也是评估其效率水平的重要参考工具。换言之，效率与卓越的重要外显性标志就是质量标准。就国外高校内部质量保障体系建设而言，其质量标准建设主要表现出以下几个特征。

一是完善高校教学质量标准体系，围绕"教与学"的全过程进行引导和规范，这是由高等教育以人才培养作为核心第一职能的历史使命所决定的。具体而言，无论上述是何种内部质量保障模式，其通常在两个层级上完善本科教学质量标准体系：一方面，由区域联盟/国家教育部制定并批准的、全域内统一的本科专业类教学质量标准，是各高校修订和优化自身内部质量保障体系和人才培养方案的核心依据。另一方面，高校结合外部质量审查的要求，按照"国际的"或者"国内的"认证与评估指标，自行构建"内部教学标准"，内部教学标准主要包括目标定位、师资队伍、教学资源、培养过程、学生发展和质量保障等紧密相关又彼此独立的标准体系。因此，该标准通常表现出规范性、全面性、可操作性、共识性等特征。二是坚持标准的"校本特色"。正如我国教育部在本科教学评估方案中所指出的，要"用自己的尺子量自己"。国外高校在制定内部质量标准体系过程中，鲜明地体现了校本性特征。比如英国阿伯丁大学和爱丁堡纳皮尔大学，在年度质量报告中，能够结合学校办学定位、服务方向、人才培养目标、人才培养模式以及生源总体特征等确定质量绩效指标，体现了分类发展的基本理念。三是确保内部质量标准的可执行性与动态改进质量。比如爱丁堡纳皮尔大学，在针对学校教学标准实施情况的院校审查评估中，专门由学习与教学副校长牵头组建"质量和标准小组"，对标准执行过程中的问题进行专项调研，并撰写专门研究报告，面向社会公开报告，体现了标准的持续性改进策略。

五、小结

将视线延长至国外整个高等教育内部质量建设的历史坐标轴中不难发现，经历了"精英化"阶段的高校"权责自负"，享有高度的质量话语权，高等教育本身在一定程度上就被视为一种"质量符号"；到"大众化"阶段高等教育转向建立外部质量标准方面，强调以回应外部问责和提升自身质量来构建内部教学质量标准；再到"普及化"阶段将质量"还给"高校，要求高校夯实自我审查、自我改进、自我发展的核心内驱力和质量文化三个特征鲜明的发展阶段。这种阶段性特征演变不仅与高等教育规模化发展息息相关，也与新自由主义思想在整个国际社会的渗透以及根植于国家传统的教育文化等紧密相关。但无论如何，质量保障理念、技术和方法的转变只能是作为"工具性"的存在引入高等教育质量话语体系中，其本身并非高等教育发展的终极目标。因此，在高等教育质量保障体系的构建中，不断完善与时俱进的动态内部质量保障的建设水平才是高等教育质量观念、质量方法、质量工具等真正落实在"教与学"过程中的重要保障，这也是国际上对质量保障体系建设进行"内部转向"的重要原因。

具体而言，上述国际视野下的高校内部质量建设实践，对我国高校发展同样具有一定的启示和反思价值。首先，在我国现行高等教育管理体制下，国家层面尽管一直大力号召进行"管办评"分离改革，但是在各项政府主导的大学提升项目（如"双一流""双高校"建设等）实施的背景下，高校自主办学的驱动力和引导力都显得略显苍白，这也是受到学界广泛争议的议题之一。即如何挖掘高校质量提升的校本动力，避免陷入"盲目跟跑""同质化"的漩涡之中。其次，高校内部质量标准体系建设的科学性和有效性的问题。作为一项具有专门性和专业性的工程，内部质量建设要求高校在院校研究方面进行大量基础性、调查性的研究，这些研究也许并不能立竿见影地直接转化为学术成果，但是对于高校内部质量标准的修订和优化而言极为重要，是学校以循证理念开展教育决策的基本前提，也是确保高校教育决策能够真正落实到"教与学"相关人才培养过程的重要保障。最后，高校质量文化的建设并非"纸上谈兵"，而是以各种方式体现在高校参与质量、合作质量、流程质量、改进质量等诸多方面。鉴于这些，各国需要从质量共同体、质量价值观、质量承诺、质量工具等多方面着手，协同打造基于"持续改进"的大学质量文化。

第三章

历史与发展：我国高等教育质量保障的实践探索

回顾我国高等教育发展历程，可以看出我国虽然已经迈入了高等教育普及化阶段，但"质量危机"却始终如一把高悬于头顶的"达摩克利斯之剑"，需要时刻谨记"欲戴其冠，必承其重"之内涵。本章将围绕我国高等教育质量保障体系的历史沿革、外部质量保障的实践探索、内部质量保障的发展建设三个部分进行论述，以此揭示我国高等教育质量保障体系的建设与转型，为构建更具有中国特色的高校教育质量保障体系提供理论依据。

第一节 我国高等教育质量保障体系之历史沿革

我国高等教育质量保障是移植于欧美等高等教育发达国家的"舶来品"，并且在质量保障体系构建的不同阶段存在着诸多难点和痛点。但不可否认的是，我国已经走出一条具有中国特色的高等教育质量保障之路：从新中国成立最初的模仿借鉴与"摸着石头过河"，到全面改革开放时期的试点工作与"先行先试"，再到21世纪以来的创新发展与突破"深水区"。我国高等教育质量保障体系的探索之途筚路蓝缕，为高等教育人才培养质量的提升奠定了牢固的"基石"。与国外高等教育质量保障体系建设的阶段性特征一致，我国高等教育质量保障体系建设的历史沿革也可以

从"精英化""大众化"和"普及化"三个阶段探究其深层发展的规律,具体如下:

一、质量保障体系的初建与探索期(1949—2002)

1949年10月1日,新中国成立,各项事业百废待兴。此时国家需要大量的人才支撑各项事业的恢复和发展,但当时的高等教育毛入学率仅为0.26%[①],远远无法满足现实的需要。为了能够尽快恢复高等教育的发展和解决人才供给的问题,政府对高等教育进行了全方位的社会主义改造,来提升高等院校办学的质量,主要举措有二:一是课程改革。教育部于1950年发布《关于实施高等教育课程改革的决定》,规定了高等教育的办学宗旨、课程改革的目标与方向、课程改革的方法与途径等11项内容,为新中国高等教育人才培养制定了基本质量规范,对高等教育办学的各个环节提出了明确的要求,对当时高等院校的教学质量提升起到了促进作用。二是院系调整。1952年5月,教育部制定了《全国高等学校院系调整计划(草案)》,系统提出了全国高等学校院系调整的原则与实施计划。同年6月至9月,我国各所高校在中央的统一要求下,开展了有计划、有步骤、大规模的院系调整活动,该计划的施行打破了"中华民国"时期效仿英式与美式所构建的高校体系,使我国正式转向效仿苏联的高校体系,为确立党中央对高校的实际领导扫清了障碍,同时,对高等教育的评价方法也改为苏联的成绩测评法,为我国后续推行的专业质量评估奠定了实践基础。

20世纪50年代中后期至20世纪70年代末,由于国际局势的风云突变,我国的高等教育质量严重下滑。1977年,高考正式恢复,人才培养工作进入了发展的"快车道",并且掀起了一股新建高等教育机构的浪潮。截至1985年,各类高校数量已经增长至1016所。在如此快速扩张的背景下,我国高等院校出现了"四个投入不足",分别是经费投入不足、领导

---

① 中华人民共和国教育部. 扎根中国大地 奋进强国征程——新中国70年高等教育改革发展历程[EB/OL].(2019-09-22)[2022-05-16]. http://www.moe.gov.cn/jyb_xwfb/s5147/201909/t20190924_400593.html.

精力投入不足、教师精力投入不足和学生精力投入不足[①]。基于此，国务院学位委员会于1981年对全国各类高校与科研机构进行首次学位点授权审核，尝试通过对各类高校学位点的审核，逐步规范高等教育教学工作，从而进一步提升高等教育教学质量。

1985年5月，中共中央发布《关于教育体制改革的决定》，明确提出："教育管理部门要组织教育界、知识界和用人部门定期对高等学校的办学水平进行评估，对成绩卓著的学校给予荣誉和物质上的重点支持，办得不好的学校要整顿以至停办。"这反映出国家对高等教育质量问题的高度重视，以及进一步实施国家干预的决心和态度。据此，原国家教委采取了三项重要举措：其一，决定改变在办学管理上大包大揽的做法，鼓励更多的利益相关者参与其中。基于此，全国各地相继成立各类教育评估机构以及民间自发性质的大学排行榜和社会性的评价组织，共同致力于我国高等教育质量的保障工作。其二，启动高等工程教育评估研究和试点工作，并发布《关于开展高等工程教育评估研究和试点工作的通知》，对高等工程教育评估的基本理论（基本概念、基本规律、基本方法）、评估指标体系、评估标准和评估方法、评估组织机构、程序和政策、评估比较研究等内容进行了详细的阐释。其三，1985年年末，原国家教委召开镜泊湖会议，集中讨论了《高等工业学校办学水平评估指标体系（草案）》，对高等工业学校的评估试点工作做出了具体的部署，此项工作的推动与试点，预示着高等教育的评估工作步入正轨，进一步为提升高等教育质量提供了制度保障。

1993年，中共中央、国务院颁布《中国教育改革和发展纲要》，明确强调"应采取深化教育改革，坚持协调发展，增加教育投入，提高教师素质，提高教育质量，注重办学效益，实行分区规划，加强社会参与的发展战略"与"力争在下世纪初，有一批高等学校和学科、专业，在教育质量、科学研究和管理方面，达到世界较高水平"，且进一步要求"建立各

[①] 周远清. 提高质量是教育改革发展的关键［J］. 中国高教研究，2011（11）：4-7.

级各类教育的质量标准和评估指标体系"与"各地教育部门要把检查评估学校教育质量作为一项经常性的任务",进一步彰显了当时国家对高等教育质量提升工作的高度重视。1994年,国务院发布《〈中国教育改革和发展纲要〉的实施意见》,提出"我国教育事业的发展还要着眼于大力提高质量和效益",强调要"研究制定各级各类学校的基本办学条件标准和质量标准,建立和完善教育监测评估和督导制度"。据此,高教司开始成立本科教学评价方案研制组,专项负责高等学校本科教学评价方案的研制工作,将我国高等教育质量评估细分为三个层次,即合格评估、优秀评估和随机性水平评估。

1998年,《中华人民共和国高等教育法》正式颁布,其明确提出"高等学校应当建立本学校办学水平、教育质量的评价制度,及时公开相关信息,接受社会监督"与"教育行政部门负责组织专家或者委托第三方专业机构对高等学校的办学水平、效益和教育质量进行评估",说明国家将高等院校质量评估工作上升为国家意志,以此促使各级教育主管部门重视和支持高等院校质量评估工作。1998年5月,教育部成立了"普通高等学校本专科教学工作评估专家委员会",专项负责高等教育教学评估工作的各类事项。2002年,我国将合格评估、随机性水平评估、优秀评估整合为"普通高等学校本科教学工作水平评估",并成立评估相关的专家组,进一步推动了我国高等院校质量评估的工作进程。

二、质量保障体系的调整与改进期(2002—2019)

21世纪以来,我国高等教育发展呈现出"规模扩张"和"质量提升"两手抓的典型特征。"质量提升"工作主要围绕高等院校教学质量评估展开。2002年,教育部正式启动了普通高等学校本科教学工作水平评估。2003年,教育部发布《2003—2007年教育振兴行动计划》,明确提出要完善高等学校教学质量评估与保障机制,进而常态化施行"五年一轮"的普通高等学校教学工作水平评估制度。2004年,教育部组织有关专家对已施行的评估方案进行研究讨论,广泛征集各省市对评估指标、评估标准、评估权重、评估说明等的意见反馈，形成了《普通高等学校本科教学工作水平评估方案（试行）》（2004版）。2004年8月，教育部正式批准设立高等教育教学评估中心，该机构受教育部直接领导，是具有独立法人资格的行政性事业单位，其以学校自我评估为基础，以院校评估、专业认证及评估、国际评估和教学基本状态数据常态监测为主要内容，将政府、学校、专门机构和社会多元评价相结合，建立与中国特色现代高等教育体系相适应的教学评估制度，并定期发布高等教育教学质量报告、监测报告等。这标志着中国高等教育的教学评估工作开始走向规范化、科学化、制度化和专业化的发展阶段。

2009年，教育部发布《普通高等学校本科教学工作合格评价方案》（2009版），在"以评促建，以评促改，以评促管，评建结合，重在建设"的原则下，明确了高校合格评估的实施办法、指标体系、基本要求等内容，并力图实现教育评价的"五个转变、五个更加重视"：其一，评估性质、指标体系和评估方法从一元转向多元，分类实行质量审核或认证，更加重视引导高校科学定位、各安其位、内涵式发展；其二，评估重心从硬件建设转向软件建设，更加重视高校的教育教学改革成果、人才培养效果、办学效益和体制机制创新；其三，评估内容从注重过程检查转向注重目标控制，更加重视推动高校自主办学、自我约束、形成特色、多样化发展；其四，评估方式从专家进校考察为主转变为数据库信息监控、学校自评与专家进校考察相结合的方式，更加重视高校教学基本状态数据库的建设和应用；其五，评估结论从单一的水平性评定调整为根据不同评估类型给出认定性结论，更加重视评估结论的导向性和客观性。

2011年，教育部印发《关于普通高等学校本科教学评估工作的意见》，强调高校自我评估、教学基本状态数据库以及分类开展院校评估专业认证及评估、国际评估相结合的要求。2015年，第十二届全国人大常委会第十六次会议审议通过了《教育法律一揽子修正案（草案）》，并对《中华人民共和国高等教育法》进行了新一轮的修正，决定将四十四条修改为："高等学校应当建立本学校办学水平、教育质量的评价制度，及时公开相关信息，接受社会监督。教育行政部门负责组织专家或者委托第三方专业机构对高等学校的办学水平、效益和教育质量进行评估。评估结果应当向社会公开。"进一步从法律层面上确证了高等教育评估工作的必要性与重要性。在此背景下，不同类型的评估机构针对不同的评估对象开展教育评估的工作，且向社会发布了评估结果。最具代表性的是教育部于2016年发布的高等教育质量系列报告（包含1本总报告和3本专题报告），其中，《中国高等教育质量报告》全面回答了中国高等教育整体的质量现状；《中国工程教育质量报告》全景式展现了中国工程教育的发展现状、问题和出路；《中国新建本科院校质量报告》则通过"大数据"手段，精准体现新建本科院校的"三基本"实现状况；《新型大学新成就——百所新建院校合格评估绩效报告》客观展示了近170所经过合格评估的新建本科院校教育质量的提升情况。

2017年，为解决高层次创新人才供给能力不足、服务国家战略需求不够精准、资源配置亟待优化等难题，我国启动了"双一流"计划，即世界一流大学与一流学科建设计划，并对遴选的高校进行了专项调研与质量评估，确保其能够高质量完成"双一流"的建设目标，从而提升中国高等教育的综合实力和国际竞争力。2018年，教育部发布《普通高等学校本科专业类教学质量国家标准》，这是向全国、全世界发布的第一个高等教育教学质量国家标准。同年，修订后的《中华人民共和国高等教育法》第四十四条明确指出：教育行政部门负责组织专家或者委托第三方机构对高等学校的办学水平、效益和教育质量进行评估。2018年9月10日，习近平总书记在全国教育大会上强调："要深化教育体制改革，健全立德树人落实机制，扭转不科学的教育评价导向，坚决克服唯分数、唯升学、唯文凭、唯论文、唯帽子的顽瘴痼疾，从根本上解决教育评价指挥棒问题。"在此背景下，我国高等教育质量评价进入了新一轮的变革征程，我国高等教育质量评价需要各级各类评估机构精准实施评估，避免因评估指标不当而造成错误引导。

三、质量保障体系的丰富与完善期（2019年至今）

《2019年全国教育事业发展统计公报》数据表明，我国高等教育毛入学率达到了51.6%，正式迈入"普及化"发展阶段。与之相伴，我国高等教育发展的主要矛盾由总量性矛盾发展变化为结构性矛盾，即由关注数量到关注结构质量，由关注人民群众有学上到关注优质高等教育资源和个性化、多样化的需求，由对高等教育人才培养数量的要求转向结构质量的要求①。这种转变必然会引发高等教育评价机制、资源配置方式与治理方式等方面的改革与转型。因此，教育部于2019年1月17日专门召开直属高校工作咨询委员会第28次全体会议，明确高等教育战线要坚持"以本为本"，推进"四个回归"，建设中国特色、世界水平的一流本科教育，并强调要以"奋进之笔"为总抓手，提出了"新时代高教四十条""六卓越一拔尖"计划2.0和"四新"（新工科、新医科、新农科、新文科）建设等质量提升工程。

2020年10月，中共中央、国务院公开发布《深化新时代教育评价改革总体方案》（以下简称"总体方案"），强调要"扭转不科学的评价导向"，坚决克服"唯分数、唯升学、唯文凭、唯论文、唯帽子"的顽瘴痼疾，"推进高校分类评价，引导不同类型高校科学定位，办出特色和水平"等。在此背景下，教育部、科技部联合于2020年2月印发了《关于规范高等学校SCI论文相关指标使用 树立正确评价导向的若干意见》，强调对创新能力的评价要突出创新质量和实际贡献，审慎选用量化指标，不把SCI论文相关指标作为评价的直接依据，评价结果减少与资源配置直接挂钩。同时，教育部学位与研究生教育发展中心于2020年11月发布《第五轮学科评估工作方案》，提出强化分类评价，突出特色，体现优势，强化"代表作"和"典型案例"的评价，设置开放性"留白"，充分体现了办学定位与特色贡献相结合的方式；此外，教育部、财政部、国家发展改革委于

---

① 李立国. 高等教育发展形态面临深刻变革［N］. 光明日报，2019-12-24.

2020年12月印发《"双一流"建设成效评价办法（试行）》，对"双一流"高校的实施成效进行评价，具体包括大学整体建设评价和学科建设评价两部分。2021年，教育部以教督〔2021〕1号印发《普通高等学校本科教育教学审核评估实施方案（2021—2025年）》，明确推进评估分类，以评促建、以评促改、以评促管、以评促强，推动高校积极构建自觉、自省、自律、自查、自纠的大学质量文化，建立健全中国特色、世界水平的本科教育教学质量保障体系。2022年1月，教育部、财政部、国家发展改革委印发《关于深入推进世界一流大学和一流学科建设的若干意见》，要求"双一流"高校要牢固确立人才培养的中心地位，坚持把立德树人的育人成效作为检验学校一切工作的根本标准，并明确提出高校要"优化管理评价机制，引导建设高校特色发展"的要求。2022年2月，三部委发布《关于公布第二轮"双一流"建设高校及建设学科名单的通知》，同时公布了"给予公开警示（含撤销）的首轮建设学科名单"。该名单是三部委依据《"双一流"建设成效评价办法（试行）》的相关要求，在各建设高校开展自评总结基础上，从整体发展水平、成长提升程度、可持续发展能力三个视角出发，对建设高校及学科建设成效进行"背靠背"式的定量分析，如实呈现了实际的办学成效。

第二节 我国高等教育外部质量保障之实践探索

高等教育外部质量保障是高等教育质量保障体系的重要组成部分，也是我国政府对高等教育质量的要求与规定，更是各类高校发展规划和自身评估的核心参照。本节将尝试通过梳理我国高等教育外部质量保障体系的构成要素、组织架构和活动举措等三个方面的内容，全方位展现我国高等教育外部质量保障体系建设的探索与实践。

一、我国高等教育外部质量保障的构成要素

高等教育外部质量保障体系是由各密切联系的构成要素组成一个能有效保障并促进高等教育质量提升的特定系统。一般来说,质量保障体系的构成要素主要包括保障目标、保障主体、保障客体、保障方法和保障实施载体等五个部分①,具体内容如下:

(一)保障目标

我国高等教育外部质量保障体系的目标是提升我国高等教育的质量。该体系的运行主要通过监督、调控、指导高等学校各项工作的开展,促使高等教育最大限度地满足国家政治、经济、文化、科技等方面的需求,为社会经济发展、文化繁荣和科技进步做贡献②,具体表现为:其一,保障高等教育条件供给。高等教育外部质量保障体系为学校提供生存与发展的必要条件,促使高校增强竞争力和形成办学特色。其二,保障教育经费有效使用。鉴于高等教育消耗大量的公共资源,国家和社会有权知悉高等教育经费的使用状况,并以此提升高等教育人才培养的效益。其三,保障高校自主权的扩大。我国推进教育"管办评"分离改革,并进一步落实和扩大高校办学自主权与完善高校内部治理结构,以此推进高等教育机构的高质量发展。

(二)保障主体

我国高等教育外部质量保障体系的主体主要由国家行政部门与社会组织团体构成。该体系的组织、运行和反馈,需要形成一个相对闭环的系统,故要求保障主体同时具备评价诊断、反馈调控、监督激励等多维功能。具体而言,我国高等教育外部质量保障主体的核心构成是各级各类教育行政部门,如中央与地方的高等教育行政管理部门、各行业分管部门,

---

① 杜娟,曾冬梅.高等教育外部质量保障体系闭环系统初探[J].高教发展与评估,2007(01):54-59,122.

② 杜娟.高等教育外部质量保障体系的闭环系统初探[D].南宁:广西大学,2007.

以及其他相关管理部门等，国家主要通过行政手段推动外部质量保障的实施，甚至责令高校对不符合要求的部分进行整改。社会组织团体是高等教育评估在专业领域的有效补充，如各类专业评价委员会、社会评价机构、企事业单位等，主要通过第三方评估、服务咨询、大学排行榜等方式落实外部质量保障的相关要求。因此，我国高等教育外部质量保障体系的主体并非单一主体，而是形成了多元主体广泛参与的基本格局。尤其是自《中共中央关于教育体制改革的决定》颁布后，我国高等教育行政管理部门特别强调要摆脱"大包大揽"的管理方式，倡议与社会力量合作，为高等教育高质量的发展创造良好的外部环境。

（三）保障客体

我国高等教育外部质量保障体系的客体是我国各类高等教育机构与科研院所。国家行政部门与社会组织团体通过对高校的教育教学质量、科研质量、社会服务质量等办学成效的审查与评估，判断其是否符合国家和社会发展的实际需要，以及是否达成既定的保障目标与评估标准。人才培养作为高校的核心职能，其针对教学质量的保障工作，亦是我国高等教育外部质量保障体系的基础和核心。通过对相关保障客体的审查与评估，行政管理部门以及高等教育机构自身可获得丰富、可靠的"一手资料"，而对相关数据材料的挖掘与分析，即能够协助高校分析教育教学、科研与社会服务过程中的"得"与"失"，总结成功的经验与失败的教训，并提供针对性的对策建议，供有关决策人员参考[1]，同时，也有利于帮助学校适时调整教学、科研与社会服务活动，从而进一步提升高校的教学、科研与社会服务质量。

（四）保障方法

我国高等教育外部质量保障体系的方法是指我国高等教育外部质量保障主体为促使保障客体能够顺利达到保障目标而采用的各种行政举措，主

---

[1] 陈玉琨，代蕊华，杨晓江，等. 高等教育质量保障体系概论［M］. 北京：北京师范大学出版社，2004：12.

要包括投入支持、立法约束、政策导向、制度传导、评价监督、信息反馈、激励惩戒、舆论影响等①，具有鲜明的导向性特征。我国高等教育外部质量保障体系在保障主体的引导下，一方面能够帮助高校充分了解社会层面的人才供给、产业前沿、研发创新等现实需求，使得高等教育改革发展与国家经济社会发展战略同频共振，另一方面，也有利于高校进行办学定位的横、纵向分析，引导其明确自身的办学特色和发展方向，为其瞄准学校战略方位提供方向依据。

（五）保障实施载体

我国高等教育外部质量保障体系的实施载体是串联该体系各要素的基本"链条"，主要体现为国家、省、市各级所进行的高等教育质量评估活动，如学位与研究生教育评估、普通高校本科教学评估、普通高校专业认证评估、高职高专院校工作评估等，集中表现为对高校教育教学质量、科研质量、社会服务质量所进行的全过程质量监督检查与实际办学效益评价。随着高等教育评价的不断完善，我国高等教育的质量管理、质量控制、质量标准等经历了多次修正，逐步形成了多层次、多类型、多元化的评估方式，这不仅有利于各保障主体不断改进、选择和创新保障方法，还为高校、政府、社会等多方利益相关者搭建了沟通交流的"渠道"，集结多方合力共同服务于我国高等教育外部质量的评估工作。

二、我国高等教育外部质量保障的组织架构

根据《中华人民共和国高等教育法》的规定，"教育行政部门负责组织专家或者委托第三方专业机构对高等学校的办学水平、效益和教育质量进行评估"，且要求"评估结果应当向社会公开"。据此，我国建立了不同层次、不同类型、不同性质的评估机构，对各高等教育机构施行多元化的教育评价。整体来看，我国高等教育外部质量保障的组织架构以教育行政

---

① 杜娟，曾冬梅. 高等教育外部质量保障体系闭环系统初探 [J]. 高教发展与评估，2007（01）：54-59，122.

部门或其隶属的评估机构为主体，以专业认证协会组织、市场导向的民办机构、其他性质的第三方机构等作为有效补充，具体体现在：

（一）行政性主管部门

我国高等教育质量保障行政性主管部门施行"中央—地方"两级垂直化的管理方式，具体权责分工如下：

1. 中央层面

我国主管教育事业的中央部门是教育部，负责统筹管理并协调、指导我国教育系统的各项工作。目前，教育部共下辖27个内设司局机构，其中主要负责高等教育与高等教育质量评估的司局共4个，分别是高等教育司、教育督导局（国务院教育督导委员会办公室）、学位管理与研究生教育司（国务院学位委员会办公室）、发展规划司，它们的具体职责如表3-1所示：

表3-1 教育部部分行政管理部门职责列表[①]

名 称	职 责
高等教育司	承担高等教育教学的宏观管理工作；指导高等教育教学的基本建设和改革工作；指导改进高等教育评估工作；拟订高等学校学科专业目录、教学指导文件
教育督导局（国务院教育督导委员会办公室）	拟订教育督导的规章制度和标准，指导全国教育督导工作；依法组织实施对各级各类教育的督导评估、检查验收、质量监测等工作；起草国家教育督导报告；承办国务院教育督导委员会的具体工作
学位管理与研究生教育司（国务院学位委员会办公室）	组织实施《中华人民共和国学位条例》；拟订全国学位与研究生教育工作的改革与发展规划；指导与管理研究生培养工作；指导学科建设与管理工作；承担"世界一流大学和一流学科建设"等项目的实施和协调工作；承办国务院学位委员会的日常工作

① 由教育部官方网站公布的司局机构设置信息整理所得.

续表

名　称	职　责
发展规划司	拟订全国教育事业发展的规划；承担高等学校管理体制改革的有关工作；会同有关方面拟订高等教育招生计划和高等学校设置标准；参与拟订各级各类学校建设标准；会同有关方面审核高等学校设置、撤销、更名、调整等事项；承担教育基本信息统计、分析工作；承担直属高等学校和直属单位的基建管理工作；承担民办教育的统筹规划、综合协调和宏观管理的有关工作；承担高等学校的安全监督和后勤社会化改革管理工作

如上，各个司局权责明确，对高等教育质量保障工作各有侧重。其中，高等教育司主要负责我国高等教育教学的宏观管理工作，包括对高等教育评估工作的宏观指导，研究、拟订高等教育评估的方针、政策、法规和文件，推动高等教育质量宏观调控体系和评估制度的改进和完善；教育督导局（国务院教育督导委员会办公室）主要负责指导全国的教育督导工作，包括依法组织实施对各级各类教育的督导评估、检查验收、质量监测等；学位管理与研究生教育司（国务院学位委员会办公室）主要承担指导研究生培养工作和学科建设与管理工作，通过下辖的学位管理处、研究生培养处和质量与学科建设处等，实施研究生培养质量和学位授予质量检查评估、博士和硕士学位授权审核的有关评估、优秀博士学位论文评选等；发展规划司主要承担全国教育事业发展规划和高等学校管理体制改革的有关工作，包括会同有关方面拟订高等教育招生计划和高等学校设置标准，以及会同有关方面审核高等学校设置、撤销、更名、调整等事项。其中各个司局所涉及的各项标准与内容，对高等教育质量评估工作具有重大的影响。

2. 地方层面

根据《中华人民共和国高等教育法》相关规定，"国务院统一领导和管理全国高等教育事业。省、自治区、直辖市人民政府统筹协调本行政区域内的高等教育事业，管理主要为地方培养人才和国务院授权管理的高等学校"。因此，各省、自治区、直辖市均设有高等教育处或教育委员会，专项承担该辖区内的高等教育教学管理工作。以下我们从一般性高等教育管理机构和高等教育质量评估机构两方面审视我国地方层面高等教育外部质量保障的组织架构。

就一般性高等教育管理机构而言，各省、自治区、直辖市均设立有高等教育处，并明确其负责统筹规划与协调该辖区内高等教育质量保障的工作，如北京市教育委员会的高等教育处，就明确将"提升高校人才培养质量"作为其工作的核心内容①。就高等教育质量评估机构而言，各省、自治区、直辖市均不同形式地设立与高等教育质量评估相关的专门评估机构，主要有四种类型：一是成立专门的高等教育评估中心，如福建省教育评估中心、安徽省教育评估中心等，其作为独立法人事业单位，专项负责高等教育质量评估的工作；二是依托于大学或教科院组织高等教育评估和研究工作，如云南省高等教育评估中心与辽宁省教育评价事务所，其分别依托于云南省教科院和辽宁省教科院；三是成立民办非企业单位，如北京教育评估院和江西省高等教育评估所，均是民办性质的非企业单位；四是成立临时性的高等教育评估领导小组或专家委员会，由所在省市的高等教育处直接组织评估专家成立评估专家组，实施高等教育评估的相关工作。

（二）专业性评估机构

1994年，我国教育部成立了首个专业性高等教育评估机构，即高等学校、科研院所与研究生教育评估所（后于2003年改组为教育部学位与研究生教育发展中心），专项负责高等教育质量评估的相关工作。随后，各省、自治区、直辖市的高等教育行政管理机构也开始探索设立自己的高等教育评估机构，开展辖区内的高等教育质量保障工作。目前，我国专门负责高等教育质量研究与评估的专业性机构共有15家，详见表3-2。

---

① 北京市教育委员会. 高等教育处［EB/OL］.（2021-02-22）［2022-05-22］. http://jw.beijing.gov.cn/xxgk/zfxxgkml/zwgkjgzn/zwgknsjg/202001/t20200108_1568795.html.

表 3-2　我国高等教育专业性评估机构情况列表

名　称	机构性质	成立时间	主管部门
教育部教育质量评估中心	独立法人事业单位	2004	教育部
教育部学位与研究生教育发展中心	独立法人事业单位	2003	教育部
上海市教育评估院	独立法人事业单位	2000	上海市教委
江苏省教育评估院	独立法人事业单位	1997	江苏省教育厅
广东省教育发展研究与评估中心	独立法人事业单位（参公管理）	2000	广东省教育厅
云南省高等教育评估中心	与云南大学教科院一个机构两个牌子	2000	云南省教育厅
辽宁省教育评价事务所	与辽宁省教科院一个机构两个牌子	1999	辽宁省教育厅
重庆市教育评估院	与基础教育质量检测中心一个机构两块牌子	2009	重庆市教委
黑龙江省高等教育教学评估中心	独立法人事业单位	2005	黑龙江省教育厅
福建省教育评估中心	独立法人事业单位	2009	福建省教育厅
安徽省教育评估中心	独立法人事业单位	2007	安徽省教育厅
海南省高等教育评估中心	独立法人事业单位	2007	海南省教育厅
山东省高等教育评估所	挂靠山东省教科所	2003	山东省教育厅
北京教育评估院	法人资格的民办企业单位	2005	北京市教委
江西省高等教育评估所	法人资格的民办企业单位	2002	江西省教育厅

如上，在机构性质方面，无论是国家层面的专业性评估机构，还是地方层面的专业性评估机构，绝大多数都是国家事业单位，说明为高等教育质量保障提供专业化评估服务的仍是教育行政管理部门及其隶属相关机构。在主管部门方面，我国高等教育专业性评估机构同样呈现出"国家—地方"两级垂直管理运行模式：一方面，教育部所属的教育质量评估中

心、学位与研究生教育发展中心，负责统筹全国高等教育质量评估的相关工作。其中，教育部教育质量评估中心（2022年2月更名为教育部教育质量评估中心）主要负责开展各级各类教育质量评估监测的相关理论、标准、机制、实践研究，为教育部制定的相关政策文件提供技术支持和决策参考，推动构建和完善国家教育质量保障体系和制度框架等；教育部学位与研究生教育发展中心主要负责学位授权审核的支撑与保障的相关工作，以及承担研究生教育评估监测工作等。另一方面，各省、自治区、直辖市的高等教育质量评估机构均在探索区域的特色质量评估模式、工具与路径。比如江苏教育评估院实施的质量研究与质量评估一体化的运行模式①，重庆市教育评估院形成了较为成熟的院校评估、学科专业评估（认证）和各类专项评估监测等以评估为核心的新体系②，而江西省高等教育评估监测研究院则注重依托第三方机构完善其评估体系。

（三）社会相关组织

社会组织，又称"非政府组织"，泛指在社会转型过程中由各个不同社会阶层的公民自发成立，在一定程度上具有非营利性、非政府性和社会性特征的各种组织形式及其网络形态③。在我国高等教育质量评估的相关领域，也存在这样一批服务于政府和高校的社会组织，其不仅是具有一定的治理结构，能进行独立运转并提供社会服务的自治组织，而且是高等教育外部质量保障体系的重要组成部分。这样的社会组织主要包括行政支持的各类专家团队与市场导向的相关研究组织两种类型。

1. 行政支持的各类专家团队

我国教育行政管理部门通常会组建专家团队，为其决策提供必要的支持与服务，高等教育质量评估也不例外。尤其是在专业认证领域，往往需

---

① 江苏省教育厅. 江苏省教育评估院［EB/OL］.（2018-04-25）［2022-05-25］. http：//jyt.jiangsu.gov.cn/art/2018/4/25/art_ 62644_ 7599149.html.
② 重庆市教育评估院. 单位概况［EB/OL］.［2022-05-25］. http：//www.cee.gov.cn/contents/287/820.html.
③ 王名. 走向公民社会——我国社会组织发展的历史及趋势［J］. 吉林大学社会科学学报，2009，49（03）：5-12.

要组织专业的评估专家对各高校的专业建设情况进行认证评估。事实上，早在1992年我国就成立了"高等教育土木工程专业评估委员会"，专门负责土建类学科六个专业的认证评估。此后，教育部为落实其他专业的认证评估工作，还相继成立了全国工程教育专业认证专家委员会、教育部医学教育认证专家委员会、教育部师范专业认证专家委员会等（详见表3-3）。

表3-3 我国三类专业认证专家委员会情况列表①

类别	名称	成立时间	任务与职责
工程类认证	全国工程教育专业认证专家委员会	2007	积极构建具有国际实质等效性的我国工程教育专业认证体系；制定工程教育专业认证所需的认证标准和相关文件；组建各专业认证分委员会（试点工作组）并领导其开展专业认证工作；指导高等学校开展工程教育专业认证工作，提供必要的咨询服务；最终审定各专业认证分委员会（试点工作组）做出的专业认证结论建议
医学类认证	教育部医学教育认证专家委员会	2008	研究建立我国医学教育认证制度的政策措施，提出开展医学专业认证的总体方案，指导医学各专业认证工作委员会开展本专业的认证工作，参加有关医学教育认证的国际交流与合作，为教育行政部门提供有关医学专业认证的政策咨询与服务，指导高等医学院校开展医学专业认证工作，承办教育部委托的有关事宜

---

① 教育部教育质量评估中心．认证简介［EB/OL］．（2019-12-17）［2022-05-21］．https://www.heec.edu.cn/pgcenter/zyrz/rzjj/sflrzjj/index.html.

续表

类别	名称	成立时间	任务与职责
师范类认证	教育部师范专业认证专家委员会	2018	就专业认证发展规划、制度建设等提出咨询意见和建议；对拟承担专业认证的各地教育评估机构进行资质认定；审定专业认证结论；受理专业认证结论异议的申诉；对专业认证工作开展进行指导和检查等

如上，三类专业认证专家委员会的主要职责均是服务于所属专业的认证评估工作。但由于这些专家委员会并非常设机构，其日常工作通常交由下属的秘书处负责，并分设相关的专业认证委员会。如"全国工程教育专业认证分委员会"和"临床医学专业认证工作委员会"，专门负责制定本专业的补充认证标准和相关工作文件、组织实施所在专业的认证工作，以及向专业认证专家委员会提出所认证专业的认证结论与建议。此外，为尽快加入《华盛顿协议》，我国还于2015年4月成立了中国工程教育专业认证协会，包括33个团体会员和部分个人会员，并下设20个专业认证委员会（如图3-1），涵盖了我国工程教育绝大部分专业。对于我国工程类专业认证工作而言，该协会的建立不仅仅提高了我国工程教育的实际办学质量，更为提升我国工程教育的国际竞争力奠定了坚实的基础。

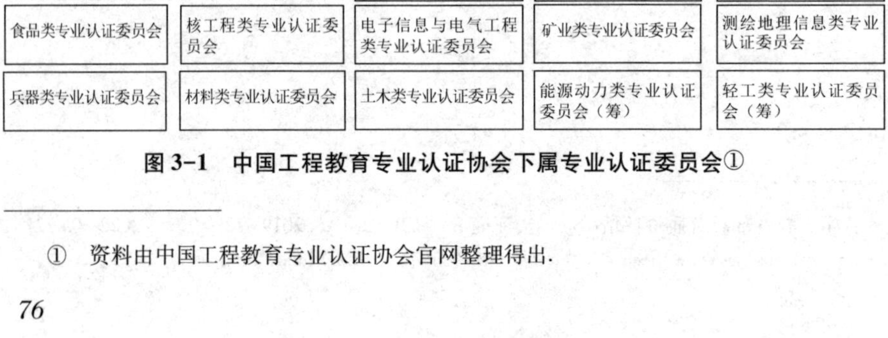

图3-1 中国工程教育专业认证协会下属专业认证委员会[①]

---

① 资料由中国工程教育专业认证协会官网整理得出.

2. 市场导向的相关研究组织

近年来，大学排行榜逐渐成为我国大学社会评价的重要形式之一。大学排行榜主要是通过收集大学办学情况、工作报告、声誉名望、师生反馈等相关数据，进行量化评鉴和加权调整，从而对大学进行排序，并由此产生社会和商业影响。事实上，早在1987年我国就出现了首个大学排行榜，但由于当时存在排行目标不明确、评价指标过分单一、主观随意性较大等问题，使其对社会的影响并不大。随着高等教育规模快速扩张，社会大众开始倾向于通过大学排行榜来评判高校办学质量。就排行榜的发布来源而言，一是由官方或各研究机构负责，如中国科技信息研究所、《中国高等教育评估》杂志等；此外，一些社会组织也开始涉足其中，如广东管理科学研究院武书连的《中国大学评价》、深圳网大有限公司的《中国大学排行榜》和中国校友会网的《中国大学排行榜》等。近年来，大学排行榜也更趋多元化发展，出现以综合性排行为主，辅这以多类型的单项评价模式，而一些大学也参与到大学排行榜的研制工作中，最具代表性的是武汉大学中国科教评价网版与上海交通大学的ARWU排行榜。

三、我国高等教育外部质量保障的活动举措

我国高等教育外部质量保障的活动举措主要体现在"准入—建设—评价"三个环节。

（一）准入环节的质量保障活动

整体而言，我国主要从国家法律、相关条例或办法两个层面把控高等教育准入环节的质量标准。就法律层面来看，《中华人民共和国高等教育法》第三章明确规定了高等学校设置的基本条件与要求，提出"设立实施本科以上教育的高等学校，由国务院教育行政部门审批；设立实施专科教育的高等学校，由省、自治区、直辖市人民政府审批，报国务院教育行政部门备案；设立其他高等教育机构，由省、自治区、直辖市人民政府教育行政部门审批"。同时，我国各级教育行政部门还颁布了《普通高等学

校设置暂行条例》《独立学院设置与管理办法》《研究生院设置暂行规定》等一系列政策法规，进一步细化了高等教育的准入"门槛"。比如在院系设置上，我国要求无论是新建院校，还是新增设的学科，都需要经过专家的严格评审，并交由上级教育主管部门进一步确证。该环节的质量保障活动可以说是为促进高等教育事业有计划、按比例地协调发展把好了质量"底线"关。

（二）建设环节的质量保障活动

自20世纪90年代以来，为提升高等教育办学质量和创建世界高水平大学，我国相继启动了三项质量提升工程。一是"985工程"，1998年5月4日，时任国家主席江泽民在庆祝北京大学建校100周年大会上宣告："为了实现现代化，我国要有若干所具有世界先进水平的一流大学。"此后，各部委相继发布了《面向21世纪教育振兴行动计划》《教育部、财政部关于继续实施"985工程"建设项目的意见》等政策文件，全力支持"985工程"的落地施行。二是"211工程"，即面向21世纪，重点建设100所左右的高等学校和一批重点学科的建设工程，通过狠抓学校整体条件、重点学科和高等教育公共服务三大体系建设，使得100所左右的高等学校和一批重点学科的办学质量得到显著提升。三是"双一流"计划，即世界一流大学和世界一流学科建设计划，引导高校切实把精力和重心聚焦在有关领域、方向的创新与实质突破上，创造真正意义上的世界一流大学和学科①。这三项高等教育质量提升工程切实推动了一批高水平大学或学科迈向世界一流的行列，极大地促进了高等教育的内涵式发展。

此外，我国教育部高度重视本科教学质量保障工作。2007年，教育部启动了"高等学校本科教学质量与教学改革工程"，主要包括专业结构调整与专业认证、课程教材建设与资源共享、实践教学与人才培养模式改革

---

① 中华人民共和国教育部. 服务创新发展，完善管理机制 推动高层次人才培养与高水平科学研究相互促进——教育部有关负责人就第二轮"双一流"建设有关情况答记者问［EB/OL］（2022-02-14）［2022-05-22］. http://www.moe.gov.cn/jyb_xwfb/s271/202202/t20220214_599080.html.

创新、教学团队和高水平教师队伍建设、教学评估与教学状态基本数据公布、对口支援西部地区高等学校等六个方面的建设内容①。同时，教育部还配套实施了专业设置预测系统、教学基本状态数据库系统、大学英语与网络教育网上考试系统、网络教育资源管理和质量监管系统、精品课程共享系统、立体化教材数字资源系统、终身学习服务系统等七大系统②。2011年7月，教育部和财政部又联合印发了《"本科教学工程"实施意见》，明确提出要"初步形成中国特色的人才培养质量评价标准"③，将提高高等教育质量作为"本科教学工程"的核心任务之一，重点实施质量标准建设、专业综合改革、国家精品开放课程建设与共享、实践创新能力培养、教师教学能力提升等五个方面的内容。

（三）评价环节的质量保障活动

高等教育质量保障评价环节的活动举措是指多层次、多类型、多元化的评估项目，具体包括学位与研究生教育评估、普通高校本科教学评估和普通高校专业认证评估三种类型。

1. 学位与研究生教育评估

我国学位与研究生教育评估工作主要由学位管理与研究生教育司负责，并委托教育部学位与研究生教育发展中心具体执行。评估内容有博士、硕士学位授权点审核，一级学科整体水平评估，优秀博士学位论文评选等。

其一，学位授权点审核。在《中华人民共和国学位条例》《中华人民共和国学位条例暂行实施办法》等法律框架内，教育部持续改进学位授权

---

① 中华人民共和国教育部. 高等教育"质量工程"［EB/OL］.（2007-01-26）［2022-05-22］. http：//www.moe.gov.cn/jyb_ xwfb/xw_ fbh/moe_ 2069/moe_ 2095/moe_ 2110/moe_ 1343/tnull_ 19722. html.

② 中华人民共和国教育部. 高等教育"质量工程"［EB/OL］.（2007-01-26）［2022-05-22］. http：//www.moe.gov.cn/jyb_ xwfb/xw_ fbh/moe_ 2069/moe_ 2095/moe_ 2110/moe_ 1343/tnull_ 19722. html.

③ 中华人民共和国教育部. 教育部、财政部关于"十二五"期间实施"高等学校本科教学质量与教学改革工程"的意见［EB/OL］.（2011-07-01）［2022-05-23］. http：//www.moe.gov.cn/srcsite/A08/s7056/201107/t20110701_ 125202. html.

审核办法，明确了学士、硕士、博士三级学位的授予标准。截至2021年，我国共开展十二批学位授权审核（详见表3-4）。同时，为保障学位授予的质量，国务院学位委员于2005年印发了《关于开展对博士、硕士学位授权点定期评估工作的几点意见》的通知，提出要对博士、硕士授权点进行6年一轮的审查评估制度。2014年，国务院学位委员会和教育部联合印发了《学位授权点合格评估办法》，明确"学位授权点合格评估是我国学位授权审核制度的重要组成部分，每6年进行一轮，获得学位授权满6年的学术学位授权点和专业学位授权点，均须进行合格评估"[1]。2020年，教育部公开了首轮学位授权点合格评估结果：在2292个抽评点中，2251个学位授权点抽评结果为"合格"，8个学位授权点抽评结果为"不合格"，33个学位授权点抽评结果为"限期整改"。2020年11月，国务院学位委员会和教育部进一步修订了《学位授权点合格评估办法》（2020版），进一步优化调整了学位授权点合格评估的各项内容，为提升学位与研究生教育质量奠定了制度基础。

表3-4 全国十二批学位授权审核情况简表[2]

批次类型	时间	新增博士学位单位	新增硕士学位单位	新增二级博士学位单位	新增二级硕士学位单位	新增一级博士学位单位
第一批	1981	151	358	812	3185	
第二批	1983	45	67	316	1092	
第三批	1986	41	130	675	2045	
第四批	1990	10	41	297	999	
第五批	1993	24	35	306	942	

---

[1] 中华人民共和国教育部. 国务院学位委员会教育部关于印发《学位授权点合格评估办法》的通知[EB/OL]. （2014-02-12）[2022-05-23]. http://www.moe.gov.cn/srcsite/A22/s7065/201402/t20140212_165555.html.

[2] 王战军，张泽慧，常琅. 中国学位授权审核制度的历史演进——基于利益相关者视角[J]. 学位与研究生教育，2021（09）：10-17.

续表

批次类型	时间	新增博士学位单位	新增硕士学位单位	新增二级博士学位单位	新增二级硕士学位单位	新增一级博士学位单位
第六批	1996	5	5	147	835	26
第七批	1998	49	55	329	1459	329
第八批	2000	7	35	584	2558	308
第九批	2002	31	59	728	4170	291
第十批	2005	15	29	605	3830	371
第十一批	2010	19	32	19	4099	1004
第十二批	2017	28	29			648

其二，学科整体水平评估。2002年，教育部学位与研究生教育发展中心对全国具有博士学位授予权、硕士学位授予权的一级学科开启了首轮学科评估。评估按照"自愿申请、免费参评"的原则，采用"客观评价与主观评价相结合"的方式进行。截至2022年，已开展了五轮学科评估，除却尚未公布的第五轮外，其他轮次的时间与对象如下：第一轮评估于2002至2004年分3次进行（每次评估部分学科），共有229个单位的1366个学科参评；第二轮评估于2006至2008年分2次进行，共有331个单位的2369个学科参评；第三轮评估于2012年进行，共有391个单位的4235个学科参评；第四轮评估于2016年进行，共有513个单位的7449个学科参评。学科水平评估充分体现了我国高校学科建设的实际成效和办学质量，也有利于高校充分了解自身学科发展的优势与不足，是推动高校学科建设和实现内涵式发展的重要举措。

其三，优秀博士学位论文评选。为激励创新精神和提升高学历人才培养质量，我国教育部自1999年开始组织实施全国优秀博士学位论文评选活动（简称"全国百篇"），并专门出台了《全国优秀博士学位论文评选办法》，明确规定了当选论文应"在理论或方法上有创新，取得突破性成果，达到国际同类学科先进水平，具有较好的社会效益或应用前景"。该活动开展至 2003 年不再进行，活动期间有近千篇博士学位论文当选，囊括了各大学科门类及一级学科，该活动是对博士培养质量进行外部监督和激励的一项重要活动举措。

2. 普通高校本科教学评估

我国普通高校本科教学评估，主要是针对本科层次高等院校的教学质量进行外部评价的一项活动。早在 1985 年，原国家教委就曾颁布《关于开展高等工程教育评估研究和试点工作的通知》，抽取了部分高校和专业进行评估试点，但当时尚未组织起系统而全面的教学评估。1990 年，原国家教委颁布了《普通高等学校教育评估暂行规定》，明确了高校教育评估的主要目的、基本任务、评估机构和评估程序等，随后又相继颁布了《首批普通高等学校本科教学工作评价实施办法》《关于进一步做好普通高等学校本科教学工作评价的若干意见》等一系列配套政策文件，进一步推动了高等教育评估试点工作的开展。1998 年，我国颁布的《中华人民共和国高等教育法》，将高等教育的评估细分为合格评估、优秀评估和随机性水平评估三个层次。

2002 年，教育部发布的《普通高等学校本科教学工作水平评估方案（试行）》，将合格评估、优秀评估和随机性水平评估三种方案合并为水平评估，评估结果分为优秀、良好、合格、不合格 4 个等级，并于 2003 年全面启动普通高校本科教学工作水平评估工作。2011 年，在总结首轮本科教学工作水平评估经验教训的基础上，教育部出台了《关于普通高等学校本科教学评估工作的意见》，明确提出要建立"以学校自我评估为基础，以院校评估、专业认证及评估、国际评估和教学基本状态数据常态监测为主要内容"的中国特色"五位一体"的本科教学评估制度体系。同时，教育部还配套发布了《普通高等学校本科教学工作合格评估实施办法》《普通高等学校本科教学工作合格评估指标体系》等指导文件，对评估标准、评估内容、评估程序进行了优化和调整。

2013 年，教育部发布《普通高等学校本科教学工作审核评估方案》，要求凡参加水平评估获得"合格"及以上结论的高校,均必须参加审核评估,且参加合格评估获得"通过"结论的新建本科院校,5年后须参加审核评估。截至2018年7月,全国共有560所高校参加了审核评估,其中由教育部评估中心组织实施的有143所高校(含地方委托评估的高校),由各省级教育行政部门或第三方评估机构组织实施的有417所[①]。

2021年,教育部印发《普通高等学校本科教育教学审核评估实施方案(2021—2025年)》,推进评估分类,以评促建、以评促改、以评促管、以评促强,推动高校积极构建自觉、自省、自律、自查、自纠的大学质量文化,建立健全中国特色、世界水平的本科教育教学质量保障体系。已经试点本轮评估的高校包括清华大学、上海交通大学、中国农业大学、安徽大学、辽宁石油化工大学、常熟理工学院、衢州学院等7所,从被评高校的宣传报道可见:新一轮审核评估举措有力,成效显著。新一轮审核评估不是另起炉灶,而是充分继承上轮审核评估"自己尺子量自己""五个度"等高教战线普遍认可的优势和做法;围绕新时代新要求改革创新,构建以立德树人为统领的评估制度体系。

3. 普通高校专业认证评估

我国普通高校专业认证评估主要由高等教育司负责,并委托各专业评估及认证委员会具体执行。评估内容主要包括工程教育专业认证、临床医学专业认证、师范类专业认证三种类型。

其一,工程教育专业认证。1985年,原国家教委就发布了《关于开展高等工程教育评估研究和试点工作的通知》,提出要在高等工程教育领域实施教育评估,同时,还成立了"高等工程教育评价委员会",专项负责该试点工作。1992年,教育部又联合原国家建设部,对原国家建设部所辖的6个专业(建筑学、建筑环境与设备工程、给水排水工程、土木工程、城市规划、工程管理)进行评估。2006年,教育部颁布《工程教育专业认证实施办法(试行)》,将试点工作进一步覆盖到计算机科学与技术、机

---

① 陆根书,贾小娟,李珍艳,等. 改革开放40年来中国本科教学评估的发展历程与基本特征[J]. 西安交通大学学报(社会科学版),2018,38(06):19-29.

械工程与自动化、化学工程与工艺、电气工程及其自动化等专业。2007年，试点工作又纳入了电气类、计算机类和环境类所属的10个专业。2013年，我国工程教育认证协会正式加入了《华盛顿协议》，并于2015年成立了"中国工程教育专业认证协会"，使得我国工程教育专业认证实现了与国际接轨[①]。

其二，临床医学专业认证。2002年，教育部召开了"医学教育标准国际研讨会"，组建了"中国医学教育质量保证体系研究课题组"。该课题研究拟订了《本科医学教育标准——临床医学专业（试行）》，并于2008年由教育部与原卫生部联合颁布。该试行标准明确了我国临床医学专业认证的基本原则、认证流程、认证标准，为提升我国高等医学教育人才培养质量提供了制度保障。2008年11月，教育部与原卫生部还宣布成立医学教育认证委员会和临床医学专业认证工作委员会，正式开启了我国临床医学专业认证体系的实践工作。此后，随着相关认证标准和认证程序的不断优化，我国还相继发布了《中国本科医学教育标准——临床医学专业》（2016版）、《本科临床医学专业认证指南》（2019版）、《教育部临床医学专业认证院校手册》（2019版）等文件。截至目前，我国共计完成105所医学院校的临床专业认证，得到国际相关权威医学教育组织的广泛认可[②]。

其三，师范类专业认证。2017年，教育部发布《普通高等学校师范类专业认证实施办法（暂行）》，明确了师范类专业的认证原则、认证体系、认证组织、认证标准等，并提出要对学前教育、小学教育和中学教育三类专业施行认证工作。2019年，教育部教师工作司印发了《职业技术师范教育专业认证标准》和《特殊教育专业认证标准》，对职业技术师范教育和特殊教育两类专业的认证工作进行了部署。自此，我国初步形成了师范类专业的"三级五类"认证标准体系。此外，教育部还专门成立了普通高等

---

① 教育部教育质量评估中心. 工程类认证简介 [EB/OL]. (2019-12-10) [2022-05-24]. https://www.heec.edu.cn/pgcenter/zyrz/rzjj/gclrzjj/597697/index.html.
② 教育部教育质量评估中心. 临床医学专业认证简介 [EB/OL] (2019-12-10) [2022-05-24]. https://www.heec.edu.cn/pgcenter/zyrz/rzjj/yxlrzjj/597700/index.html.

学校师范类专业认证专家委员会，吸纳了各省市12家具备认证资质的教育评估机构共同承担认证工作。截至2019年年底，共对全国4000余个师范类专业点进行了第一级监测，对188个师范类专业进行了第二级认证，对6个师范类专业进行了第三级认证①。

第三节 我国高等教育内部质量保障体系建设之实践

相较于欧美高等教育发达国家，我国高等教育内部质量保障体系建设的理论与实践进展都比较滞后，但近年来得到了快速发展。本节通过梳理我国高等教育内部质量保障体系的探索实践、建设策略和发展经验，全面把握其发展规律和演变特征。

一、我国高等教育内部质量保障体系的探索实践

新中国成立以后，为尽快恢复办学和提升人才培养质量，高校除了接受教育行政管理部门的监督和评估外，还强调办学质量的自我检视，主要体现在两个方面：其一，开展日常教学质量检查。各所大学的教务管理部门依照教师和院系所提交的教学目标、教学要求和预期成果等来判断教学工作是否达到了既定的要求和标准，主要集中在开学、期中和期末阶段，通过组织各种形式的考试，结合后期毕业生就业质量调查，把控日常教学质量的情况。其二，组织专家专项质量检查。我国通过邀请或委派各学科领域教学经验丰富的专家，对学校教学质量进行评价，并有针对性地提出教学改进意见。但是，我国当时尚未提出内部质量保障的概念，也没有形成系统的、制度化的内部质量保障标准和程序。

进入20世纪80年代，高等教育质量保障逐渐成为高等教育管理领域

---

① 教育部教育质量评估中心. 师范类专业认证简介 [EB/OL]. (2019-12-17) [2022-05-24]. https://www.heec.edu.cn/pgcenter/zyrz/rzjj/sflrzjj/598838/index.html.

的一个世界性议题。尤其是2003年《柏林公告》推出内部质量保障（Internal Quality Assurance，IQA）的概念以后，世界各国纷纷掀起了一场高等教育"质量保障"的运动。比如欧洲的"博洛尼亚进程"、美国的"高等教育改革行动计划"、法国的"卓越大学计划"等，质量评估也开始从关注外部质量保障转向内部质量保障。在此背景下，我国于20世纪90年代中后期开始引进西方高等教育质量保障的相关理论与实践。

在理论层面，学术界对高校内部质量保障的概念内涵、构成要素、实施策略等进行了深入探究。从内涵上看，有学者已明确将内部质量保障定义为由高等学校自身负责的教育教学质量保障活动[1]，是一个机构或项目所施行的政策，确保机构和项目达到自身目的，以及满足应用于高等教育总体或具体某个学科、职业的标准[2]。从构成要素上看，学术界认为内部质量保障体系是一个复杂且严密的系统组织，但是对系统要素的具体划分方式意见不一。有学者将其划分为领导指挥系统、信息收集系统、评价与诊断系统、信息处理及反馈系统四个系统[3]。也有学者将其划分为决策指挥系统、管理调控系统、质量评估系统、信息反馈系统、调查研究系统五个系统[4]。从实施策略上看，学术界普遍认为内部质量保障体系的施行集中体现在三个层面：宏观层面建立质量保障机制、中观层面实施全面质量管理、微观层面细化质量保障相关措施。

在实践层面，由于各高校在办学基础、专业特色、发展方向等方面存在诸多差异，其内部质量保障体系的构建也各有特色。一些高校将建设重点集中在教学层面，如清华大学以"核心课程"为重点，打造的课程建设、评估和教学质量保证体系，中国人民大学打造的"中国人民大学本科

---

[1] 钟秉林. 我国高校内部质量保障体系的现状分析与未来展望——基于96所高校内部质量保障体系文本的研究 [J]. 高等工程教育研究，2009（06）：64-70.

[2] 王战军. 建立健全新时期研究生教育质量保障体系 [J]. 中国高等教育，2012（06）：30-33.

[3] 王汉澜. 教育评价学 [M]. 开封：河南大学出版社，1995：3-4.

[4] 约翰·布伦南，特拉·沙赫. 高等教育质量管理 [M]. 陆爱华，等译. 上海：华东师范大学出版社，2005：79-84.

教学质量体系"等；也有部分高校强调管理层面的质量保障建设，如湖南大学构建的"五段闭环系统"（"五段"是指督导、评价、反馈、激励和改进）[1]；还有高校注重体系层面的质量保障建设，如厦门大学构建的内部质量保障体系，就是一个动态可分解、可操作、可控制的闭环管理流程。通过整合内部各类教学资源、协调教学过程的各个环节，构成一个在教学质量上能够实现自我约束、激励、改进和发展的有效运行机制[2]。该模式的提炼使得厦门大学成为东北亚地区唯一一所入选联合国高校内部质量保障优秀创新实践案例的高校。此外，为深化高校质量保障活动的校际互动，我国还成立了全国高校质量保障机构联盟（CIQA）。该联盟得到了国内365所高校的支持，是一个全国性、学术性、创新性、公益性、协作性的社会团体组织[3]，为高校建立健全内部质量保障体系和加强大学质量文化的建设提供了良好的经验交流与互动平台。

二、我国高等教育内部质量保障体系的建设举措

要实现高等教育从"量"的发展转变为"质"的过渡，其核心在于建构多样化的内部质量保障体系。整体来看，我国高等教育内部质量保障体系构建的主要举措如下：

（一）保障生源质量

生源是高校发展的"第一生命线"，直接影响高校执行人才培养、科学研究、社会服务三项基本职能的基础能力。为确保生源质量，各高校积极探索招生方式的改革。一是积极响应高考改革。2014年，国务院印发《关于深化考试招生制度改革的实施意见》，各地也先后出台本地区招考改革方案，即采用"3+3"的高考制度。为了尽快适应新高考改革所带来的

---

[1] 张振宇. 高校发展性教学质量保障模式研究［D］. 长沙：湖南大学，2006.
[2] 计国君，邬大光，薛成龙. 构建大数据驱动的内部质量保障体系——以厦门大学IQA为例［J］. 厦门大学学报（哲学社会科学版），2018（02）：53-64.
[3] 全国高校质量保障机构联盟. 全国高校质量保障机构联盟（CIQA）章程［EB/OL］.（2019-09-01）［2022-05-24］. http：//www.ciqa.org.cn/#/view/145.

新变化，各高校在合理制定选科方案、及时发布选考要求、积极引导合理选科等方面进行了大量探索实践。二是贯彻落实招生专项改革。为选拔培养有志于服务国家重大战略需求且综合素质优秀或基础学科拔尖的学生，教育部于2020年印发了《关于在部分高校开展基础学科招生改革试点工作的意见》，对高校提出了构建与之相适应的多维课程和创新培养模式等一系列新要求。比如浙江大学将"强基计划"录取学生纳入竺可桢学院培养体系中，打造了一批高质量专业基础课程、精品教材和品牌"金课"。此外，部分学校还强调交叉联合培养，如北京大学坚持"厚基础、宽口径、强交叉"的培养理念，设置了"1+30"的"本专业+双学位/辅修"培养方案，供"强基计划"的学生修习[①]。

（二）保障师资质量

教师是高校发展的"基石"，教师质量在一定程度上决定了高校人才培养质量。因此，保障高校师资质量是高校内部质量保障体系建设的重要环节。就聘任环节的质量保障来看，依据《中华人民共和国高等教育法》规定，我国高校"实行教师聘任制"。为了激发教师活力，许多高校开始探索教师聘任的合同制，或借鉴实施西方国家高校的"预聘长聘制"等，保障师资质量。就培养环节而言，我国高校重视教师的生涯发展，为其提供了种类多样的培训活动。比如岗前教学培训、教学技能竞赛、教学示范课等专业教学技能类培训，以及专家讲座、专业培训班、委托培养等教师兴趣类培训。部分高校还专门设立了教师发展中心，负责统筹全校教师培训的相关工作。就考评环节而言，高校考核教师的内容主要以"德、能、勤、绩"为重点。其中，"德"包括政治表现、思想道德表现、职业道德表现；"能"包括专业水平、工作能力、身体素质；"勤"包括工作的积极性、出勤率等方面；"绩"包括教师完成工作的成果与实际业绩[②]。此外，在"破五唯"背景下，各高校积极探索多元化的教师评价路径，为教师专

---

① 龚旗煌．"强基计划"的高校实践［N］．光明日报，2022-05-11．
② 张爱婷．普及化背景下我国高等教育质量保障体系研究［D］．沈阳：沈阳师范大学，2021．

业成长提供更加多样的选择路径,成为高校构建的多元评价体系,推进了学校特色发展的重要环节。

(三)保障管理质量

管理质量是高校各项工作得以顺利开展的基本前提,也是高校内部质量保障体系的重要组成部分。整体来看,我国高校对管理质量的保障举措主要有两个方面:一是设立专门的质量保障机构。一般而言,我国高校设立专门机构负责质量保障的相关事宜,且多以"教学督导(监管)室""教学质量监控与评估中心""教学质量评估与管理办公室"等命名,而其他尚未独立设置质量监控机构的学校,便将质量评估或保障工作交由教务处或督导室进行专项负责。二是发布年度质量报告。近年来,我国高校积极完善教学质量的监控手段,形成了包括教学评估、课程评估、教学督导、课堂听课制度、教学检查、学生调查、毕业生跟踪反馈、本科生教育年度报告、毕业生就业质量年度报告等一系列的教学质量监控体系[①]。基于此,部分高校进一步建立了质量年度报告的发布制度,其内容包括本科教学质量年度报告、学生就业质量年度报告、研究生教育发展质量年度报告等。

(四)保障教学质量

教学是高校发展的"血脉",教学质量保障活动主要包括以下三个方面:一是多样化的教学运行制度保障。如今各高校已逐步实现了学生评估、同行评议、教师自评等评价维度的构建,并进一步拓宽了利益相关者的参与渠道,如北京大学在其教学质量监控与评价体系中,明确提出要继续完善学生课程评估、领导听课制度、同行评估制度、教师教学档案等,以充分发挥评估的改进和激励作用。二是立体化的督导制度。教学督导制度作为教学质量监控的重要组成部分,对教学质量的提升具有显著作用。目前,大部分高校已完成了"校—院"教学督导制度的建构,并逐步向

---

① 李国强. 高校内部质量保障体系建设的成效、问题与展望[J]. 中国高教研究,2016(02):1-11.

校、院、学科三级教学督导制度转型，如浙江大学在校级层面设立本科教学督导组的同时，还对学院和学科层面的教学质量督导进行了细化要求。三是标准化上岗制度。为提升新入职教师的教学质量，各高校纷纷制定了新教师入职上岗的标准化培训作业流程，并且鼓励对口职能部门参与其中。如清华大学制定了"清华大学首次开课教师达标条例"，规定首次开课的教师必须进行达标评估，且有教务处、研究生院、人事处联合颁发的"清华大学教师开课达标证书"方能上岗。

（五）保障学业质量

学业是高校发展的"晴雨表"。好的学业评价不仅有利于激发学生的内在学习动机，帮助学生明确自身不足，促使学生全方位发展，还有利于教师进一步反思教学过程，改进教学方法，提高教学能力，进而实现教学质量的提升。各高校围绕学生学业进行的质量保障活动建立学业质量保障制度，主要有三个方面：一是建立多样化的学业评价机制。各高校将学生发展作为核心遵循，形成了多样化、个性化的评价机制。以江苏省为例，多所高校实施"N+1"过程性考核与结果性考核有机结合的学业考评制度，还采取了学生自我评价、教师评学、第三方评价等多种评价方式①。二是严格学位授予制度。在教育部学位与研究生教育发展中心实施的学位质量评估或质量抽检基础上，高校还根据自身办学特色与学科属性，制定了相应的学位授予质量标准方案。如南京大学研究生院发布的《关于制定新一轮学位授予质量标准的通知》，严格细化了学位培养目标、课程内容、科研能力、学位论文审核等考核标准。三是丰富师生互动样态。高校通过构建教学相长的师生学习共同体，以及建设校级层面的综合实践活动平台，拓宽高校教师教书育人的工作内涵和形式载体，促进第一课堂和第二课堂的融合。如北京大学元培学院学习共同体的实践探索，不仅为学生提供了自由探索和自主学习的空间，还有利于实现从以"教"为中心向以

---

① 王赟．助力学生健康成长，江苏高校改革学业评价和学业预警制度［N］．扬子晚报，2022-04-19．

"学"为中心的转变。

三、我国高等教育内部质量保障的发展经验

在我国现行高等教育管理体制下，上级主管部门实施的监控与评估具有较强的行政力度，发挥着重要的监督作用，尤其是评估结果通常与高校教学活动的重视程度、资源投入、教学制度、招生政策等息息相关，故而能够从整体上很好地推动高校教学水平与办学质量的提升。根据《国家中长期教育改革和发展规划（2010—2020年）》《关于深化新时代教育督导体制机制改革的意见》《深化新时代教育评价改革总体方案》等文件，现阶段我国高校的教学改革正稳步推进，高校内部质量保障体系也经历了从无到有、从不完善到基本成形的发展阶段。我们总结我国高校内部质量保障体系建设的发展经验，主要有以下几个方面：

第一，推进高校教学改革"强实力"。政府主导的外部质量保障活动有效促进了高校内部质量保障体系建设的反思与成长，高校内部教学质量保障体系逐步建立，主要突出教学基本物质及条件的保障。[①] 在专业建设方面，各高校主动对接教育部一流本科专业建设的"双万计划"，不断完善专业建设规划，提升专业内涵，强化专业特色；在课程建设方面，强调贯彻落实全国教育大会和全国高校思想政治工作会议精神，落实立德树人的根本任务，以国家级、省级、校级示范课为引领，强化课程资源共享，共同发挥教师队伍"主力军"、课程建设"主阵地"、课堂教学"主渠道"的作用；在教材建设方面，贯彻党中央、国务院关于加强和改进新形势下大、中、小学教材建设的意见，落实教育部《普通高等学校教材管理办法》文件的精神，坚持立德树人的原则，落实教材管理主体责任，提升教材建设水平，完善高水平课程教材体系，着力夯实人才培养基础；在实践教学方面，加强校企合作，深化产教融合。高校将产教融合建设系列化工

---

① 徐东波. 我国高校内部本科教学质量保障体系研究［J］. 黑龙江高教研究，2020，38（03）：33-38.

作纳入学校改革与发展规划中，并在政策制定、资源配置等方面予以倾斜，推进产学研深度融合；在创新创业教育方面，推进双创教育改革，深化双创工作机制。高校围绕加强大学生创新创业教育实施方案的总体目标，将创新创业教育纳入人才培养方案，进一步完善创新创业工作体制。

第二，丰富教学评估形态"增定力"。我国高等教育质量保障体系以重点政策为引领，呈现教学评估、学科评估和专业认证三足鼎立的形态。相应的，高校内部教育质量保障体系也形成了自我评估、院校评估、专业认证与评估和教学状态数据常态监测"四位一体"的教学质量保障运行机制，具体表现在：其一，在学校统一领导下，高等教育质量保障体系不断完善由决策系统、执行系统和评价系统构成的质量保障组织架构，加强健全质量监测工作队伍，优化质量标准体系建设，明确质量保证运行流程，拓展质量监测工作范围，发挥评价工作多维功能。其二，给予内部质量保障机构和人员足够的鼓励政策和配套资源，让每一个利益相关者都参与到实际的教学质量管理和评价的工作中，逐步形成全员质量管理的模式。即全校各个成员都须紧密围绕高校办学的宗旨、特色、目标而开展工作，以及明确自身在其中所承担的责任、权利和义务，并鼓励自己在做好本职工作的同时，积极参与学校的各项质量管理工作。其三，积极参加教育部、住建部组织的工程教育专业认证和评估工作。如河海大学为深化专业认证工作，制订《河海大学专业认证工作方案》，成立专业认证专家工作组，以校院两级自评为基础，开展校内专业认证自评工作，督查认证专业工作进展。同时学校还积极构建三维评教系统，重构学生评教方案，以校院两级管理为基础，以质量持续改进为主线，研制专业认证、课程思政、教学监控三位一体的新型评教系统[1]。

第三，优化内部治理结构"提效力"。在强调实施"管办评分离"的

---

[1] 河海大学评估科. 河海大学 2020-2021 学年本科教学质量报告［EB/OL］（2021-11-17）［2022-05-24］. https：//jwc.hhu.edu.cn/2021/1117/c3154a231217/page.htm.

背景下①，学校独立办学、自主发展的改革方向日益明确，许多高校建立了较为完善的教学质量保障制度体系。首先，设立了学校内部教学质量保障体系的运行机制和相应机构，既有挂靠教务处的评估机构，如河海大学的教学评估科，也有单独设置的部门，如华中农业大学的质量与评估处，负责教学质量保障体系的建设。独立的质量保障机构或内部质量协调部门串联各学院和各部门的内部质量保障组织，形成一个具有明确职责分工的管理系统，彼此之间相互协调，共同促进质量保障工作的推进。其中，教学质量监控部门主要行使着对全校教学活动的质量进行监督与指导的职能，架起了学校领导层与二级学院之间信息传递、沟通的桥梁。其次，完善了教学各方面的质量标准。如武汉理工大学围绕人才培养目标，对人才培养质量标准进行了全面的修订和完善，通过完善专业建设标准、培养方案和课程大纲、课程教学规范、实验教学规范、实习教学规范、毕业设计规范、课程考核规定等，形成了覆盖教学过程的各个环节、支撑各专业人才培养目标的教学质量标准体系，为教学质量的监控和评价提供了明确的依据②。最后，建立了有效的教学质量监控评价模式。尽管我国高校内部教育质量保障体系建设起步较晚，但经过了多年的实践与探索，大部分高校都已经建立了一套适合自身发展需求、符合自身办学特色的教学质量内部监控体系，已拥有相对完善的教学管理方法。这些都为高校教育教学活动的顺利开展奠定了基础。如厦门大学从推进线上教学校院两级日常质量监控全覆盖、提升教师教育教学能力、开展线上教学理论与实践研究、完善学习经历调查机制四个方面，进一步完善优化教学质量保障体系的建设③。

---

① 刘冰，张科静，张璐.基于专业认证的高校质量保障体系的构建［J］.教育现代化，2019，6（45）：80-82.
② 武汉理工大学.武汉理工大学2021—2022学年本科教学质量报告［EB/OL］.（2022-12-29）［2022-05-24］.http://xxgk.whut.edu.cn/jxgl/zlnb/bkjx/202212/t20221229_545775.shtml.
③ 厦门大学.厦门大学2019—2020学年本科教学质量报告［EB/OL］.（2021-01-07）［2022-05-24］.https://jwc.xmu.edu.cn/info/2031/47321.htm.

第四，探索现代信息技术"加助力"。质量信息收集系统是否完整、反馈是否及时准确，决定了质量控制是否有效①。各高校充分运用大数据等先进技术，加强信息化和公共基础数据中心建设，使得教学基本状态数据得到了有效完善。一方面，各高校根据内部质量保障的现实需求，实施常态化的监测反馈制度。结合大数据、云计算、5G等信息化媒介，各高校收集教学环节中出现的各项数据和材料，并逐步建立和完善校内教学数据库，把常态监控的信息和质量评估的信息进行整合分析，形成《教学督导与质量管理工作简报》《本科教学运行状态分析报告》，其结果能为学校管理层的政策决定和质量评估提供事实依据，也能为不同类型的质量保障机构的评估和检查提供材料支撑。另一方面，建立完善的"全面评估—发现问题—反馈分析—挖掘原因—及时改进—效果评估"良性循环机制，将各类"质量问题"进行有效的细化分类。各高校通过分析各类问题所出现的原因，积极探索推进教学质量改进的合适途径和有效方法，并及时反馈给相关部门与任课教师，督促其尽快改进工作，最终使高校形成具有完整的闭环质量保障体系。

---

① 李庆钧. 基于"以学生为中心"理念的高校教学质量保障体系研究［J］. 扬州大学学报（高教研究版），2021，25（04）：1-7.

第四章

现实与挑战：我国高校内部质量保障的发展现状

尽管我国高校内部质量保障建设工作起步较晚，但是在教育部推进"管办评"分离改革试点，以及不断强化质量评估与深化高等教育评价改革的背景下，我国高校在内部质量保障的制度设计、组织建设、方法与工具等方面取得了一定的建设成效。本章通过对高校内部质量保障建设调查问卷中数据的统计分析，结合高校实践案例及高校面临的内外部环境变化，对我国高校的质量保障现状、存在的问题与差距、面临的新挑战进行深入分析。

第一节 我国高校内部质量保障体系建设的现状

本次调查共收集到全国43所本科普通高等学校的内部质量保障假设数据，其中包括双一流建设高校6所，一般院校37所，这些学校的样本具有较好的代表性。同时，我们还有效回收了427份教师问卷、9924份学生问卷以及897份毕业生问卷，试图从不同视角分析我国高校内部质量假设的成效与问题。

一、高校内部质量保障要素的分析框架

学术界关于高校内部质量保障要素构成的分析视角比较多元，维度划

分方式也不尽相同。比如范菁直接采用教育部审核评估质量保障项目中的4个审核要素、11个审核要点进行分析[①]；李庆丰等则从影响教学质量的主要因素出发，构建了包括"教师教学发展机制""课程发展机制""学生学习发展机制"和"教学质量监控机制"等"四维一体"的教学质量保障体系[②]；魏红和钟秉林分析了高校内部质量保障的应然建设思路，并就此提出其要素构成应包括"背景保障""投入保障""过程保障""结果保障"和"机制保障"五个部分[③]。本次调查主要借鉴魏红和钟秉林的划分逻辑，主要围绕五个环节展开：其中，"背景保障"包括高校人才培养目标与各级各类质量标准等；"投入保障"包括用于教学的硬件设备支持和师生发展情况的人力资源保障；"过程保障"即人才培养过程的监测与管理，主要包括质量保障组织建设、课程与教学改革、质量保障方法与工具等；"结果保障"包括教学评估、专业评估、课程评估、学习效果评估、毕业生调查等关于教学效果的评价环节；"机制保障"指对质量保障不同过程的反馈与改进环节。这五个维度与其对应的具体指标反映了我国高校内部质量保障体系的内涵、结构与具体内容（如表4-1所示）。

表4-1　高校内部质量保障的要素框架与具体指标

内容维度	具体指标
背景保障	高校人才培养目标 各级各类质量标准
投入保障	教学硬件设备支持 人力资源保障

[①] 范菁. 高校内部教学质量保障体系建设的现状与展望——基于本科审核评估实践的研究[J]. 中国大学教学, 2019 (03): 48-53.

[②] 李庆丰, 章建石. 高校内部教育学质量保障体系的理论构建[J]. 中国高等教育, 2008 (11): 33-35.

[③] 魏红, 钟秉林. 我国高校内部质量保障体系的现状分析与未来展望——基于96所高校内部质量保障体系文本的研究[J]. 高等工程教育研究, 2009 (06): 64-70.

续表

内容维度	具体指标
过程保障	质量保障组织建设 课程与教学改革 质量保障方法与工具 学生课业负担评估 毕业生跟踪调查 师生座谈会 课程质量监测
结果保障	教学评估 专业评估 课程评估 学习效果评估 毕业生调查
机制保障	反馈与改进环节

二、背景保障的基本情况

在高校内部质量保障体系结构中，背景保障主要指高校各级单位对人才培养目标及其质量标准的认知与把握情况，决定了高校开展内部质量保障活动的基本方向和实践依据。根据对样本高校的调查数据发现，就学校人才培养目标而言，高校师生比较了解和非常了解学校人才培养目标的人数分别占比30.23%和53.49%（如图4-1）；就各级质量标准而言，高校学生比较了解和非常了解毕业要求及应掌握知识、能力、素质的人数分别占比41.86%和39.53%（如图4-2）。与此同时，有95.35%的高校表示学生能够随时查询修读课程学分，获得离毕业、学位资格的差距。具体落实到课程建设中，有93.02%的高校表示会根据学校人才培养目标中的相关能力设定每门课程的课程目标。

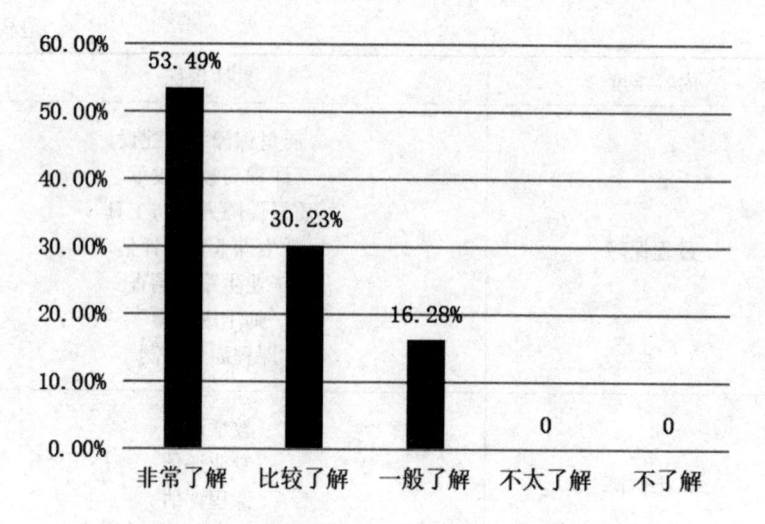

图 4-1　高校教师了解学校人才培养目标的基本情况

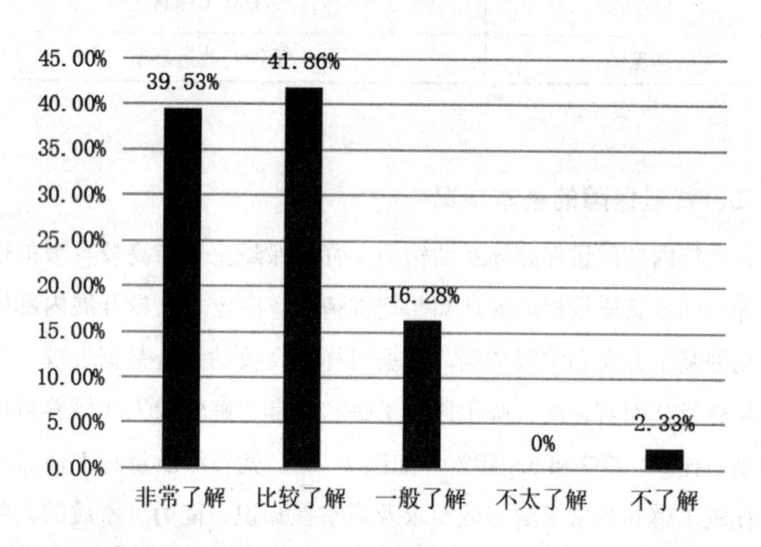

图 4-2　高校学生了解毕业要求及应掌握知识、能力、素质的基本情况

三、投入保障的基本情况

自 1999 年高校扩招后，我国高等教育规模不断扩大，2021 年高等教育在学人数超过了 4430 万人，高等教育毛入学率从 2000 年的 11.2%，提高到 2021 年的 57.8%，增长了 46.6 个百分点，实现历史性跨越，建成了

世界上规模最大的高等教育体系，迈入了世界上公认的普及化发展阶段。为了改善高校的办学条件，提高高校后勤保障能力，财政部、教育部自2006年起联合设立了"中央高校改善基本办学条件专项资金"，持续支持部属高校在基础建设、设备维修改造等方面的资金投入需求，同时，还通过实施一系列高等教育质量提升工程，不断加大对高校办学的资金与政策支持。但是，一个显见的事实是，部分高校的办学条件保障依旧不尽如人意，尤其是由于地域环境、办学基础、学校类型、经济社会发展水平诸多因素的差异，使得全国高校办学条件发展不均衡。因此，本次调查重点关注了各高校在教学条件保障和师资保障两个方面的内容，具体如下：

（一）教学条件保障

教学条件保障是确保教学过程有序推进的物质基础，是完成教学任务和提升教学质量的重要保障。通常而言，教学条件保障首先是以经费的形式，这是由于用于教学工作的设备、场所、器材等都是以经费为基础的。此外，教学保障的工作过程，通常由经费的获取、分配、使用、管理等一系列经济活动构成。因此，本次调查首先关注了高校本科人才培养经费的投入情况，同时，还了解了学校对教研项目的投入，空间、教材与实训实验条件满足教学的基本情况。

首先，调查数据显示，本科人才培养年均投入经费占学费比例低于30%的高校占比23.26%，介于30%~50%的高校占比30.23%，介于50%~99%的高校占比41.86%，将学费尽数用于人才培养的高校占比4.65%（如图4-3）。对人才培养经费投入比例不高的高校在一定程度上反映了该部分高校对教学质量提升的重视程度不足，同时，这一比例过高则意味着该学校的整体办学经费可能极为有限，需要进一步拓宽经费支持渠道。

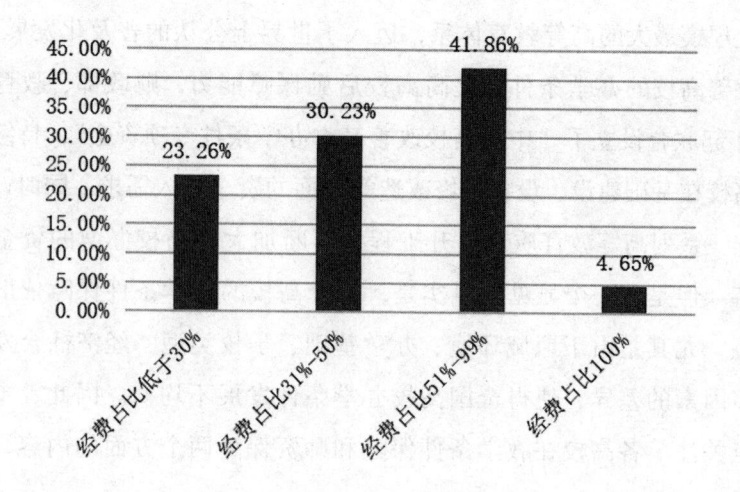

图 4-3　高校本科人才培养年均投入经费占学费比例的情况

其次，从各高校教室空间、实训实验条件满足教学需要的调查数据情况来看，大部分高校在基础设施配套方面有效支撑了教学活动开展。其中，教室座位空间能够满足和比较满足现有教学需求的高校占比分别为69.77%和16.28%，不太满足的高校仅占比2.33%（如图4-4）；实训实验教学条件满足和比较满足教学需要的高校占比分别为53.49%和25.58%，不太满足和不满足的高校占比分别为2.33%和2.33%（如图4-5）。

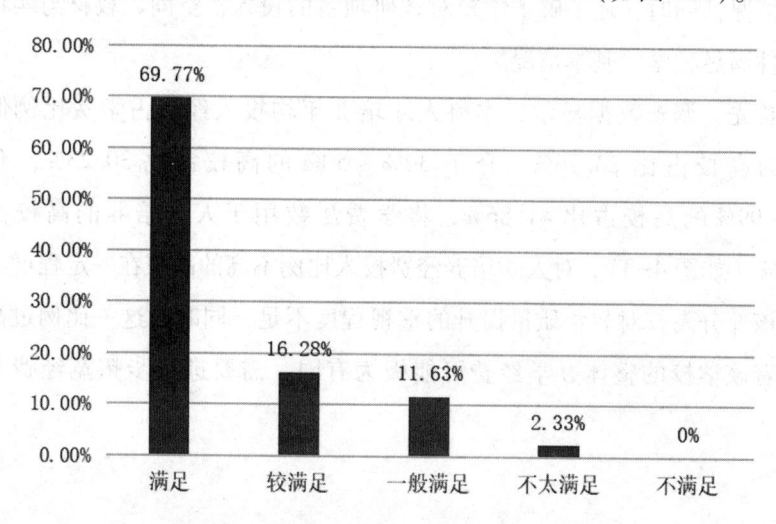

图 4-4　高校教室座位空间满足现有教学需求的基本情况

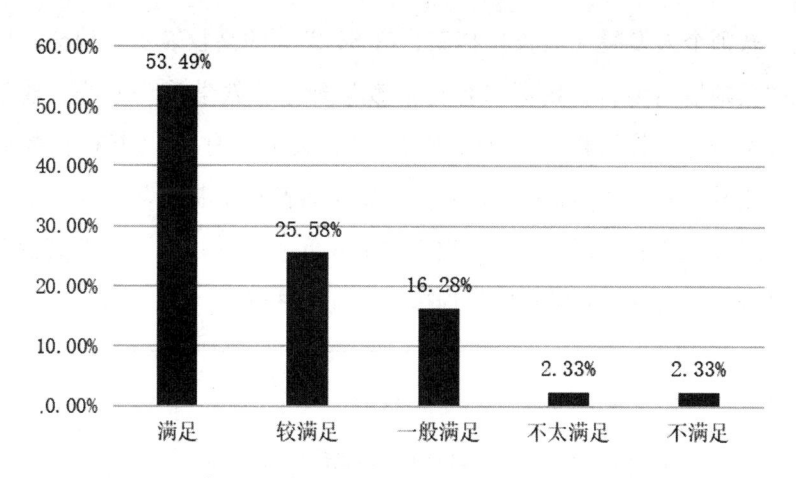

图 4-5　高校实训实验教学条件满足教学需要的基本情况

（二）师资保障

师资队伍建设是高校人才工作的核心内容，也是确保高校办学活力和提升教学质量的最根本途径之一。近年来，我国政府在加强高校教师队伍建设、提升教师教学能力等方面倾注了大量心血，发布了《关于全面深化新时代教师队伍建设改革的意见》《关于深化高校教师考核评价制度改革的指导意见》《关于加强新时代高校教师队伍建设改革的指导意见》《关于高校教师师德失范行为处理的指导意见》等一系列政策文件，为高校教师的发展工作提供了基本方向和遵循。同时，我国政府还牵头举办和开展了大学骨干教师研修班、高校教师网络培训计划、高校教学名师大会等一系列项目与活动，为高校师资队伍建设提供了有力支撑，有效确保了高校教学工作的顺利推进。

就本次调查情况来看，有 93.02% 的样本高校表示学校每门课程基本都有相对稳定的课程负责人及教学团队，且有 86.05% 的高校专设有教师教学发展的专门机构。但是，在设有专门教师发展机构的高校中，有大约 86% 的高校将其挂靠在人事处、教务处，或者它是由两个机构共同管理，仅有不到 10% 的机构具有独立运行资格。从职能发挥的角度来看，各高校教师发展专门机构主要开展教师培训、教学咨询服务、教学研究和教学质量评估和监测等工作（如图 4-6）。在高校样本中，有 65.12% 的高校表示

101

建立了教师个人发展（成长）档案，有88.37%的高校表示学校会开展常态化的教师培训项目，培训内容包括教学理念、教学策略方法、教育技术、师德修养、校情教育、科研能力等等。此外，有83.72%的高校表示会对青年教师实施导师制培训计划，反映了各高校对提升教师质量的高度重视。对质量监测过程中发现的教学水平较低的老师，约80%的高校会选择对其进行针对性的教学技能培训指导（如图4-7）。

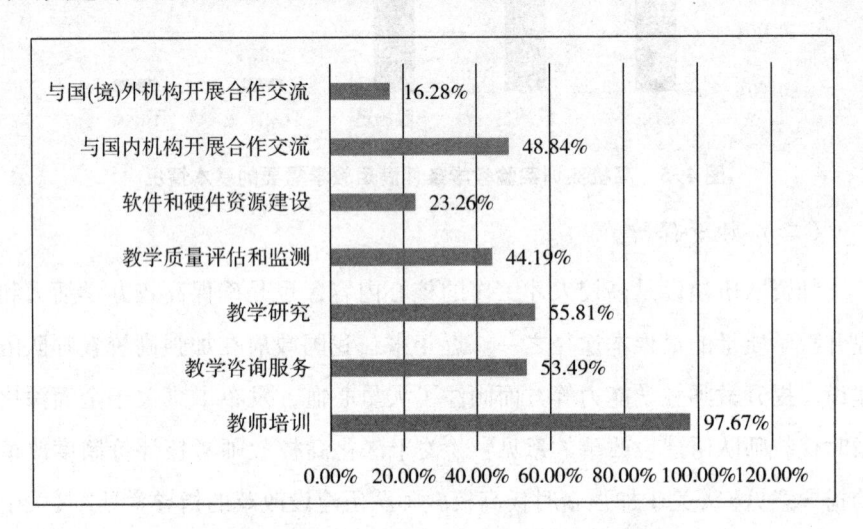

项目	比例
与国(境)外机构开展合作交流	16.28%
与国内机构开展合作交流	48.84%
软件和硬件资源建设	23.26%
教学质量评估和监测	44.19%
教学研究	55.81%
教学咨询服务	53.49%
教师培训	97.67%

图4-6 各高校教师发展专门机构开展工作的基本情况

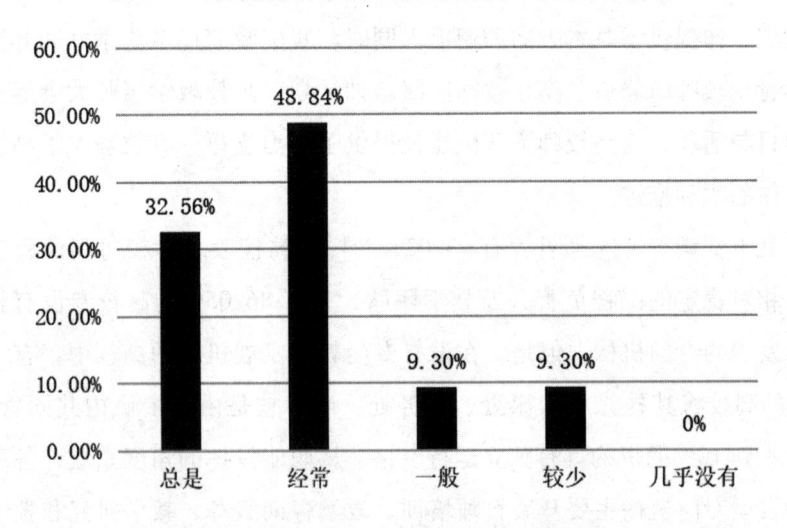

选项	比例
总是	32.56%
经常	48.84%
一般	9.30%
较少	9.30%
几乎没有	0%

图4-7 各高校为教学水平较低的老师提供针对性教学培训的基本情况

四、过程保障的基本情况

过程保障即对人才培养过程的监测与管理，是高校内部质量的主体建设环节，主要包括质量保障组织建设、课程与教学改革、学生参与、人才培养方式改革等内容。事实上，学术界围绕大学生学习过程开展了大量研究。尤其是在现代化信息技术的加持下，各高校纷纷建立了大数据的教学信息监测平台，启动了学生行为数据记录与分析的研究项目，试图形成基于"循证"和"数据决策"的高校内部质量保障举措。基于此，本次调查重点关注了各高校内部质量保障机构建设、学生参与内部质量保障建设、学生实践教学质量监控、学生国际化素养提升等方面的反馈。

（一）高校内部质量保障的组织机构建设

高校内部质量保障机构作为内部质量保障体系执行、监测与评估的机构，有利于集中相对分散的教学资源要素和实现教学过程的统一管理，是明确内部质量建设主体责任以及推进高校治理现代化的重要举措。在实践层面，常见的高校内部质量保障机构有质量保障办公室、质量监测与研究中心或质量监测与评估处等，这些机构通常以独立运行的形式在学校或学院层面设立。同时，学校还会专门组建教学委员会，为质量保障机构的决策和运行提供智力支撑。调查数据显示（如图4-8），有60.47%的高校在学校层面设有专门的质量保障机构，有16.28%的高校也同时在院级层面设置了专门机构。

（二）学生参与高校内部质量保障情况

从服务对象的角度而言，质量保障体系构建的根本目的在于服务学生的学习过程，因此该过程势必要立足学生的发展与成长，纳入学生参与的视角。从质量文化建设的视角来看，质量保障体系要求高等教育质量保障由一种外在的约束与驱动，转变为每一位高校师生的内在自觉与需求，因此，其过程实施同样需要学生充分参与。调查数据显示，大部分高校建立了学生参与高校教学质量保障的工作机制，学生参与形式包括定期反馈教

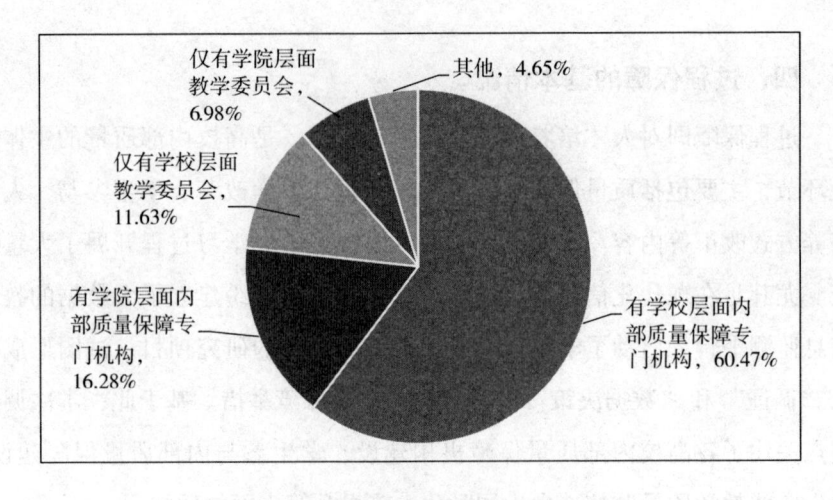

图4-8 高校内部质量保障机构设置情况

育调查信息、学生参与学校质量保障机构工作、学生参与学校自我评估报告的准备阶段、学生作为外部评审团队的成员等（见图4-9）。

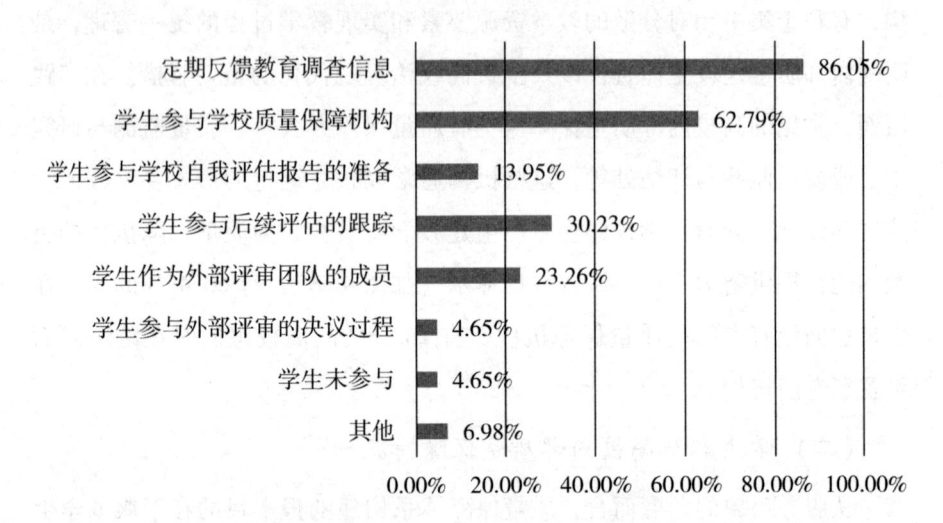

图4-9 学生参与高校教学质量保障的主要形式

（三）一般性的和基于专项的内部质量保障情况

在高校这种围绕学生学习活动进行教育教学的复杂系统中，质量管理往往会围绕质量工作的不同而有所差异。因此，我们可以从"一般性的"与"基于专项的"内部质量保障活动两个方面探讨高校保障过程的基本情况。就"一般性的"而言，通常是指高校广泛使用的、围绕人才培养过程监控而使用的质量工具。从调查数据来看，有半数以上的高校会经常使用教学指导与检查、毕业生跟踪调查、课程质量监测、师生座谈会、企业参与修订教学计划、就业市场分析等质量工具，但是对学生课业负担的使用频率较为一般（如表4-2）；就"基于专项的"而言，本研究以实践教学活动开展为例，了解高校基于专项的内部质量保障活动的举措。数据表明（如图4-10），90%以上的高校都会关注教学单位严格执行实践教学有关文件办法（工作规范、经费管理、基地建设等）的情况、常态化的实践教学检查等。此外，50%以上的高校会关注高校实践教学督导队伍建设、教学管理信息化平台建设等。

表4-2 高校一般性内部质量保障工具的使用情况

使用频率 质量保障工具	总是	经常	一般	较少	几乎没有
教学指导、检查	41.86%	46.51%	6.98%	4.65%	0%
学生课业负担评估	0%	20.93%	37.21%	23.26%	18.60%
毕业生跟踪调查	37.21%	39.53%	16.28%	6.98%	0%
师生座谈会	44.19%	44.19%	6.97%	4.65%	0%
企业参与修订教学计划	23.26%	34.88%	25.58%	13.95%	2.33%
就业市场分析	34.88%	32.56%	27.91%	4.65%	0%
课程质量监测	25.58%	58.14%	9.30%	4.65%	2.33%

图表内容：各高校开展实践教学质量监控的主要内容

- 多主体参与、有效的实践教学反馈机制：53.49%
- 常态化的实践教学检查：90.70%
- 专门的实践教学督导队伍：51.16%
- 实践教学管理信息化平台：51.16%
- 严格执行实践教学有关文件办法(工作规范、经费管理、基地建设等)：97.67%

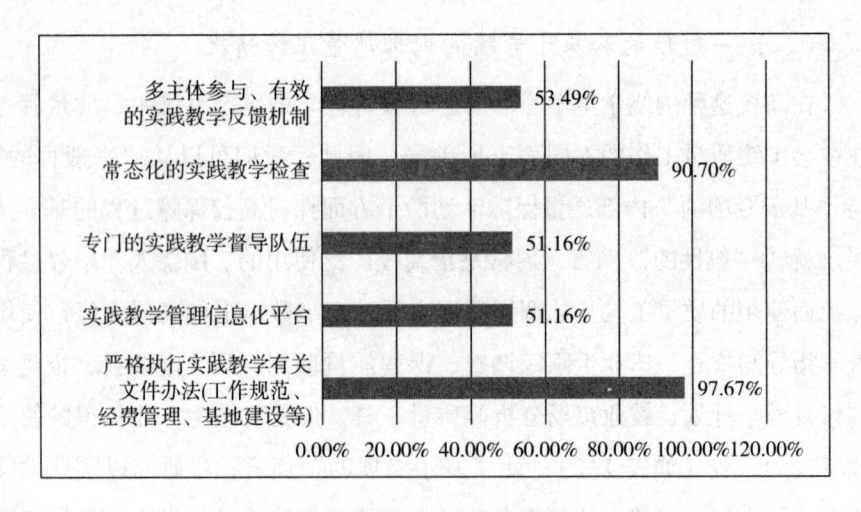

图 4-10 各高校开展实践教学质量监控的主要内容

五、结果保障的基本情况

结果保障主要集中在对教学效果的评价环节上，除了传统的师生座谈与学业考试之外，高校经常会使用一些调查类的质量保障工具，如学生课程教学测评、学生实践教学测评、课程质量教师自我评估、用人单位满意度调查、学生能力评估等（如表4-3），从不同角度反映学校的教学成效。为了从整体上反映高校的教学成效，在政府部门的倡议下，大部分高校还会撰写内部质量保障调查报告在不同层面公布并及时反馈，以回应外部社会的问责（如表4-11）。需要说明的是，调查表明，有75%的高校表示高校质量保障调查主要由本校完成，仅有25%的高校表示会委托第三方机构进行调查。

表 4-3 各高校内部质量保障工具使用情况

质量保障工具\使用频率	总是	经常	一般	较少	几乎没有
学生课程教学测评	55.81%	32.56%	9.3%	0%	2.33%
学生实践教学测评	37.21%	30.23%	20.93%	6.98%	4.65%
课程质量教师自我评估	11.63%	39.53%	25.58%	16.28%	6.98%

续表

使用频率 质量保障工具	总是	经常	一般	较少	几乎没有
用人单位满意度调查	39.53%	39.53%	18.6%	2.33%	0%
学生能力评估	23.26%	25.58%	32.56%	16.28%	2.33%

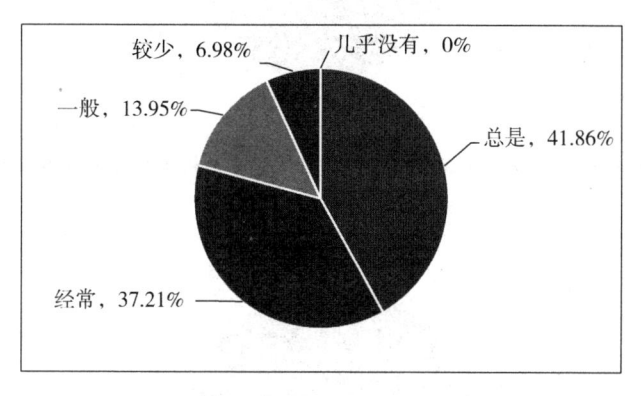

图 4-11 各高校公开内部质量保障调查报告的基本情况

六、机制保障的基本情况

机制保障指对质量保障的不同过程进行反馈与改进，是确保高校内部质量保障实践实现"闭环运行"的关键环节。在质量文化建设过程中，质量保障实践的核心目标是发现问题，并明确组织战略改进的方向和重点。调查数据显示，有约75%的高校会将质量保障调查结果用于改进和决策，实现基于"数据证据"的科学化管理（如图4-12）。同时，也有约75%的高校表示，在质量保障调查过程中发现的问题能够整改到位，会切实提高管理成效和人才培养质量（如图4-13）。

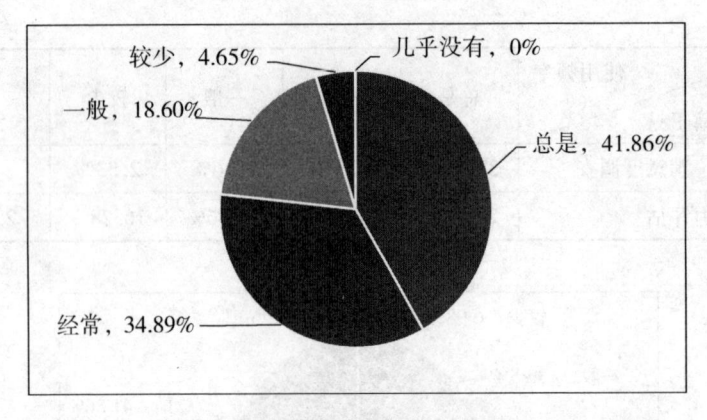

图4-12　各高校将质量保障调查结果用于改进和决策的基本情况

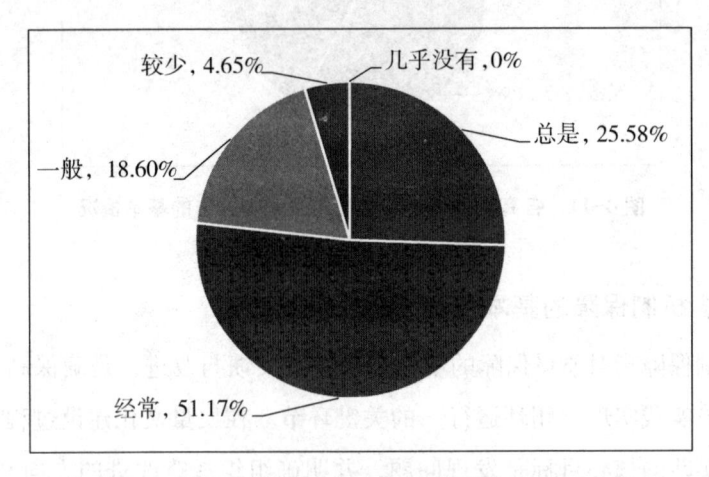

图4-13　各高校对质量保障调查结果整改到位的基本情况

第二节　我国高校内部教育质量保障存在的问题与差距

高校的内外部质量评价和保障体系既是学校生存的要求，也是学校持续发展的内在和外在驱动力。自从我国推进"管评办"分离改革以来，我国逐步改变了高等教育中行政管理的传统体系，改变了政府作为"管理者""主办方"和"裁判员"三位一体的身份，改进了教育管理方式，将政府办学的职能归还于高校,同时引入社会的监督力量,协调好政府、学校、社会之间的关系,形成政府依法治教、学校自主办学、社会客观评价教育的开放型高等教育治理体系,高等教育的质量管理行为驱动也从行政外部驱动逐步转变为高校内部驱动。我们结合上述对我国部分高校内部质量保障体系建设的调查结果,以及学术界对我国高校内部质量保障体系建设现状的分析发现,其目前主要存在五个方面的问题与差距(如图4-14)。

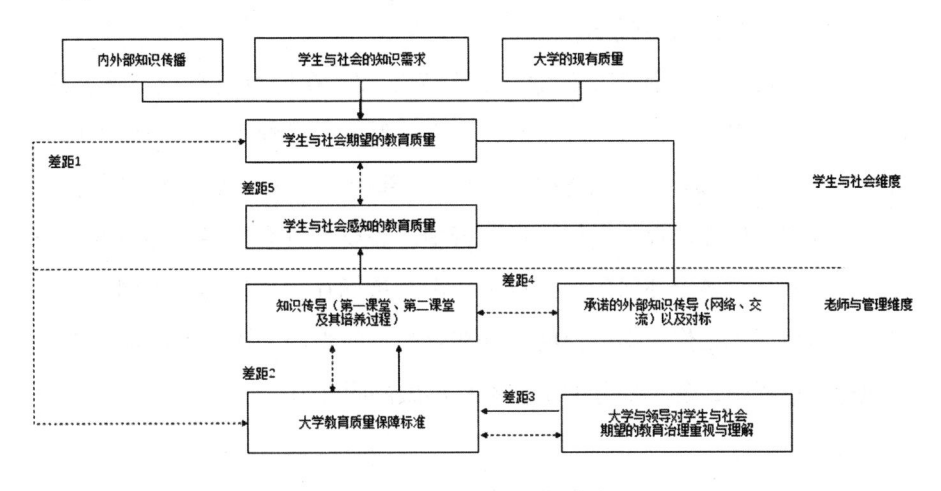

图4-14 质量差距模型①

一、高校教育质量保障标准与社会期望之间的差距

高校所制定的内部质量保障标准与学生和用人单位所期望的高等教育质量之间存在差距,主要表现为以下三个方面。

一是各方对高等教育目标的认知上,高校从自身视角设计出来的内部质量保障指标体系过于偏重科研成果,对高等教育本质的人才培养质量应更加关注;在各方对高等教育发展主体的认知差异上,高校从自身视角设计出来的内部质量保障指标体系偏重机构的发展,偏重于客观条件和物质

---

① 计国君,邬大光,薛成龙.构建大数据驱动的内部质量保障体系——以厦门大学IQA为例[J].厦门大学学报(哲学社会科学版),2018(02):53-64.

环境指标而忽略了人的发展本身，应更加关注人的发展；在各方对高等教育发展在文化和观念上的认知上，在高等教育质量发展中强调适应于现有体系与传统的高等教育质量观，对质量标准的创新需求认识不足。

二是当今社会处于高速发展阶段，学生和用人单位对高等教育的质量预期随着社会的快速发展而发生变化，但高校内部质量保障的标准相对稳定，学校对持续变革与优化的能力重视不够，难以与时俱进地随着学生和用人单位对高等教育的质量预期变化而变化，致使高校教育质量保障标准与社会的质量预期出现脱节。

三是高校内部的管理层级繁多，分工细致，在层级上有校、院、系，在职能分工上有教学、科研、思政、人事、财务、后勤等部门，而内部质量保障工作是一项需要跨学校多层级、多部门、多工作维度的综合性工作，内部质量保障流程在具体工作执行中，需要集成学校多个部门的业务和数据，而高校各个部门的工作目标与考核指标存在着现实的不同，学校对内部质量保障工作的支持力度也存在差异，使得内部质量保障流程在落实执行的过程中，各个部分的工作不易形成协同合力。

二、高校教育质量保障标准与相关信息传导过程的差距

高校在通过教育教学推进相关信息传导的过程中，存在不能遵照设定的内部质量保障标准落地实施的问题。

一是高校内部质量保障标准的设计过于复杂，在教育教学的实践中因实施质量保障流程过于烦琐而无法充分执行；二是高校内部质量保障标准的制订缺乏柔性空间，在教育教学的实践中因缺乏必要的灵活性而无法严格执行；三是高校制定的内部质量保障标准没有经过细致的调查研究和广泛地征求意见，比如忽视了学生、教师等利益相关者对质量保障的看法，没有取得相关群体的充分认可，单方面由校方机构开展质量保障的推进工作，致使效果事倍功半；四是为了便于获取数据，部分高校在内部质量保障标准建设中较多地采用了学生考试成绩、期末评价等终结性评价指标，未能充分纳入体现过程质量的过程性评价指标中，使得质量保障标准不能

全面充分地反映出教育教学质量而影响了最终实施的效果。这些情况都会使高校内部质量保障标准在落实执行的过程中，不能把标准有效地传导到教育教学过程中，进而产生了知识传导过程的差距。

三、高校领导与管理团队对教育质量标准的重视与理解存在差距

高校领导与管理团队在某种程度上对学校内部质量标准建设具有方向性和决定性的影响。受历史的影响，我国高等教育在相当长一段时间里带有明显的计划属性，给高校发展留下了强烈的"行政化"色彩。具体来看，无论是宏观层面的国家高等教育管理体制，还是高校内部的管理体制，都是按照行政化模式施行和推进的。那么，就教学质量标准的建设而言，高校领导与管理团队对内部质量保障体系的理解和重视程度，对高校教育质量标准的制定和实施影响重大。但是，领导和管理团队自身专业、领导力以及技术程序等方面的素质对高校教育质量有重要影响。

具体而言，一是基于信息交互过程产生的认识偏差。一方面，高校领导与管理团队可能缺乏学生和用人单位关于教育质量诉求的有效渠道，或是对相关信息的理解和解读出现了偏差；另一方面，高校行政管理体系层级较多，同时外部社会对教育质量诉求的信息内容和角度多样复杂，致使信息在多层次和多角度的传递中往往会出现偏差，使得高校管理者难以准确把握教育质量诉求及其相关标准设定。二是外部社会对教育质量的预期倾向于短期收益，对高等教育质量的评价也更侧重于大学毕业生对社会的贡献、大学生就业情况、个体教育投资收益、高校舆论口碑、公开可查的科研成果等指标进行衡量。但是，作为高等教育管理者，往往是从整个社会可持续发展以及学生成长的角度出发，考虑高等教育的长远和间接收益，这也使得高校管理者对高等教育质量的理解与大学外部质量评价标准之间存在错位现象。

四、高校承诺与过程实施之间的教育质量的差距

高校对社会承诺的质量保障标准与实际质量保障工作标准之间存在差

距,主要表现在以下三个方面:一是高校内部质量保障工作存在常态化运行机制不健全的问题,比如许多高校的内部质量保障体系仍依附教育部本科教学审核评估、专业认证、学科评估等外部质量保障项目。但是,外部质量保障通常具有外部性和非常态性的特征,以普通高等学校本科教育教学审核评估为例,高校内部质量保障工作开展的周期为五年。那么,学校如果依托于五年一次的本科教学评估开展内部质量保障工作,势必无法确保内部质量的常态化监督与审查,无法有效回应外部社会问责。二是高校的内部评估体系不完善导致质量标准执行不到位。许多高校尽管制订了内部质量保障标准,但在具体工作实施中不能严格按照质量保障标准去执行,在教育教学过程、质量保障、师生员工质量文化意识等方面存在进步空间。三是在获取和分析教育教学各个环节的质量检测数据过程中,往往会牵涉高校多个业务部门,不同部门之间的数据可能存在统计标准不一、口径不一的问题。高校内部实施科层化管理,体现出管理层级多、审批环节复杂等特征,使得高校质量数据的收集与反馈路径存在提高的空间。

五、学生与社会期望的、感知到的高校教育质量的差距

高校内部质量保障体系建设的根本出发点和落脚点都应该是学生的成长,换言之,高校教育质量建设应该体现以学生为中心(Student-centered)的基本理念,使学生感知到的质量与其对高校教育质量的期待相吻合,进而获得学生和社会的支持与信任。但是在现实中,往往会出现两者不一致的情况,具体表现在两个方面。

一是学习过程中感知到的质量与预期有偏差。感知质量最早是由芬兰学者格鲁诺斯(Gronroos)提出的顾客消费意义上的概念[1],他强调了一种不同于传统上基于产出导向的质量内涵解读方式。这种独特的质量角度有利于更加深度、个性化地分析质量问题产生的过程和原因,进而围绕消费

---

[1] GRONROOS C. A Service Quality Model and Its Marketing Implications [J]. European Journal of Marketing, 1984, 18 (4): 36-44.

者的需求提出改进策略。反映在教育教学过程中，我们会发现学生感知到的教育质量取决于其预期的教育质量与体验到的教育质量之间的差距，这是近几年来高校广泛使用大学生学习体验问卷调查这一质量保障工具的重要原因。

二是高校人才培养成效与社会用人单位实际需求之间的差距。从用人单位对人才需求的视角来看，用人单位期望高校能够培养出具备工作岗位所需技能的、有较高胜任力的毕业生，以降低后续人力资源培养成本。而传统上基于产出导向的评价方式，就成为用人单位衡量高校人才培养质量的主要指标，比如毕业生就业率、毕业生工作适应能力、专业能力等。但是从高校的角度来看，教育绝不仅仅是传授学生掌握就职需要的知识和技能，还需要从学生心理健康、责任意识、道德品质、健全人格等多方面关注学生的可持续发展，目标取向的差异使得用人单位感知的人才培养质量与高校人才培养成效存在偏差。

第三节　我国高校内部教育质量保障面临的新挑战

高校内部教育质量保障的实践逻辑整体上是由理念、技术、管理、权力四个维度构成的。随着我国高等教育规模的不断扩张和学校类型的分化，以及新技术、新理念对高等教育发展带来的冲击，高等教育发展面临新的挑战。具体表现在管理理念上的共性标准与个性发展之间的平衡、监控技术上的教学自主性与标准约束性之间的平衡、质量管理上的学校主导性与院系独立性之间的平衡、权力保障上的行政支配性与全员参与性之间的平衡等方面。

一、管理理念：外部标准统一性与院校发展个性化之间的平衡

人才队伍持续壮大和人才效能持续提升是国家经济社会发展的核心驱动力，也是近年来我国政府工作的核心事项之一。而关涉人才质量的基础

工程便是高等教育的发展情况，高等教育质量已经成为社会各界普遍关注的议题。我国高等教育由"政府—高校—学生"这一相对简单的三元结构发展成为一个关联着政府、高校、企业、师生、家长、社会等多方力量的体系，综合了多元利益的复杂场域。在此背景下，高校内部质量保障的目标与政策势必要得到利益相关者的广泛认同与支持。但是，一个可广泛推广的内部质量保障体系，不仅需要在不同高校之间做横向比较，还要在同一高校进行纵向历史比较，通常需要对保障指标和保障方法进行标准化处理，使之具备一定的普适性与稳定性，这就需要外部标准统一性与院校发展个性化之间的平衡。

具体而言，我国高校内部质量保障在过去几十年都是在外部力量驱动下推进的，国家部门主导的各类审核评估、专业认证等，是高校构建内部质量保障体系框架和要素的重要参考依据。这固然为高校质量建设和过程管理提供了便捷，但也造成了高校发展同质化的弊端，不利于院校特色和分类发展。尤其是在教育质量观念上，部分高校的教育管理理念和方法也并未伴随高等教育规模的扩张进行相应的更新和调整，比如有些高校仅仅开展了常规性的教学评价工作，而且评价程序欠缺规范性，评价方式较为单一等。此外，质量管理、监测与评估工作所具有的特殊性质，要求做这些工作的人员除了具备普通行政岗位通用的素质和能力外，还需要有高等教育学、高等教育管理学、高等教育统计与测量学、高等教育评价、现代信息技术以及数据分析等领域的知识和应用能力[1]。否则，高校会盲目套用其他高等教育机构的评价模式，忽略了自身的办学特色和监控特点，缺乏贴合高等教育实际的监控和评价，使得内部质量保障标准不能充分地体现高校的个性化定位和办学特点，不符合高校分类发展的需求和趋势。

质量保障既是制度层面，也是价值层面；既是行动层面，也是观念层面；既是行为层面，也是习惯层面。我国许多高校的内部评估工作是基于上级主管部门的外部评估要求所做的应对性措施，尚未形成一种"内生

---

[1] 林家好. 高校内部质量保障组织机构的有效运行 [J]. 宁德师范学院学报（哲学社会科学版），2020（01）：122-125.

型"的质量文化,从短期看,高校质量文化建设对提高教学质量也许看不到立竿见影的效果,但从长远看,却对提高教学质量有着极其深远的影响。因为它已经渗透到每个教师的行为方式、价值理念以及教学习惯中。质量文化建设既不是来自上级政策的要求,也不是来自大学自身的生存压力和迎合市场逻辑的需求,而是大学文化的使命使然,来自一种没有功利的价值追求。

二、监控技术:高校教学自主性与质量标准约束性之间的平衡

高等教育质量保障需要从经验走向科学,从制度及运行机制层面建立相对科学、规范的质量保障与监测机制。现代高校人才培养活动是学术事务与非学术事务的复合体,需要两者之间的紧密配合[①]。2018年4月,由露丝·格雷厄姆（Ruth Graham）博士负责开发,并由英国皇家工程院（Royal Academy of Engineering, RAE）发布的"大学教学职业生涯框架"（The Career Framework for University Teaching, CFUT）重新界定了高校教师在"教与学"方面的成就标准,覆盖了高校教师四个发展阶段的身份特征与教学影响范围,分别包括有效型教师、成熟型教师、学术型/机构领导者以及全球教学领导者四个阶段的转变[②],在此过程中,高校教师的教学影响范围逐步扩大,也实现了从日常教学反思到创新和应用教育教学知识的转型,从而影响教育实践。换言之,一项高质量的教学活动不仅需要完成备课、授课、答疑辅导、批改作业、评价反馈等日常教学工作,还需要更加自主的空间以实现知识性的教学创新。

但是,长期以来,高校教学管理制度作为制度环境中保障高校教师正常开展教育教学活动的制度体系,呈现出"统一管理""严密计划""刚

[①] 彭安臣,王正明,李志峰.实质标准和程序标准——高校教学质量保障体系建设矛盾破解之道[J].江苏高教,2022（06）:87-91.
[②] RUTH G. The Career Framework for University Teaching: background and overview [R]. London: Royal Academy of Engineering, 2018: 9.

性控制"等特征①。高校教学管理制度与组织支持体系的建立、调整与革新,也都是从抑制高校教师的创新性角度出发的,以程序式的方式进行管理服务的,倾向于对高校教师的遵循和对教育教学过程的约束,重在对现有框架的维护和遵循②。而教学质量标准的"规范性""统一性"限制了高校教育教学活动开展的自由空间,教学创新就失去了动力,教学工作成为一项周而复始的工具性、合规性劳动。

这种"自主性"与"约束性"之间的内在逻辑是,没有教学质量标准的约束,高校教育教学活动必将走向混乱和失控。但是教学本质上是学术性事务,本身就具有一定的自主性和创新性特征。因此,教学自主与标准约束既是高校教育教学活动的一对矛盾,也是一对必要的张力。就两者关系而言,并不能厚此薄彼,教学工作居于大学事务核心地位,教学学术自由与教学管理规范两者是同一个过程的两个方面,缺失任何一项,都不利于高校教育质量的提高。

三、质量管理:学校管理主导性与院系监控独立性之间的平衡

在高校内部质量保障体系中,学校管理的主导性与院系监控的独立性是体现院校办学自主和质量共担的重要表现。但是,目前我国高校内部教育质量监控仍缺乏长效协调机制,主要表现在管理职责分工不明确和对监控效果的反馈相对滞后两个方面。

第一,高效管理职责分工边界清晰和权责明确是确保内部质量保障有序运行的基本前提。从"校—院"协调机制建立的视角来看,学校层面与二级学院在内部质量保障体系建设中的角色与任务分工不同,学校旨在从宏观层面建立学校层面的质量保障政策与框架,二级学院则重在执行层面将质量保障理念与要求落实在具体行动中。但是,如果学校管理既抓宏观

---

① 鲍威. 跨越学术与实践的鸿沟:中国本科教育高影响力教学实践的探索[J]. 北京大学教育评论, 2019, 17 (03): 105-129, 190.
② 彭安臣, 王正明, 李志峰. 实质标准和程序标准——高校教学质量保障体系建设矛盾破解之道[J]. 江苏高教, 2022 (06): 87-91.

调控，又兼顾具体事务，就会导致各学院（系）缺乏积极性和主动性，阻碍各学院（系）独立自主地开展教育质量内部监控的空间与效率的活动。同时，学校将内部质量保障建设的主体责任更多地让渡给学院和教师，认为教育质量由教师决定，管理者只是起辅助作用，发挥的作用不大。这种认识上的误区也会使管理者在学校内部教育质量监控中出现怠慢的情况。

第二，高校运用内部教育质量保障的目的往往只停留在发现问题的层面上，很少关注问题产生的原因以及解决问题的策略，如研究生教育内部质量保障"中梗阻"多属于机制性"梗阻"，是信息、资源、制度与人的协同问题，是需要融合文化心理和利益关系等才能彻底解决的问题[①]。就内部质量保障的反馈情况而言，学校层面对教育质量内部监控过程中发现的问题也缺乏及时反馈、跟踪验证和应对策略，经常出现上一年度检查和评估出现的问题在下一年度依然存在弊端。此外，高校缺乏极具针对性的解决措施，无法将问题落实到具体单位和个人，相应的责任也难以追究。再者，高校内部各部门之间缺乏有效的联动机制，部门之间、院系之间壁垒较多，质量保障工作难以形成合力，进而导致高校内部教育质量保障的效果不明显。

四、权力保障：机关行政支配性与多元主体参与性之间的平衡

解决高校质量保障的形式化、表面化问题，基层学术力量、学术组织在质量保障过程中的主动性和积极性不可或缺。从质量文化的角度反思我国高校内部质量保障体系建设会发现，利益相关者参与的充分性是决定高校内部质量建设的重要指标之一。而在权力参与的机制上，高校发展仍面临着机关行政支配性与多元参与性之间的挑战。

第一，关于外部利益相关者参与高校内部质量保障建设充分性不足的挑战。我国高校内部质量保障体系建设主要由政府政策推动，高校内部质

[①] 钟勇为，韩晓琴. 亟待加强研究生教育内部质量保障"中梗阻"研究［J］. 教育发展研究，2021，41（Z1）：25-31.

量保障体系建设的各个方面，包括办学条件建设、教育教学改革，在传统上均需要围绕着国家政策的指挥棒来行动，教育资源配置主要由政府主导，尚未形成社会和市场充分参与高等教育资源配置的格局。尤其是随着高校规模的持续扩张，高校越来越面临着资源平均分配不足的问题。对此，高校一方面需要进一步优化校内资源配置、提高资源使用的产出，另一方面还要适当引入资本和社会的资源。在此过程中，高校内部质量保障工作势必会关涉更加多元的利益相关者的需求，这就与传统上的行政支配性产生了不平衡。

  第二，从高校内部治理体系的视角来看，高校内部的权力机构设置决定了高校内部教育质量保障无法避免行政思维，内部教育质量保障借助层级负责制和监督机制得以实现，形成了自上而下的线性走向。而内部管理科层化以及管理层级过多都会导致管理效率低、质量信息与反馈传递路径过长等问题，不利于学校内部师生的积极和广泛参与。从教师角度而言，教师的建议和要求难以直接与监督人员对接，导致了教师只能接受来自各方的评价却难以提出自身的要求。从学生角度而言，学生对高等教育质量的感知与需求常常不能融入高校的教育质量保障标准中去，学生满意度调查不深入，对毕业生追踪调查就无法持续，导致学生的建议不受监控，难以公平客观地反映给教师。教师与学生的建议活动无法得到保障，使得这二者在教育教学质量管理中缺位，内部教育质量保障体系由此难以发挥出应有的效用。同时，高校师生习惯于"照上级指示办事"的行政思维，也会遏制他们在内部质量保障中的主动性、能动性和创造性，使得高校内部质量保障走向固化和机械式的道路。

第五章

价值与追求：高校内部质量文化建设

20世纪60年代以来，受到西方国家"教育质量保障运动"的影响，我国高等教育质量管理也逐渐进入了质量保障体系建设的轨道①。及至当前，系统、全面的高等教育质量保障体系已经被国内高等院校广泛采用，成为高等院校提高教育教学效能、回应外界关切的重要着力点。但是，高等教育质量保障体系的建立与完善是否切实有利于高等院校教学质量的提升，在具体实践中仍然存在一些现实挑战：标准化的高校教育管理手段对不同类型高校是否普遍适用；规范化的质量保障实施程序是否在一定程度上会抑制基层办学组织的自主性与创造性质量保障体系等。究其原因，主要是传统的质量保障方法往往倾向于规范组织过程、评估活动结果和发展个人能力②，对教育教学的其他诸多因素难以做到全面、细致地考虑。针对上述问题，有学者提出作为一种组织变革，质量管理的成功很大程度上取决于组织文化③，如果质量管理的策略、过程与工具和学校的组织文化（Organizational Culture）保持一致，则质量管理更有可能成功④。

---

① 刘学忠，时伟. 大学内部质量保障体系的文化基点 [J]. 中国高教研究，2012 (06)：59-63.
② EHLERS U D. Understanding Quality Culture [J]. Quality Assurance in Education：An International Perspective，2009，17 (4)：343-363.
③ RAD A. The Impact of Organizational Culture on the Successful Implementation of Total Quality Management [J]. The TQM Magazine，2006，18 (6)：606-625.
④ PRAJOGO D I，MCDERMOTT C M. The Relationship between Total Quality Management Practices and Organizational Culture [J]. International Journal of Operations & Production Management，2005，25 (11)：1101-1122.

根据霍夫斯泰德的定义："文化是一种头脑的集体程序，它将一个群体或一类人的成员与另一群体或一类人区分开来[①]。"组织文化是"一个组织的态度、信仰和价值观的反映，这些价值观和行为规范为组织内的成员所共享，并影响组织内外的行为和互动"[②]。具体到高等教育机构，高等教育组织文化被定义为"集体的、相互塑造的规范、价值观、实践、信仰和假设模式，这些模式指导高等教育机构中个人和群体的行为，并提供一个参考框架来解释校内外事件和行动的意义"[③]。哈维认为教育质量与高等教育组织文化不应被视为两个相对独立的概念实体，"教育质量源自更为广泛的文化视角[④]"。埃勒斯认为"质量发展在本质上要求建立一种基于共同价值观、必要能力和新的专业精神的组织文化"[⑤]。由此可知，质量的文化理解视角能够将质量管理体系、文化价值观、个体能力发展等不同要素纳入一个整合框架之中，更为全面地看待和处理质量问题，并在共同信念、价值观念、期望和承诺的基础之上增强利益相关者的凝聚力。因此，我们有必要将质量视为一种组织文化，表述为质量文化，由此可以从结构维度和组织价值观维度建构起关于质量的全面认知。关于质量文化与组织文化的关系问题，埃勒斯认为质量文化是组织文化的一部分，在组织中存在着沟通文化、管理文化、质量文化等不同的亚文化，应对质量挑战和实现质量目标是质量文化的集中体现[⑥]。综上，文化价值观与高等教育质量管理

[①] HOFSTEDE G. Management of Multicultural Structures [M]. Bucharest：Economic Printing House，1996：3.

[②] SCHEIN E H. Organizational Culture [C]. //Kenneth KEITH K D. The Encyclopedia of Cross-Cultural Psychology，First Edition. New York：John Wiley & Sons，Inc，2013：45-50.

[③] KUH G D，WHITT E J. The Invisible Tapestry：Culture in American Colleges and Universities [R]. Washington D. C.：Association for the Study of Higher Education，1988：6.

[④] HARVEY L，STENSAKER B. Quality culture：Understandings，Boundaries and Linkages [J]. European Journal of Education，2008，43（4）：427-442.

[⑤] EHLERS U D. Understanding Quality Culture [J]. Quality Assurance in Education：An International Perspective，2009，17（4）：343-363.

[⑥] EHLERS U D. Understanding Quality Culture [J]. Quality Assurance in Education：An International Perspective，2009，17（4）：343-363.

之间紧密关联，关注质量文化建设、深化质量文化研究有助于增强高校质量保障体系的制度信用，有助于形成提升质量保障水平的价值观念的推动力。本章将从五个方面对高校的质量文化建设进行具体的阐释。

第一节 高校内部质量文化的内涵与外延

一、高校内部质量文化的内涵

如前所述，质量文化这一概念的引入其实表达了一种基本判断，即组织文化不应与教育质量简单区分开来，高等教育质量管理需要从强调质量控制和问责监管的刚性管理向基于高等教育机构经验、专业知识和价值观等柔性管理的转变。换言之，高等教育质量改进在关注质量保障和质量评价的同时，也需要关注利益相关者在相互信任基础之上的共同参与和合作[1]。即通过文化要素对管理要素的支持，提升高等教育的质量。在这个过程中，质量管理的系统与工具、能力及个人与集体的价值观不应被视为质量发展的独立实体，而是应被统一纳入质量文化这样一个整合的概念之中[2]。

比利时弗拉芒博洛尼亚专家小组（the Flemish Bologna Expert Team）认为质量文化是一种组织文化，有助于形成对质量建设效能的关注[3]；百瑞斯将高等教育的质量文化定义为一种组织文化，这种文化支持高效质量管理方法的发展，使高等教育机构能够实现这种文化的目标，并提高质量

---

[1] 张应强. 高等教育质量建设：创新体制机制与培育质量文化 [J]. 江苏高教，2017 (01)：1-6.

[2] EHLERS U D. Understanding Quality Culture [J]. Quality Assurance in Education：An International Perspective，2009，17 (4)：343-363.

[3] BERINGS D. Reflection on Quality Culture as A Substantial Element of Quality Management in Higher Education [R]. Copenhagen：the 4th European Quality Assurance Forum，2009.

文化教育和服务的质量[1];欧洲大学协会(European University Association,以下简称EUA)于2006年发布的"大学质量文化工程"(2002—2006)报告将质量文化定义为"一种以持续提升质量为旨趣的组织文化",并提出了质量文化的两个特征要素:一是定义质量保证过程的结构/管理要素,旨在协调个人质量的努力;二是反映共同的价值观、信念、期望和承诺的文化/心理要素[2]。质量文化是一种特殊的组织文化,其中既有"硬"的方面(结构/管理要素),也有"软"的方面(文化/心理要素)。在二者的关系方面,皮特森等人提出管理"软"方面的适当实现和管理"硬"方面的控制同等重要[3];吴等人指出质量管理实践的重点已经从"硬"因素(工具和技术)转向"软"因素(如文化和心态)[4];纳奥尔等人发现运营绩效的增加受到组织文化和基础设施质量管理实践的影响,而不受核心质量管理实践的影响[5]。因此,从效用的角度思考,高校质量文化概念的重心在于"文化"的影响,而不在于"质量"的控制,质量文化的建设要在质量管理实践中凸显"软"方面对教育质量的提升效能。此外,一个组织可以有一个适当的质量管理系统,但不一定会形成质量文化,质量管理的系统和结构可能不会自动激发关于质量的共同价值观和信念,这就需要在组织内部形成对质量发展的整体理解,统筹推进质量文化的建设进程。

综上,高校质量文化的内涵界定不应仅仅停留在纯粹的文化层面之上,而应该与高校质量管理或保障的实践紧密融合,具体可以定义为:高

---

[1] BERINGS D. Reflection on Quality Culture as A Substantial Element of Quality Management in Higher Education [R]. Copenhagen: the 4th European Quality Assurance Forum, 2009.

[2] European University Association. Quality Culture in European Universities: A Bottom up Approach: Report on the Three Rounds of the Quality Culture Project 2002-2006 [R]. Brussels: European University Association, 2006: 10.

[3] PETER T, WATERMAN R. In Search of Excellence [M]. New York: Harper & Row, 1982: 75-77.

[4] WU S J. Customization of Quality Practices: The Impact of Quality Culture [J]. International Journal of Quality & Reliability Management, 2011, 28 (03): 263-279.

[5] NAOR M. The Role of Culture as Driver of Quality Management and Performance: Infrastructure Versus Core Quality Practices [J]. Decision Sciences, 2008, 39 (04): 671-702.

校质量文化是指高校以教育质量的提升为核心，经过长期办学实践形成的、被全体成员共同认可的、具有鲜明学校特色的、有助于高校在质量保障上形成自我调整与发展的运行机制的意识和精神产物的总称①。

二、高校内部质量文化的要素

我们对质量文化的构成要素进行细分有助于进一步明确质量文化的内涵，进而更好地指导质量文化建设的实践。欧洲大学协会将高等教育质量文化划分为结构/管理要素和文化/心理要素两个方面，同时强调质量文化建设需要在自上而下和自下而上的方法之间保持适当的平衡，不能将质量文化的结构/管理要素与文化/心理要素分隔开来进行考虑，两者之间需要通过沟通、参与、信任等因素进行联系②，如图5-1所示。EUA对质量文化要素的划分具有较强的概括性和包容性，体现了文化/心理要素与结构/管理要素之间的联系，有助于我们更好地理解质量文化要素的生成逻辑，但是该划分方式并没有直接触及质量管理实践中的质量文化要素，层次性和清晰性有待进一步完善。

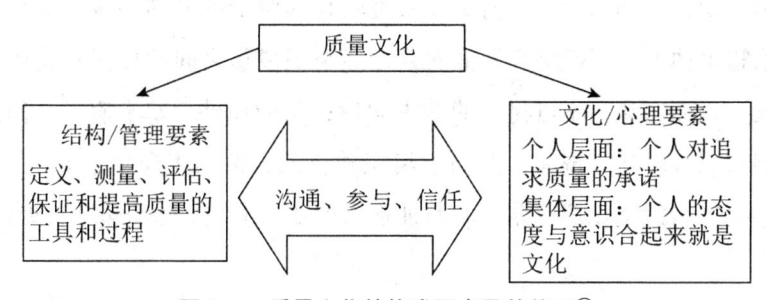

图5-1　质量文化的构成要素及其关系③

---

① 林浩亮.质量文化建设：新评估周期高校内部教育质量保障新思维[J].长春工业大学学报（高教研究版），2014，35（03）：29-32.

② European University Association. Quality Culture in European Universities：A Bottom up Approach：Report on the Three Rounds of the Quality Culture Project 2002-2006[R]. Brussels：European University Association，2006：10.

③ TIA L, Thérèse Z. Examining Quality Culture Part I：Quality Assurance Processes in Higher Education Institutions[M]. Brussels：EUA，2010：17.

霍夫斯泰德提出了一个文化的多层次洋葱模型（如图 5-2 模型一所示），该模型将组织文化分为符号、英雄、仪式和价值观四个构成要素，价值观是组织文化最为深层次的核心要素；仪式是社会必要的集体活动；英雄是被高度重视的个人，通常是取得成功的组织成员；符号是文化中为明显的元素，是属于同一组织文化的个体共同认可的事物，如物体、手势、词语等①。霍夫斯泰德认为仪式、英雄和符号都可以包含在"实践"这一概念之中，因为它们都是可观察的、外显的，价值观被认为是一种具有广泛性的情感倾向，既有积极的一面也有消极的一面，是文化形成的核心②。类似地，沙因提出组织文化可以在三个层次上进行分析（如图 5-2 模型二所示）：最外层是人造品，是组织的视觉产物，包括可见的组织结构和流程等；第二层是信念和价值观，包括策略、目标、理念、规范等；第三层是基本假设，包括无意识的、想当然的信念、感知、想法和感觉③。此外，沙因还描述了三个文化层次的转化关系。从外而内，通过组织生活和文化分析可以逐渐明晰人造品背后支持的价值、规范和规则；在联合行动中，如果行动方案被反复证明有效，那么这个方案的感知价值就会逐渐转化为组织共同的信念和价值观，最终转化为组织的共同假设；信念和价值观通过群体的共同经历方被证实，再经组织成员之间的相互强化逐渐变得明确，进而转化为不可讨论的基本假设；从内而外，基本假设、信念和价值观可以被转化为现实，并通过组织独特的人造品表现出来④。我们分析上述关于组织文化层次划分的两种观点可知，组织文化既包括无形、隐

---

① GEERT H. Motivation, Leadership, and Organization: Do American Theories Apply Abroad? [J]. Organizational Dynamics, 1980, 9 (1): 42-63.
② HOFSTEDE G, HOFSTEDE G J. Cultures and Organizations: Software of the Mind [M]. New York: McGraw-Hill, 2005: 8-9.
③ SCHEIN E H. Coming to a New Awareness of Organizational Culture [J]. Sloan Management Review, 1984, 25 (2): 3-16.
④ SCHEIN E H. Organizational Culture and Leadership [M]. San Francisco, CA: Jossey-Bass, 2004: 25-26.

性的观念层面要素，也包括有形、显性的实践层面要素，其中价值观是组织文化最为核心的构成要素（基本假设也可以视为基本价值观或者核心价值观），其可以通过实践要素展现出来，也可以在实践要素的基础之上逐渐形成。

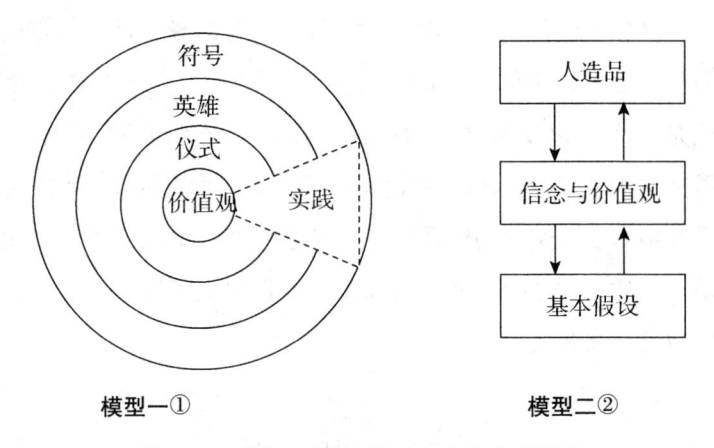

模型一①　　　　　　　　　模型二②

图 5-2　不同深度层次的组织文化表现模型

在国内，学者们往往从文化形态角度切入解析高校质量文化的构成要素，最有代表性的观点是"三要素说"和"四要素说"。"三要素说"认为高校的质量文化可以划分为物质层、制度层和精神层。刘德仿认为物质层是高校质量的物质文化，是"凝聚在物质设施中体现高校质量管理理念的外化部分"，包括文化设施、育人环境、教育教学技巧等；制度层是高校质量的制度文化，包括高校质量管理领导制度、高校质量管理的组织机构和高校质量管理制度这三个方面；精神层是高校质量的精神文化，是高校在长期教育教学实践中形成的精神成果和文化观念③。"四要素说"在"三要素说"的基础之上将物质层进一步细分为物质和行为两个方面，认为高校质量文化包括质量物质文化、质量行为文化、质量制度文化和质量

---

① Hofstede, G., et al. Cultures and Organizations: Software of the Mind. Third Millennium Edition [M]. New York: McGraw-Hill, 2005: 8-9.
② SCHEIN E H. Organizational Culture and Leadership [M]. San Francisco, CA: Jossey-Bass, 2004: 25-26.
③ 刘德仿. 论高校质量文化之构建 [J]. 学海, 2000 (05): 172-175.

精神文化（如图5-3所示）。张蓓认为质量物质文化是高校质量的外层文化，主要包括学校教育教学的物质条件；质量行为文化是高校质量的幔层文化，主要包括教育质量管理、宣传教育活动等；质量制度文化是高校质量的中层文化，主要包括教育质量保障体系、教育质量管理制度等；质量精神文化是高校质量的内层文化，主要包括教育质量方针、教育质量管理理念、质量价值观、质量目标等①。在要素说之外，刘学忠等认为高校的质量文化是一个"以学术文化为前提、育人文化为根本、科学文化为核心、公益文化为辅助而组成的文化体系"②。这一观点将大学组织特有的文化属性悉数纳入质量文化的体系之中，能够将高校组织的质量文化与企业组织的质量文化有效区分开来，但也在一定程度上淡化了高校质量文化与其他高等教育亚文化的界限。

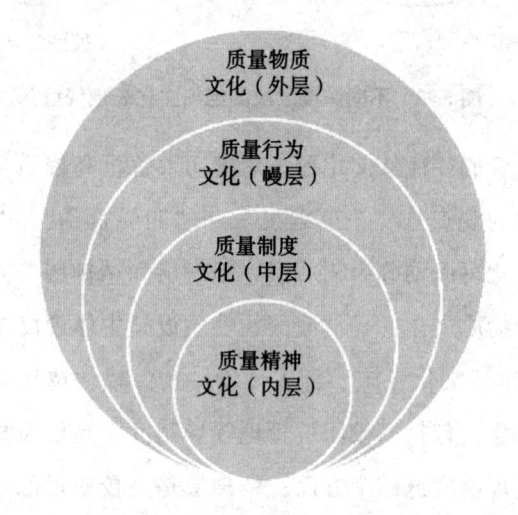

图 5-3　质量文化四要素说层次划分

囿于质量概念的模糊性和文化概念的多义性，导致"质量"与"文化"在重新组合以后也面临概念内涵的复杂性，迄今学术界尚未形成质量

---

① 张蓓. 高校质量文化构建探析 [J]. 集美大学学报（教育科学版），2006（04）：75-78.
② 刘学忠，时伟. 大学内部质量保障体系的文化基点 [J]. 中国高教研究，2012（06）：59-63.

文化的统一界定[1]。尽管如此，已有的关于质量文化概念及其构成要素的研究能够给予的最大启示是质量文化是组织文化演变的结果，能够以不同的形态影响质量管理的不同层面和阶段，从而使得自上而下的视角与自下而上的观点在无形的文化意蕴之中保持方向一致和步调统一，进而形成质量管理的文化价值推动力。

三、高校内部质量文化的特征

质量文化在本质上是一种文化与质量结合的文化形态，除了具有一般文化的共性以外，也具有自身的鲜明特征[2]。首先，高校质量文化是一种文化形态，因此在一定程度上应该保有文化的一般特征。综合已有研究可以发现，关于文化特征的假设主要包括以下几个方面：第一，文化与历史和传统有关；第二，文化具有一定的深度，需要加以解释；第三，文化是集体的，由群体成员所共享；第四，文化是概念性的，与意义、理解、信仰、知识等无形的东西有关；第五，文化是感性的，不是严格理性的[3][4][5]。我们分析可知，作为一种高校的组织文化，高校质量文化的形成与高校的办学历史和传统密切相关，一方面能够反映出高校大多数成员关于质量保障的统一认识，另一方面能够反映出不同高校特色鲜明的办学历史和办学定位。可见，高校的质量文化应该具有同向性和独特性。同时，

---

[1] 周应中. 质量文化培育与生成：高职学校高水平建设的核心路径 [J]. 中国高教研究，2020（03）：98-101.
[2] 刘兰凯. 质量文化建设与质量发展研究 [M]. 昆明：云南人民出版社，2012：4.
[3] HOFSTEDE G, NEUIJEN B, OHAYY D D. Measuring Organizational Cultures: A Qualitative and Quantitative Study across Twenty Cases [J]. Administrative Science Quarterly, 1990, 35 (2): 286-316.
[4] HARVEY L, STENSAKER B. Quality Culture: Understandings, Boundaries and Linkages [J]. European Journal of Education, 2008, 43 (4): 427-442.
[5] ALVESSON M. The Concept of Organizational Culture [M]. Los Angeles: SAGE Publications, 2012: 3.

高校的质量文化在本质上是一种无形的信念、观点和价值观框架[1]，若要服务于高校组织成员的行为导向需要组织成员在质量发展进程中彼此沟通与交流，如此方能为高校全体成员所共享与认同。因此，高校质量文化应该具有交互性。其次，高校质量文化的导向作用主要聚焦于高等教育质量的提升上，因此质量文化的特征应该体现高等教育质量建设的价值追求。具体而言，伴随着经济社会的快速发展以及高等教育规模的不断扩大，人们对高等教育质量的定位和要求也在不断发展。在此背景下，高校的质量文化要与时俱进。高校要根据时代要求和自身的办学定位，不断改进质量发展的理念，逐渐形成具有自己特色的先进质量文化体系。高校的质量文化应该具有时代性和可塑性。

综上，结合文化形态的一般特征和质量建设的价值追求，我们可以归纳出高校质量文化的基本特征，这个基本特征包括同向性、独特性、交互性、时代性和可塑性五个方面。具体而言，同向性是指高校的质量文化应该被高校的全体成员所共同认可，只有这样才能在整个学校中形成关于质量保障的统一思想，才能更好地凝聚力量、促进参与，在相互协同之中提升质量建设的成效；独特性是指高校的质量文化要具有与众不同的特点，不同高校的办学历史、办学定位、办学条件各不相同，这就决定了各个高校的质量文化建设不能按照统一的标准和模式进行，要凸显高校自身的个性特点；交互性是指高校质量文化的形成是一个深层次、多维度的交互过程，高校组织的不同成员对质量保障的认识和理解程度不尽相同，因此需要通过彼此之间的沟通与交流达成一致的质量发展理念；时代性是指高校的质量文化需要反映高等教育质量建设的时代要求，质量文化的稳定性是相对的，高校的质量文化建设要在对传统质量文化进行筛选和提炼的基础之上融入具有时代特征的文化要素，保证质量文化的建设具有超前性和预防性；可塑性是指高校的质量文化是经过不断实践、不断改进塑造出来

---

[1] LEVOARIDIS C, CISMARU D M. Characteristics of Organizational Culture and Climate in Knowledge-intensive Organizations [J]. Romanian Journal of Communication and Public Relations, 2016, 16 (2): 35-56.

的，需要结合实际环境，充分激发高校组织中每个成员的主观能动性，逐渐形成不断改进、追求完善的质量保障理念[1][2]。

四、高校内部质量文化的功能

在高等教育中，人们开始逐渐意识到质量作为一个"整体系统"的特征，因此有必要以更为全面的视角理解教育质量，而不仅仅是分析其中的单个孤立因素[3]。影响教育质量的因素非常多，诸如教师的态度和技能、学习者的动机与投入、教育的背景和价值观、现有的结构/管理要素等，影响因素的复杂性在一定程度上可能会削弱质量管理的成效作用[4]。从文化角度审视质量，实质上是将质量视为组织因素相互作用的整体，这使得质量实践不再局限于具体的标准和过程之中，而是通过环境条件的创设将个人和组织的专业行为和发展条件结合起来，并以此为立足点从整体上促进质量水平提升[5]。由此，人们对高校质量文化功能的思考一方面要强调其对统合个人与集体的质量理念和价值追求所具有的功效，另一方面要强调其对从整体上推进教育质量提升所发挥的作用。

何茂勋认为质量文化是高校一种宝贵的无形资产，具有凝聚功能、激励功能、约束功能和辐射功能。具体而言，凝聚功能是指高校的质量文化会通过潜移默化的方式沟通教职员工的思想，以此增进他们对学校质量理念和规范的认同感，将教职工个人的思想感情与学校的发展紧密联系起来；激励功能是指高校的质量文化能够使教职工产生内在的文化心理效

---

[1] 林浩亮. 质量文化建设：新评估周期高校内部教育质量保障新思维 [J]. 长春工业大学学报（高教研究版），2014，35（03）：29-32.
[2] 戚维明，罗国英. 质量文化建设方略 [M]. 北京：中国标准出版社，2011：50.
[3] HARVEY L. Understanding Quality [C] //FROMENT E, KOHLER J, PURSER L WILSON L. EUA Bologna Handbook：Making Bologna Work（section B 4.1-1）. Berlin：Raabe Academic Publishers，2006：1-25.
[4] EHLERS U D. Understanding Quality Culture [J]. Quality Assurance in Education：An International Perspective，2009，17（4）：343-363.
[5] EHLERS U D. Understanding Quality Culture [J]. Quality Assurance in Education：An International Perspective，2009，17（4）：343-363.

应，促使教职工为实现学校的质量目标而努力；约束功能是指高校的质量文化能够促使教职工对一切有违于学校质量理念的意识和行为加以排斥，形成一种无形的约束作用；辐射功能是指高校的质量文化可以对学校的外部主体和社会风尚产生一定程度的影响①。王姗姗认为高校的质量文化作为学校文化的重要组成部分，具有四个方面的价值诉求。具体而言，第一，高校的质量文化能够引领学校卓越发展，为高校实现卓越化发展奠定坚实的基础；第二，高校的质量文化能够塑造学校的品牌和形象，是高校塑造品牌和质量形象的重要保证；第三，高校的质量文化能够促进学校成员的持续发展，在质量组织和团队之中，个体的质量意识和质量能力可以得到强化；第四，卓越的高校质量文化可以持续满足或超越顾客的需求与期望②。正如埃勒斯所言，"高等教育质量管理进入了一个新的时代，它正在从一种机械的教育质量观转向为一种全面的文化观，质量发展在本质上要求培育一种基于共同价值观、必要能力和新专业精神的组织文化"③。高校质量文化的建设能够促使利益相关者发展共同愿景、共同价值观和信念，并以此渗透到学校的各项规章制度、管理规范和每一位教职员工的思想意识和教学实践之中，实现高等教育质量的内部化转变，从而在整体上引领和推进教育教学质量的提升。综上，高校质量文化能够通过价值观的塑造聚拢教职工的思想意识，以此增强学校内部的凝聚力；能够促使学校在卓越质量目标的指引之下不断健全质量规范、持续推进质量实践，以此增强学校的核心竞争力；能够构建学校良好的质量形象和社会形象，以此增强学校对外部实体和社会风尚的影响力。

---

① 何茂勋. 高校质量文化论纲 [J]. 高教论坛，2004（03）：140-145.
② 王姗姗. 高校质量文化的内涵解析与价值诉求 [J]. 高等农业教育，2015（06）：24-26.
③ EHLERS U D. Understanding Quality Culture [J]. Quality Assurance in Education：An International Perspective，2009，17（4）：343-363.

第二节 高校内部质量文化建设的目标与原则

一、高校内部质量文化建设的目标

高校的质量文化不是在高等教育质量体系或结构的基础之上自动形成的,需要结合高等院校的具体情况和质量文化的发展要求制定质量文化建设的目标,有的放矢地进行推动,如此才可以避免盲目提升质量文化建设的效率。埃勒斯认为质量文化取代了以控制和合规为导向的模式,其关键之处是质量的改变、发展和创新,以及使不同利益相关者群体能够参与质量问题的解决之中[1]。由此可知,质量文化建设在本质上是一种质量管理模式的变革,最终目的是促进质量的改变、发展和创新,而质量文化与传统质量管理模式之间最大的不同在于多元主体的共同参与。高等教育质量的提升需要将教育质量视为教育过程和教育目的的核心,将质量责任落实在负责管理和学习的行为主体身上,需要他们在实践之中不断地解决质量问题[2]。多元主体的共同参与在一定程度上实现了高等教育质量发展的内部化转变,在关注质量结果的同时也能在过程之中推动教育质量的持续改进。因此,高校质量文化建设的目标在满足质量结果期望的同时,也要反映内部质量实践的持续发展。

已有的一些关于质量文化作用效果的研究表明高校质量文化的建设有助于良好质量结果的实现,如阿里等发现质量文化对马来西亚高校学术人

---

[1] EHLERS U D. Moving from Control to Culture in Higher Education Quality [C] // EHLERS U D, SCHNECKENBERG D. Changing Cultures in Higher Education. Heidelberg Dordrecht London New York: Springer, 2010: 385-401.

[2] NEWBY P. Culture and Quality in Higher Education [J]. Higher Education Policy, 1999, 12 (3): 261-275.

员的工作满意度和工作绩效均有积极的影响①;斯玛特等发现在具有强大组织文化的高等院校中,高度灵活性、个体性和自发性的家族型文化与学生学业发展、学生教育满意度、教师和行政人员就业满意度等方面密切相关②;本德马赫指出"教学过程的持续改进可以被视为在高等教育机构之中嵌入质量文化的中间结果"③。这些研究结论有助于从作用成效的角度厘清高校质量文化建设的目标。具体而言,第一,促进教学过程的持续改进;第二,促进学生与教职工的学习与发展;第三,促进学生与教职工学习和工作满意度的提升。质量文化是一种旨在提高质量的组织文化,上述对质量文化建设目标的界定属于结果期望的范畴,反映的是质量文化建设的最终目的,因此有必要从质量实践的角度进一步提出对质量文化建设本身具有针对性和指导性的目标。

安德里亚在已有文献的基础之上阐释了质量文化建设的三个主要特征:一是从只关注问题和合规性监管的"控制"转向为基于高等教育机构经验、专业知识和价值观念,给予质量文化一定自主权和可信度的"关怀";二是维持管理价值观和学术价值观之间的平衡,管理价值观强调创新、集体导向和系统控制,而学术价值观强调传统、个人专业化和自我决定;三是在高等教育机构内部形成共同价值观和集体与个人对质量的承诺④。这三个特征将质量文化的内涵诠释得更为具体,为质量文化建设指明了方向,可以作为质量文化建设目标的直接参考。因此,从质量文化的特征入手可以提出以下质量文化建设的目标:一是质量管理方式从自上而

---

① ALI H M, MUSAH M B. Investigation of Malaysian Higher Education Quality Culture and Workforce Performance [J]. Quality Assurance in Education, 2012, 20 (3): 289-309.
② SMART J C, JOHN E P. Organizational Culture and Effectiveness in Higher Education: "A Test of the Culture Type" and "Strong Culture" Hypotheses [J]. Educational Evaluation and Policy Analysis, 1996, 18 (3): 219-241.
③ BENDERMACHER G W G. Unravelling Quality Culture in Higher Education: A Realist Review [J]. High Education, 2017, 73 (1): 39-60.
④ ANDREA K. How Can One Create a Culture for Quality Enhancement? [R]. Center for Higher Education Policy Studies, 2016: 35.

下的单向控制向注重自主性、创造性和灵活性的全面质量管理转变；二是有机整合质量管理范式相关价值与传统学术领域相关价值，实现质量文化的协调发展；三是通过质量实践和精神塑造促进集体与个人形成关于教育质量的共同信念与价值观。2017年，挪威教育与研究部发布了《高等教育质量文化》（Quality Culture in Higher Education）白皮书，该白皮书提出了促进高等教育质量文化建设的五大目标：一是保障学生拥有良好的学习经历；二是提供良好的教学环境；三是促进教师正确定位其价值观；四是加强学术环境的管理与指导；五是构建导向教育质量的内部管理机制[1]。上述高等教育质量文化建设的目标体现了教师与学生这两大教学行为主体的发展，同时也兼顾了教育质量提升环境的创设和内部管理机制的建构，既有对质量结果的关注，也有对质量持续发展促进因素的关注，具有明确的指向性和广泛的包容性，体现了高等教育质量管理的新理念和新趋势。

高校质量文化建设在保证内部有效性和一致性（质量文化与高等教育机构既有的历史、文化和组织结构相一致）的同时，也要积极向外求索，回应政治需求。因此，有必要跳脱于高等院校的体系之外，从外部视角确定质量文化建设的宏观目标。自2002年起，EUA为支持其成员改进机构内部质量文化，实施了为期4年的"质量文化工程"（The Quality Culture Project），该工程一共实施了三轮，先后有36个国家的134所高等院校参与其中，共同商讨如何建设与嵌入质量文化[2]。该工程确定的质量文化建设目标主要有四个方面：一是"增强高等院校发展内部质量文化的意识，并推动引入内部质量管理，以提高质量水平"；二是"确保质量文化建设领域最佳做法的广泛传播"；三是"协助高等院校建设性地处理质量保障

---

[1] 冯惠敏，郭洪瑞，黄明东. 挪威推进高等教育质量文化建设的举措及其启示［J］. 高等教育研究，2018，39（02）：102-109.
[2] 徐赟，马萍. 欧洲大学质量文化建设：实践及启示［J］. 外国教育研究，2017，44（09）：3-12.

的外部程序";四是"加强欧洲高等教育的吸引力,推进博洛尼亚进程的实现"①。EUA质量文化建设目标是基于协同立场上提出的,一方面凸显了在高等教育质量文化建设中院校合作平台在创新扩散、策略引导和愿景实现方面的重要作用,另一方面也体现出高等教育质量文化建设是内外环境共同作用所导致的。据此,人们可以提出以下质量文化建设的宏观目标:一是提高高校内部质量文化意识和内部质量管理水平;二是注重优秀质量文化范例与经验的宣传与推广;三是建立激励和引导高校质量文化建设的外部规范与程序体系;四是以质量文化建设为支点推动高等教育水平的整体发展。

二、高校内部质量文化建设的原则

质量管理的研究与实践重点正在从显性的"硬"方面转变为更难衡量和改变的"软"方面,质量控制这样的概念被认为是自上而下的官僚式方法,在高等教育领域的质量发展中经常被证明是失败的②。近年来,高等教育质量管理领域倡导采用更为全面的质量方法以辩证视角平衡利益相关方的不同诉求和竞争价值观的紧张关系,寻求应对质量问题与挑战的创造性和切实可行的解决方法。鉴于此,高校质量文化建设的原则主要体现在质量管理实践中权衡不同质量发展观点所表现出的文化张力上。

坎贝尔提出了30种判断组织有效性的标准。奎因等认为特定判断标准的选择反映了个人对有效性领域的重点所秉持的不同价值观,他们邀请了一些组织研究者对坎贝尔提出的标准进行排序,由此推导出了"内部—外部""控制—弹性"和"手段—目的"这三种价值维度,再将第三种维度

---

① European University Association. Developing an Internal Quality Culture in European Universities: Report on the Quality Culture Project 2002—2003 [R]. Brussels: European University Association, 2005: 6, 8, 17-25.

② PRAJOGO D I, MCDERMOTT C M. The Relationship between Total Quality Management Practices and Organizational Culture [J]. International Journal of Operations & Production Management, 2005, 25 (11): 1101-1122.

<<< 第五章 价值与追求：高校内部质量文化建设

整合进前两种维度之中，提出了竞争价值框架（the competing values framework，CVF）[1]，如图 5-4 所示。CVF 深入探讨了组织文化的深层结构，重点关注与组织有效性相关的价值维度，"内部—外部"与组织重点有关，在内部强调组织成员的个人发展，在外部强调组织本身的发展；"控制—弹性"与组织结构有关，一方面强调结构的稳定性，另一方面强调结构的灵活性[2]。CVF 的两个维度构成了四个象限，每一个象限代表一组不同的组织有效性指标，反映了组织有效性判断的四种核心价值，对角线上的两个象限是矛盾和竞争的。卡梅隆和奎因在组织文化研究的基础上进一步将 CVF 的四个象限确定为四种文化类型，分别是等级型文化、市场型文化、家族型文化和活力型文化。等级型文化关注组织内部的稳定和控制，市场型文化关注生产力和效率的提升，家族型文化关注人力资源开发的长期效

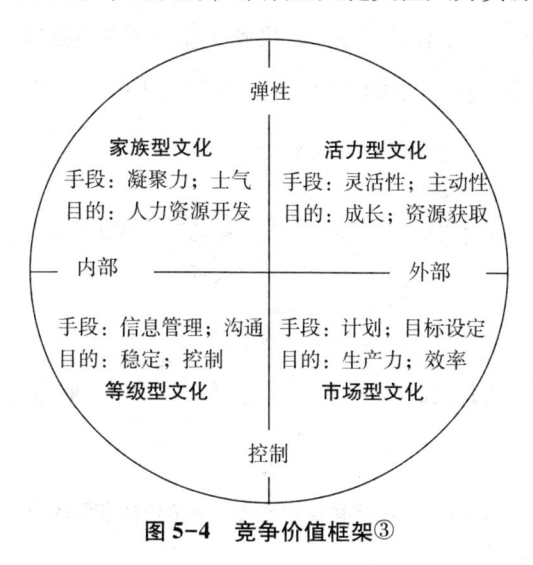

图 5-4 竞争价值框架[3]

---

[1] Tianyuan Y, Nengquan W. A Review of Study on the Competing Values Framework [J]. International Journal of Business & Management, 2009, 4 (7): 37-42.

[2] Tianyuan Y, Nengquan W. A Review of Study on the Competing Values Framework [J]. International Journal of Business & Management, 2009, 4 (7): 37-42.

[3] CAMERON K, QUINN R. Diagnosing and Changing Organizational Culture: Based on the Competing Values Framework [M]. San Francisco, CA: Jossey-Bass Publishers, 2006: 66.

益,活力型文化关注成长和获取新资源①。已有研究认为CVF的四个象限在类型属性上均属于理想类型,一个组织很少能够仅仅反映其中某一个文化类型,而往往是在某种文化类型主导下多种文化类型相互的组合②。现实中,组织文化建设的过程也是一个从竞争性价值维度和相悖性文化类型之中寻找创造性解决方案的过程,需要结合目标进行必要的权衡与取舍。因此,对组织文化建设原则的描述不应是单一向度的扁平化集合,而应该是多元向度的立体化集合。

百瑞斯在CVF的基础之上提出了一个质量文化概念框架(如图5-5所示),其中包含了关于高等教育质量的不同观点,凸显了"管理主义"和"专业主义"的竞争性,是CVF在质量文化领域的进一步具体化和细致化。百瑞斯提出了三对两极观点,分别是"创新—传统""自我决定—系统控制"和"集体导向—个体专业化",反映了质量管理范式相关价值(创新、集体导向和系统控制)和传统学术界相关价值(传统、个人专业化和自我

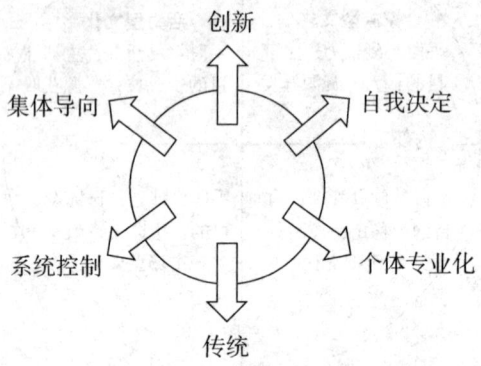

图 5-5 高等教育质量文化竞争价值模型③

---

① CAMERON K, QUINN R. Diagnosing and Changing Organizational Culture: Based on the Competing Values Framework [M]. San Francisco, CA: Jossey-Bass, 2006: 66.
② MCDERMOTT C M, STOCK G N. Organizational Culture and Advanced Manufacturing Technology Implementation [J]. Journal of Operations Management, 1999, 17 (5): 521-533.
③ BERINGS D. Reflection on Quality Culture as a Substantial Element of Quality Management in Higher Education [R]. Copenhagen: the 4th European Quality Assurance Forum, 2009.

决定）之间的竞争关系①。具体而言，创新导向的组织会主动进行外部适应，并形成对持续改进的内部关注；传统导向的组织对传统价值观和现有实践表现出保守和忠诚的态度；个体导向的组织会给予个人信任和发挥创造力的空间；系统导向的组织会通过计划、时间表和层级结构进行协调、标准化和正规化；专业导向的组织将专业人员的专业能力和高素质视为标准化的主要原则；集体导向的组织会强调共享想法和价值观，注重团队合作②。与CVF类似，百瑞斯概念框架中的六个极点反映了六种具有理想性和典型性的文化意象，这些文化意象在一个组织内很难同时实现，体现出质量文化建设过程的辩证性和综合性的本质。在质量文化概念框架的基础之上，百瑞斯提出高等教育质量管理体系需要应对的三个悖论：一是如何在不抑制个体自主性和创造力的同时采取系统管理的方法；二是如何在尊重传统价值观和现有实践的同时适应外界环境的变化；三是如何在集体共同目标和高度专业化的教师和研究人员的个人需求与愿望之间建立平衡③。

上述三个悖论揭示了高等教育质量文化建设应该是一个系统化的思考与实践过程，而不应拘泥于成规，陷于简单化和极端化的误区，兼具全面视角和指导意义，这三个悖论可以作为提炼质量文化建设原则的直接依据。因此，在价值观平衡的基础之上可以提出以下几点高校质量文化建设的基本原则：一是强化领导与鼓励参与相结合的原则，一方面要发挥领导机制的引领和协调作用，另一方面要鼓励不同的利益相关者共同参与，充分给予行动者以信任与空间。二是时代特征与传统特色相统一的原则，一方面要与时俱进，以积极改革应对外界的机遇与挑战，另一方面要凝练特

---

① BERINGS D. Reflection on Quality Culture as a Substantial Element of Quality Management in Higher Education [R]. Copenhagen: the 4th European Quality Assurance Forum, 2009.
② BERINGS D. Quality Culture in Higher Education: From Theory to Practice [R]. Copenhagen: the 5th European Quality Assurance Forum, 2010.
③ BERINGS D. Reflection on Quality Culture as A Substantial Element of Quality Management in Higher Education [R]. Copenhagen: the 4th European Quality Assurance Forum, 2009.

色，立足现实，推进内涵式发展。三是团队建设与个人发展相协同的原则，一方面要积极创建卓越的质量组织和团队，促进团队型高校质量文化的形成，另一方面要通过精神塑造、奖励激励等方式促进教师认同和履行质量承诺，将个人发展融入教育质量的持续提升之中。

第三节 高校内部质量文化建设的任务与方法

一、高校内部质量文化建设的任务

在有意识进行质量文化建设时，自上而下的结构/管理要素与自下而上的文化/心理要素应该均有着力，自上而下的结构/管理要素是由内外部的法律、条例等规范驱动的文化变革，而自下而上的文化/心理要素是质量文化发展过程中的支持措施[1]。具体到高等教育机构的质量文化建设任务，可以首先从组织文化变革的视角进行概括性提炼。图尔代安等认为文化变革的方向是"对功能失调的因素进行诊断和分析，形成新的价值观，并通过行为的根本转变来提高组织质量"，在此过程中，"习惯决定规范，规范决定行为，行为决定信念，信念决定态度，态度决定价值观"[2]。基于此，图尔代安等提出了七个阶段的组织文化变革方法：一是对组织文化的审计；二是文化变革的宣告；三是文化变革的投射；四是文化变革的开始；五是文化变革的跟随；六是文化变革的巩固；七是文化变革的最终定案[3]。这七个不同阶段的组织文化变革方法主要反映了个体在组织文化变革中需要做出的相应调整，也体现出组织文化变革应该是一种渐进式的变

---

[1] MALGORZATA D. Trust-Based Quality Culture Conceptual Model for Higher Education Institutions [J]. Sustainability, 2018, 10 (8): 2599-2621.

[2] TURDEAN M S, VANA D T. Quality Assurance Through Cultural Change [J]. Procedia-Social and Behavioral Sciences, 2012, 46: 2686-2692.

[3] TURDEAN M S, VANA D T. Quality Assurance Through Cultural Change [J]. Procedia-Social and Behavioral Sciences, 2012, 46: 2686-2692.

革，如此便于管理和控制，更易获得最佳的变革效果。任何组织的文化变革都是一个复杂的过程，需要一个对相关概念认识和理解的过程，需要长期的时间和精力投入，需要质量控制的不断发展①。组织文化变革的方法的阶段划分对明确质量文化建设任务的内容、对象和要求有着一定的参考价值（如表 5-1 所示），当然组织文化变革的方法在高校质量文化建设中的实际指导作用和应用效果还有待进一步检验。

表 5-1 不同阶段的组织文化变革方法②

序号	阶段	特征
1	对组织文化的审核	评估某些行为出现的频率和强度，建立支持/接受文化变革的内在和外在因素
2	文化变革的宣告	通过改变习惯来实现。这个阶段需要时间和精力，并且需要榜样和发起变革的人
3	文化变革的投射	新规则的接受阶段
4	文化变革的开始	适当的行为出现，比如组织成员对工作质量感兴趣，而不是职位；组织成员愿意在新想法和新倡议中承担新的责任
5	文化变革的跟随	信念得到巩固，新行为得到认可，不再存在对新事物的恐惧
6	文化变革的巩固	新的态度形成。应对新的内部或外部挑战的团队凝聚力是可见的
7	文化变革的最终定案	新的价值观确立了，组织氛围明显改善

类似地，戚维明等从质量文化的形成过程切入将质量文化建设的步骤划分为五个主要阶段，分别为调研规划准备阶段、研讨提炼和宣传启动阶段、全面推进实施阶段、深入发展阶段和评估改进阶段。具体而言，调研

---

① NJIRO E. Understanding Quality Culture in Assuring Learning at Higher Education Institutions [J]. Journal of Educational Policy and Entrepreneurial Research, 2016, 3 (2): 79-92.
② TURDEAN M S, VANA D T. Quality Assurance Through Cultural Change [J]. Procedia-Social and Behavioral Sciences, 2012, 46: 2686-2692.

规划准备阶段的主要任务是在领导的重视与参与下，通过调查研究或者焦点小组的方式识别、总结和梳理组织中既有的质量文化现状；研讨提炼和宣传启动阶段的主要任务是在充分讨论和酝酿的基础之上提出组织未来的质量文化方向和期望目标，明确组织今后的质量文化定位；全面推行实施阶段的主要任务是依照质量文化的发展规划进行全面贯穿实施，促进组织成员形成践行质量规范和制度的自主意识和行为习惯；深入发展阶段的主要任务是跟踪质量文化建设的质量和效果，不断总结经验、纠错扶正；评估改进阶段的主要任务是对质量文化建设的效果进行测量和评估，依据评估结果进行改进和完善[1]。上述质量文化建设的步骤划分从更为宏观的角度梳理了质量文化的形成过程，循环往复、持续改进，凸显了领导支持和质量文化建设战略的重要作用，具有较强的指导性和操作性。马尔希认为"改变组织文化是一个困难而耗时的过程，尤其是在价值观根深蒂固的强势文化中"，由此他提出了创建和维持质量文化的八个主要步骤（见图5-6），分别是认识变革的重要性、诊断现有组织文化、确定支持组织愿景和战略的理想文化、向所有组织成员传达期望的文化、领导者为所期望的行为建模、各级进行适当培训以吸收新文化、强化期望的行为、评估实现理想文化的进展[2]。对比戚维明等提出的质量文化建设步骤，马尔希提出的质量文化建设步骤虽然在内容表述和阶段划分上更为具体、细致，但是其所蕴含的内在逻辑与戚维明提出的质量文化建设步骤所蕴含的内在逻辑基本一致。"质量文化的变革过程也是质量文化的发展过程，是质量文化的创建、传承、学习和创新过程。[3]"以质量文化的形成阶段为视角思考质量文化建设的任务，一方面有助于明确质量文化的生成机制和发展思路，另一方面也有助于质量管理成熟度不同的高校根据自身所处的内外部环境的差异构建质量文化的建设规划。

---

[1] 戚维明，罗国英．质量文化建设方略［M］．北京：中国标准出版社，2011：61．
[2] MALHI R S. Creating and Sustaining：A Quality Culture［J］. Journal of Defense Management，2013（S3）：2．
[3] MALHI R S. Creating and Sustaining：A Quality Culture［J］. Journal of Defense Management，2013（S3）：2．

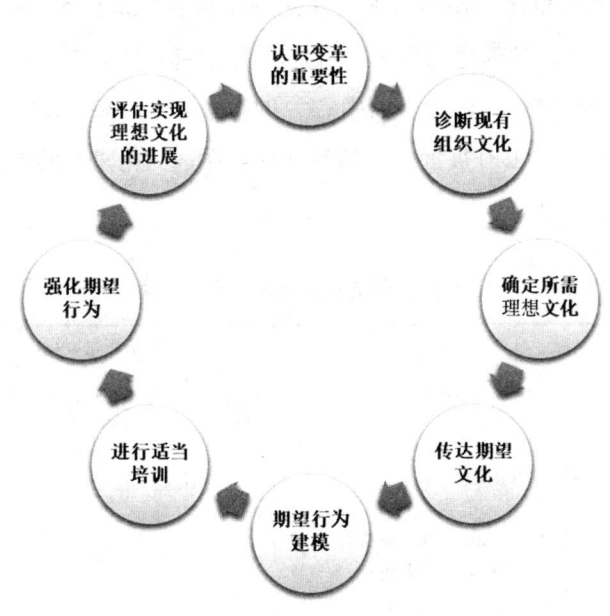

<<< 第五章　价值与追求：高校内部质量文化建设

图 5-6　创建和维持质量文化的步骤①

质量文化往往体现并形成于具体质量管理的实践之中。因此，关于质量文化建设任务的思考也要付诸质量管理活动的设计与实施之中，通过不同类型的质量活动从不同侧面有意识地促进质量文化的形成。换个角度来看，质量活动的设置也可以从其对质量文化建设的支持进行理解，如此可以更为科学地构建并实施质量管理体系。英国伯明翰城市大学（Birmingham City University，以下简称 BCU）的卓越教学中心（Centre for Excellence in Teaching and Learning，以下简称 CETL）是学校行政管理结构中的中心部门，这一机构的建立是为了维持和提高学校的教学质量标准。为实现质量目标，CETL 通过一系列的活动与举措促进专业人员发展、新学习技术的应用和学生的投入②。具体而言，CETL 开展的教学质量促进活动主要集中于"服务提供""资源提供"和"主张"三个方面，"服务提

---

① MALHI R S. Creating and Sustaining：A Quality Culture [J]. Journal of Defense Management，2013（S3）：2.
② KOTTMANN. How Can One Create a Culture for Quality Enhancement? [R]. Center for Higher Education Policy Studies，2016：35.

供"为教师组织和开展教学培训,并支持教师学习新技术;"资源提供"为教师实践创新教学理念和教学项目提供资金和人员的支持;"主张"在于通过各项活动传播"以学生为中心"的教学方式,使 CETL 成为教学变革的驱动力①。CETL 开展的各项质量活动对质量文化建设的不同层面均有益,具体见表 5-2。

表 5-2 CETL 的主要活动及其对质量文化建设的贡献②

活动	描述	对于质量文化的贡献			
		研究性教学	务实、创新、活跃的教与学	控制/关怀的平衡	共同价值观
PGCert（服务）	通过教育硕士（Masters of Education, Med）框架,CETL 为学术或学术相关的工作人员提供大学教育发展课程,其中包括高等教育教学研究生证书（the Postgraduate Certificate Learning and Teaching in Higher Education, PGCert）课程和其他高等教育专业模块	√		√	
其他专业发展课程（服务）	若干其他（经过认证的）课程与模块,例如创新教学、课程设计等	√		√	
SAP（资源）	允许学生和教职工在联合项目上进行合作的计划。可以申请资金,也可以提交前瞻性提案		√		
StAMP（资源）	一个为学生提供同伴支持的项目。可以申请资金,也可以主动提出建议		√		
协作伙伴关系（资源）	具有更强跨学科特性的 SAP 类型项目。可以申请资金,也可以主动提出建议		√		

---

① KOTTMANN. How Can One Create a Culture for Quality Enhancement? [R]. Center for Higher Education Policy Studies, 2016: 35.

② KOTTMANN. How Can One Create a Culture for Quality Enhancement? [R]. Center for Higher education Policy Studies, 2016: 35.

续表

活动	描述	对于质量文化的贡献			
		研究性教学	务实、创新、活跃的教与学	控制/关怀的平衡	共同价值观
学习工具与设置（资源）	CETL管理着一个可以支持创新教学的（虚拟）系统组合	√	√		
毕业+（主张）	对完成课外活动学生的奖励，其目的是培养具有超过学科基础知识的可就业毕业生		√		√
教师奖（主张）	工作人员优秀奖，用于表彰工作人员的成就并鼓励整个机构的良好表现				√
优质教学的传播与推广（主张）	通过常规渠道（如时事通信）和创新想法展示传播优质教学	√			√
外部项目（主张）	参与一些传播和分享国际良好实践的项目	√			√

显然，CETL在学校质量活动开展和质量文化建设方面发挥了重要的推动作用。CETL通过专业发展课程、教学项目资助、教学奖励等多种形式施加对教与学的影响，鼓励教师开展以学生为中心的教学改革与创新，鼓励学生与教师或同伴进行合作和拓展学习视野，将质量文化建设与质量提升活动有机结合起来，有助于在学校范围内形成良好的质量氛围，以更好地应对质量挑战、实现质量目标。CETL是大学行政机构中的中心部门和PGCert管理和运行的中心单位，具有坚实的制度保障其自上而下地推动学校的质量文化建设，并且定义学校质量文化的关键维度。具体而言，BCU确立的质量文化主要有四个维度：一是研究性教学，教与学需要以学术研究为基础；二是实践教学，让学生参与实践是必要的；三是"学生第一"，意味着主动教学和主动学习；四是就业能力和终身学习[1]。质量文化

---

[1] KOTTMANN. How Can One Create a Culture for Quality Enhancement？[R]. Center for Higher education Policy Studies，2016：35.

建设需要考虑多元主体对教学质量标准的不同关注。对于学生而言，知识应用能力和就业能力是教学质量的衡量要点；对于教师而言，学生投入与满意度是教学质量的衡量要点；对于行政管理部门而言，教学的关键绩效指标是教学质量的衡量要点。CETL推动的质量文化建设虽然在范式上仍然偏向于自上而下的"控制"，但是这些质量文化建设活动和举措同时也兼顾了不同主体对教学质量的不同关切，聚焦于教师专业发展和教学创新的激发与扩散上，是一种控制与关怀的平衡，有利于共同价值观的形成。

综上，高校质量文化建设任务在设计与实施中有以下几点注意事项。一是要具有阶段性，特别是在成熟度不高的高等教育机构中，有必要通过步步递进的方式逐步推动和深化质量文化建设进程；二是要凸显优秀个体的榜样和示范作用，采取措施激发和奖励教学创新，形成良好的质量提升氛围；三是要注重优秀质量经验和案例的学习与推广，并提供机会与资源，促进教师的专业发展，引导教师真正用心于教育教学；四是要淡化自上而下的质量问责和合规监管，将不同主体的质量诉求纳入建设任务的考量之中，发挥多元主体的协同作用。

二、高校内部质量文化建设的策略

在高等教育质量管理中，质量文化建设的重要性正逐渐被人们所认知。传统的质量管理范式通过评估、审核、认证等方式对高等教育的质量发展进行外部控制，而新时代的质量管理则将质量视为教育过程和目的的中心，注重在高校内部形成关于质量发展的信念和共同价值观，以此促进高等教育质量的持续发展。

纽比将高等教育质量方法划分为外部系统和内部系统两个类别，认为以评估和审核为主要形式的外部质量方法是一种间隔式的外部质量判断。这种质量发展的外部驱动力一方面因其周期性容易造成质量行为的简单重复和对质量问题的敷衍应付，另一方面因其强制性容易造成质量发展的一致性和保守性，而内部系统将质量责任聚焦于操作层面，并落实在负责学习的个体身上，强调在教育过程中激发内部追求质量的动机，持续性地解决质量问题①。可见,质量发展有效性的根本在于质量过程中"人"的作用而不在于外部的控制与合规性监管,当不同的质量行为主体都持有对卓越质量的追求、都愿意在质量过程中投入更多精力时,质量目标才能得以较好地实现。因此,质量目标的实现有赖于组织成员质量观念和实践的变革。拉德指出组织可以作为质量变革的杠杆,原因在于"组织可以通过各种决策系统、操作系统、人力资源实践等方式为变革提供整体的氛围和文化"②。鉴于此,高校质量文化建设的策略主要蕴含于高等院校内部质量观念和实践形成的组织影响机制之中。

本德马赫等在 EUA 对质量文化构成要素划分及相关研究的基础之上提出了高等教育质量文化的"环境—机制—结果"结构模型(如图 5-7 所示),该结构模型从质量文化的组织环境要素、质量文化的工作机制和质量

质量文化

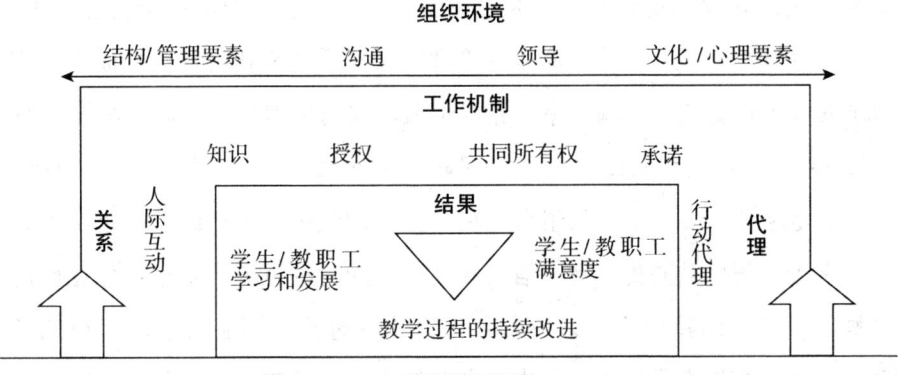

组织环境

| 结构/管理要素 | 沟通 | 领导 | 文化/心理要素 |

工作机制

知识　授权　　共同所有权　承诺

关系 ← 人际互动

结果

学生/教职工学习和发展　　学生/教职工满意度

教学过程的持续改进

行动代理 → 代理

质量管理措施

- 招募不同类型的成员加入教育改进小组
- 提供优质培训和支持(资源)
- 关注利益相关者的参与和反馈
- 对教育质量进行认可与奖励

图 5-7　高等教育质量文化的"环境—机制—结果"结构③

---

① NEWBY P. Culture and Quality in Higher Education [J]. Higher Education Policy, 1999, 12 (3): 261-275.
② RAD A. The Impact of Organizational Culture on the Successful Implementation of Total Quality Management [J]. The TQM Magazine, 2006, 18 (6): 606-625.
③ BENDERMACHER G W G . Unravelling Quality Culture in Higher Education: A Realist Review [J]. High Education, 2017, 73 (1): 39-60.

文化的相关结果这几个方面对高等教育质量文化的形成过程和作用效果进行了梳理与分析,并在此基础之上提出了一系列质量管理的干预措施①。本德马赫等认为结构/管理要素和文化/心理要素形成了质量文化发展的促进和抑制因素。具体而言,在结构/管理层面,鼓励基层参与、建立评估系统等举措可以促进质量文化的形成,而固有的等级制度和研究,与教学任务的权衡又会成为阻碍因素;在文化/心理层面,"以人为本"以及对专业性和自主性的重视可以成为质量文化的促进因素,而强有力的学科文化和以研究为导向的文化又会阻碍质量文化的形成②。我们分析可知,质量文化建设需要统筹考虑结构/管理要素和文化/心理要素,需要将二者联系起来,发挥各自优势,克服彼此不足。有鉴于此,本德马赫等指出"领导"与"沟通"是绑定结构/管理要素和文化/心理要素的两个重要的组织环境要素,有效的领导可以"通过影响资源分配、澄清责任与角色定位、伙伴关系建立以及对人员与流程的管理"推进质量文化的建设,而有效沟通有助于职能分工、经验分享和相异价值取向的识别与应对③。结构/管理要素和文化/心理要素以及两者之间联系的纽带——"领导"与"沟通"共同构成了质量文化形成的组织环境,良好的组织环境有助于在组织内部形成关于质量的共同价值观、信念和期望,同时这也说明质量文化建设需要顾及其嵌入的特定背景,考虑其社会建构过程,不能简单地移植或模仿。由此,高校在通过导模方式或者对标方法来推进质量文化建设时,要充分考虑自身办学特色和条件,创造性地移植其他高校的质量文化建设经验。

在质量文化形成的组织环境确定之后,我们有必要进一步分析其对组

---

① BENDERMACHER G W G. Unravelling Quality Culture in Higher Education: A Realist Review [J]. High Education, 2017, 73 (1): 39-60.
② BENDERMACHER G W G. Unravelling Quality Culture in Higher Education: A Realist Review [J]. High Education, 2017, 73 (1): 39-60.
③ BENDERMACHER G W G. Unravelling Quality Culture in Higher Education: A Realist Review [J]. High Education, 2017, 73, 39-60.

织成员质量观念和实践的影响机制，关注在质量文化建设中人力资源效应的发挥。本德马赫等认为质量文化的工作机制可以分为"代理"（行动理由）和"关系"（人际互动）两个类别，其中"代理"包括承诺和共同所有权，"关系"包括知识和授权，具体而言，"代理"体现的是质量观念和实践产生的动机，"承诺"反映的是质量投入的意愿，共同所有权反映了组织成员质量发展的共同责任；"关系"体现的是质量观念和实践产生的条件，"知识"反映的是教职工对高等教育计划、战略以及目标的认知情况，"授权"反映了教职工在教学中被授予的自主权[1]。承诺、共同所有权、知识和授权这四种质量文化的工作机制全部落在高等教育人力资源的发展之上，是组织环境在组织成员质量观念和实践形成中的主要着力点，在此基础之上可以根据高等院校教职工的实际需求和个体差异拟议质量文化的干预措施，规划质量文化的建设内容。此外，本德马赫等在高等教育质量文化结构模型中给出了四项质量管理的具体策略，这些策略有助于质量文化工作机制的形成，具有较强的针对性和操作性。因此，对高校质量文化建设策略的思考可以将质量文化的工作机制视为核心，联系组织环境要素和质量文化结果，既关注质量文化"硬"的方面，也关注质量文化"软"的方面，体现出质量文化的多维性和整合性。

基于本德马赫提出的高等教育质量文化结构模型，我们可以归纳出以下高校质量文化建设的具体策略。第一，通过院系管理层强有力的行政与制度承诺、政策与程序制定的基层参与、教育质量的认可与奖励、优秀教职工职业发展机会的赋予、资源分配向教育质量提升的倾斜等举措促进质量承诺的形成，提升教职工质量投入的积极性，实现质量管理与专业精神的有机融合；第二，通过跨职能、跨部门、跨学科的沟通与合作打破不同学科或岗位类型教职工之间的认知隔阂，在伙伴关系和学习社区的基础之上形成相互理解与相互支持的氛围，强化教师的身份和职责认同，促进高等院校内部的不同群体意识到并肩负起教育质量发展的共同责任；第三，

---

[1] BENDERMACHER G W G. Unravelling Quality Culture in Higher Education: A Realist Review [J]. High Education, 2017, 73 (1): 39-60.

通过高等院校内部教育实践知识和有效经验的交流、传播以及外部的高质量培训、有针对性地考察与学习，增加教职工对高等教育计划、战略、目标以及具体工作任务中实际问题及应对策略的认知程度，提升教职工的质量投入水平，促进教学过程的持续改进；第四，通过给予教师更大范围和程度的专业自主权、积极鼓励教师进行教学改革与创新、构建教育教学意见和问题情况反馈与协调解决机制等举措，提升基层参与的水平，使教师获得职业尊严和幸福感，形成自下而上进行质量管理的动力与机制①。此外，高校质量文化建设还需要对高等院校的组织环境背景和既有的文化样态进行分析与诊断，并建立教育教学质量的评估与审核系统，引导教师进行反思性实践，不断发现质量建设中存在的问题和不足，并通过有针对性的质量实践持续改进和优化质量文化的发展环境与形成条件。正如恩基洛所言，"发展质量文化等同于发展一个能够积极地进行自我批评和反思的从业者群体"②。这一观点也进一步凸显了内在驱动力在质量文化建设中的重要作用。

第四节　高校内部质量文化建设的框架与要求

一、高校内部质量文化建设的框架

如前所述，质量文化在本质上是一种特殊的组织文化，有助于在组织内部发展有效的质量关怀。在已有研究中，人们关于组织文化的变量属性主要有两种观点，一种观点认为组织文化是自变量，良好的组织文化具有

---

① BENDERMACHER G W G. Unravelling Quality Culture in Higher Education: A Realist Review [J]. High Education, 2017, 73 (1): 39-60.
② NJIRO E. Understanding Quality Culture in Assuring Learning at Higher Education Institutions [J]. Journal of Educational Policy and Entrepreneurial Research, 2016, 3 (2): 79-92.

一些普遍特征，可以通过成员关系导入组织之内，也可以运用干预方法改变已有的组织文化；另一种观点认为组织文化是因变量，组织文化是组织历史、发展当前问题的独特产物，表达了组织成员共同的信仰和价值观，有助于增强组织的系统平衡和有效性①。上述关于组织文化变量属性的不同观点在更高层次上看可以视为文化分析中实证主义/功能主义与解释主义/现象主义的视角之争②，对确定质量文化建设的框架有重要的决定作用，自变量观点倾向于由外而内的导入和重塑质量文化，因变量观点倾向于由内而外的诠释和激发质量文化。

埃勒斯将质量文化视为由质量管理系统与工具、能力和个人与集体价值观结合而成的一个整体概念，认为质量文化能够被感知，但是不能被直接应用到组织之中，其形成是在现有质量体系背景下，个人与集体参与和互动的结果③。显然，埃勒斯在组织文化上主要抱持的是因变量观点。由此，埃勒斯在既有组织文化模型的基础之上提出了一个层次性的高等教育质量文化模型（如图5-8所示），该模型将质量文化划分为结构要素、支持要素、质量文化要素和横向要素（参与、沟通与信任）这四个组成部分，较为全面地展现了质量文化的构成要素及其层级关系，对确定质量文化建设范围具有一定的指引作用。在埃勒斯提出的质量文化模型中，结构要素是质量管理的方法，主要包括质量管理体系、工具、机制等；支持要素是促使个人和集体能够接受质量管理系统的工具、机制、法规和规则，并将这些付诸到实践之中的要素，主要包括承诺、谈判和质量能力这三个方面；质量文化要素是质量发展在组织内留下的有形或者无形的文化印记，主要表现在关于教学和质量的组织、规范、仪式、符号、语言、故事、价值观、人造物等之中；横向要素是上述三个构成要素联系的纽带，

---

① MAULL R. Organizational Culture and Quality Improvement [J]. International Journal of Operations & Production Management, 1997, 21 (3): 302-326.
② MAULL R. Organizational Culture and Quality Improvement [J]. International Journal of Operations & Production Management, 1997, 21 (3): 302-326.
③ EHLERS U D. Understanding Quality Culture [J]. Quality Assurance in Education: An International Perspective, 2009, 17 (4): 343-363.

通过沟通与参与建立信任，以激励个人和集体将质量潜力转化为质量现实的努力[1]。虽然埃勒斯对质量文化要素的定义与霍夫斯泰德等人的定义较为接近，但是其对质量文化内涵的拓展实际上将质量文化建设的重点从文化本身转移到了质量方法之上，将质量文化建设的思考延伸到质量发展的不同层面，有利于形成更为全面和丰富的质量方法。

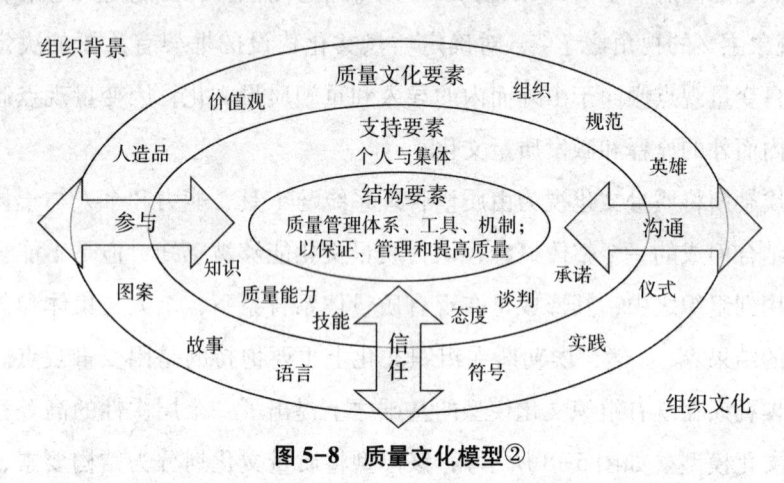

图 5-8　质量文化模型[2]

类似地，阿迪娜·佩特鲁阿认为质量文化建设的基础是要了解机构或者组织的文化演变，据此他提出了质量文化描述和评价的三个层次分别是规范性层次、战略性层次和操作性层次[3]。在规范性层次上，质量文化体现在与质量有关的价值观和信念之中；在战略性层次上，质量文化在决策和计划过程以及组织建设过程中变得可见；在操作性层次上，质量文化体现在以质量改进为核心的具体概念和措施上[4]。这一观点与埃勒斯相近，认为质量文化体现于质量发展的不同层面。由此，在高校质量文化建设中

---

[1] EHLERS U D. Understanding Quality Culture [J]. Quality Assurance in Education：An International Perspective，2009，17（4）：343-363.
[2] EHLERS U D. Understanding Quality Culture [J]. Quality Assurance in Education：An International Perspective，2009，17（4）：343-363.
[3] ADINA-PETRUȚA, P. Quality Culture-A Key Issue for Romanian Higher Education [J]. Procedia-Social and Behavioral Sciences，2014，116（10）：3805-3810.
[4] ADINA-PETRUȚA, P. Quality Culture-A Key Issue for Romanian Higher Education [J]. Procedia-Social and Behavioral Sciences，2014，116（10）：3805-3810.

要考虑组织的文化演变过程，将主要关注点放在设计、实施和强化来应对质量挑战、实现质量目标的质量方法之上，在高等院校内部逐渐形成了重视质量、敢于创新、积极参与的共同价值观。值得注意的是，将质量文化的变量属性视为因变量，有助于我们自下而上、由内而外地思考质量文化建设，符合质量管理理念的发展趋势，但文化本身是可以借鉴与学习的，自上而下、由外而内的质量文化建设思路也不能完全摒弃，我们需要进行统筹考虑。

科特曼等在利斯特等在荷兰弗拉姆斯认证机构（Nederlands Vlaamse Accreditatie Organisatie，2014）相关研究的基础之上提出了一个研究质量文化的分析框架（如图5-9所示）。该框架从结构、组织和心理三个要素上展现了质量文化调查需要考虑的重要因素，也可以作为明确质量文化建设范围的参考。首先，在结构要素上，要制定并实施激励高等教育机构关注教育质量或者提高教育质量的外部政策，比如设计外部质量保障框架、给予额外资金奖励等，同时也要在组织层面实施质量保障的内部政策，比如建立教学研讨的沟通机制、给予教学奖励等；其次，在组织要素上，可以在增强领导支持力度、建立沟通交流机制、提供足够资源和个人发展机会等方面采取措施，形成共同价值观，并建立相互信任的关系；最后，在心理要素上，要在教师群体中确立教学质量的共同价值基准，增强教师改进教学实践、提升教学质量的内在动机，并鼓励教师积极参与专业培训，促进教师形成质量承诺和责任意识，将更多的精力投入到教学工作之中[1]。上述分析框架明确了不同主体在高校质量文化建设中的角色分工，凸显了以组织/集体为核心的质量文化建设思路，同时也强调了多元主体的积极协作和内外结合的双向推动力在质量文化建设中发挥的重要作用。

---

[1] KOTTMANN. How Can One Create a Culture for Quality Enhancement？[R]. Center for Higher Education Policy Studies，2016：35.

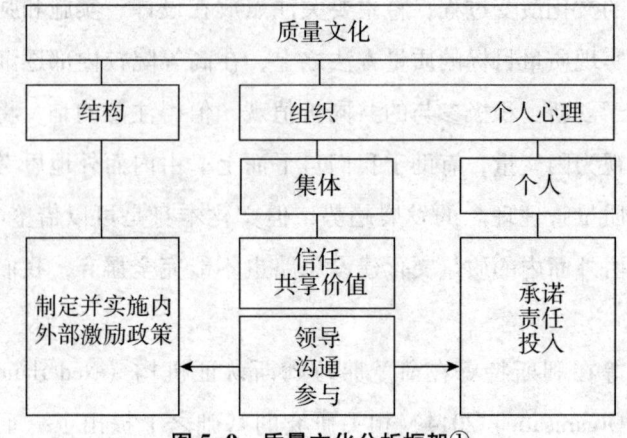

图 5-9　质量文化分析框架①

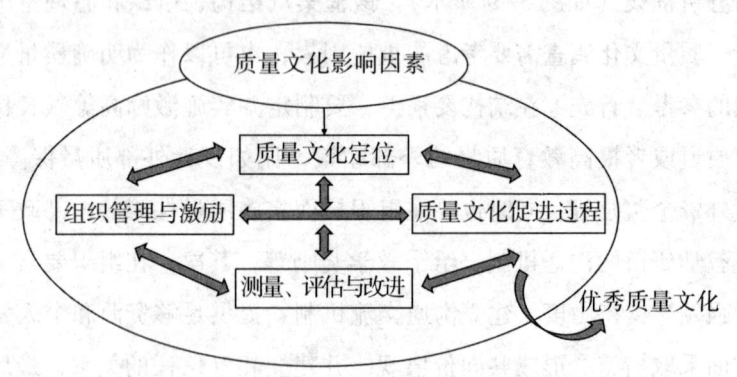

图 5-10　质量文化建设模式基本框架图②

罗国英在已有研究的基础之上设计了一个质量文化的建设模式（见图5-10），该模式明确了质量文化建设需要涵盖的四个模块及质量文化具体的工作内容，同时也将影响质量文化的关键因素纳入质量文化建设模式的建构之中，进一步丰富了质量文化建设的框架结构。具体而言，罗国英提出的质量文化建设模式包含质量文化定位，组织管理与激励，质量文化促进过程，测量、评估与改进这四个模块。质量文化定位的目的是确定质量文化的方向与追求的质量目标，主要包括确定文化发展的总体方向、明确

---

① KOTTMANN. How Can One Create a Culture for Quality Enhancement? [R]. Center for Higher Education Policy Studies, 2016: 35.
② 罗国英. 构建质量文化建设模式的研究——探索质量文化建设的方法与途径 [J]. 上海质量, 2009 (11): 53-57.

质量发展目的、展开质量价值观、制定质量方针、设置具体指标等工作内容；组织管理与激励的目的是建立质量文化的推介网络和机制，主要包括建立领导小组或推进委员会、落实各部门对应职责、明确质量管理手段与方法、建立激励机制等工作内容；质量文化促进过程和测量的目的是实现预先设定的质量文化目标，主要包括教育培训、内容沟通、行为规范和制度建设、员工士气激发等工作内容；评估与改进的目的是建立质量文化的评估机制，测量质量文化建设成效，并推动改进，主要包括监测和动态管理质量文化建设过程、收集与分析数据以掌握质量文化建设绩效、评估质量文化建设的实际成效与理想状态的差距、依据监测和评估提出并实施改进举措[1]等工作。在质量文化的建设之中，上述四个模块之间相互作用、相互影响，需要统筹推进方能在组织内部形成优质的质量文化[2]。此外，罗国英也提出了影响质量文化建设的四个关键因素，分别为组织文化的总体方向、组织的内外部环境、产品特点和行业属性、高层领导的质量意识和领导力[3]。这些影响因素对不同组织质量文化建设的影响程度是不一样的，由此在一定程度上引致了不同组织质量文化的特异性和难以复制性[4]。罗国英提出的质量文化建设模式虽然针对的主要是企业组织而非高校组织，但是该模式将质量文化建设视为一个整体系统，从系统内部提炼出不同模块的具体工作内容，从系统外部归纳出质量文化建设的关键影响因素，内容丰富、思路清晰，可以为高校的质量文化建设提供架构和路径方面的参考。根据路径依赖理论，高校的质量保障体系，随着教师、专业、学科等的长期沟通和合作惯性，使人们对路径的依赖性增强，从而固化他们的习惯并易形成刚性，如重科研轻教学的改变不仅是人事考核制度的杠

---

[1] 罗国英. 构建质量文化建设模式的研究——探索质量文化建设的方法与途径［J］. 上海质量，2009（11）：53-57.
[2] 罗国英. 构建质量文化建设模式的研究——探索质量文化建设的方法与途径［J］. 上海质量，2009（11）：53-57.
[3] 罗国英. 构建质量文化建设模式的研究——探索质量文化建设的方法与途径［J］. 上海质量，2009（11）：53-57.
[4] 罗国英. 构建质量文化建设模式的研究——探索质量文化建设的方法与途径［J］. 上海质量，2009（11）：53-57.

杆，还与科研带来的名利驱动息息相关，由此导致教师教学陷入"锁定"状态，事实上，人才培养质量如同斜坡上的球，如果质量下滑再往上推进，压力就更大。由此质量文化的走向呈现偏倚。

二、高校内部质量文化建设的要求

高等教育质量的文化视角是一种整体立场，能够将质量建设内化为质量文化建设，将内部质量管理转化为内在文化自觉。为了使质量发展内在化，需要将质量寓于教育教学过程之中，使之成为教育教学质量发展的动力，将质量转变为一个不断优化的过程，质量的定义不再是满足标准和要求，而是"做得比以前更好"①。外部质量体系往往是基于标准的评估或审核而建构的，需要教职工集中展示他们的工作业绩以供外界评判，此种方式一方面可能会造成质量问题的刻意隐瞒和质量行为的简单重复，另一方面可能会造成仅从教师或学科标准的角度思考并决定教育实践、忽略学生感受与兴趣的问题。作为内部质量体系的质量文化则更关注利益相关者对学习过程及其结果的判断，体现的是目标导向与适应，而不是对外部期望的满足。质量文化的实现不能一蹴而就，质量文化的产生是在各方相互信任的基础之上通过一个步骤接一个步骤、一个行动接一个行动的积累而逐渐建立与发展起来的②。因此，对质量文化建设要求的思考要充分体现良好质量文化的引发性、过程性和发展性。

哈维等认为质量文化建设可以促进内部质量管理的引入，进而使高等院校能够以更为建设性的方式应对外部质量管理的标准和程序，他们提出了一系列质量文化建设过程中需要注意的重要事项：第一，在采用质量文化的过程中存在隐性的"文化帝国主义"，需要谨慎应对文化价值和实践的环境迁移；第二，质量文化不是预先定义的、供他人直接采用的系统化

---

① NEWBY P. Culture and Quality in Higher Education [J]. Higher Education Policy, 1999, 12 (3): 261-275.
② ADINA-PETRUȚA, P. Quality Culture-A Key Issue for Romanian Higher Education [J]. Procedia-Social and Behavioral Sciences, 2014, 116 (10): 3805-3810.

体系，应将其视为一种整体性的生活方式；第三，质量文化是一个迭代、辩证的过程，可以将内部进程与社会和政治力量广泛地联系起来；第四，质量文化作为一种实践经验，由其产生的知识应该是创新的，而不应是简单适应的；第五，质量文化不仅仅对每个阶段的产出进行检查，而且也是一种思维框架；第六，质量文化是意识形态的构建，不仅仅是增强意识，还需要综合施策；第七，质量文化不太可能脱离其所处环境成为一种知识转移的形式；第八，质量文化存在的意义体现在组织成员对其理解与认同之上；第九，在高等教育中，质量文化可能被学术人员视为一种管理主义的潮流，意在削弱学术自由和相关权力[①]。上述质量文化建设的注意事项进一步明确了质量文化的产生不是强加的，而是在组织环境中不断积累、发展而来的，是组织成员在理解和认同的基础之上建构起来的一种意识形态和思维方式，可以通过多种途径实现。

在哈维等人的研究基础之上，可以提出高校质量文化建设的几点要求。第一，高校质量文化建设要结合高等院校自身的历史经验和客观实际，不能进行简单照搬和机械学习；第二，高校质量文化建设要在根本上转变教职工原有的质量观念和价值观，需要获得充分的理解与认同，不能进行强制要求；第三，高校质量文化建设既要注重结果审核，也要注重过程引导与评估，鼓励教职工进行反思性实践和教育教学创新，强调质量的持续提升；第四，高校质量文化建设需要平衡管理主义与专业主义，将学术人员的学科专业知识融入质量管理的实践之中；第五，高校质量文化建设需要内外施策，在关注内在基本假设和价值观建立的同时，也要兼顾自上而下的规范、评估和审核要素对质量文化形成的外在推动作用，实现"内生改进"和"外部问责"的耦合互动。此外，莫寰等认为文化建设不能无所不包，过于宽泛的文化概念会对文化建设的效果和作用产生负面影响，是文化建设难以取得预期成效的重要原因之一。他们将文化建设中的"文化"界定为"群体成员共同的价值观念和文化心理，是影响群体成员

---

① HARVEY L, STENSNAKER B. Quality culture: Understandings, Boundaries and Linkages [J]. European Journal of Education, 2008, 43 (4): 427-442.

对社会、人生的价值判断、思维模式、行为模式和生活模式的深层的文化心理和文化理念"①。由此可知，高校在质量文化建设的进程中应该将更多的精力投入到教职工质量观念和价值观的塑造上，要明确质量文化建设的定位与边界，增强文化建设的针对性和可操作性，如此方能切实提升质量文化的建设成效。

综上，高校质量文化建设需要与高等教育质量管理体系紧密结合，质量管理工作要体现质量文化的内涵和价值追求，通过领导重视、基层参与、沟通协作、和谐民主等多重机制的运行，在高等院校内部实现质量意识、质量技术、质量行为、质量价值的有机融合和协同发展，构建起有利于质量文化形成的引导与促进机制，将质量文化真正转变为教育教学质量提升的强劲引擎和核心路径。

第五节 高校内部质量文化测评的思路与工具

一、高校内部质量文化测评的思路

如前文所述，质量文化的建设不是一蹴而就的，而是要经历一个质量文化的创建、传承、学习、践行和创新的过程。戚维明等认为质量文化的建设过程应当遵循PDCA模式，要注重对质量文化建设过程进行检查并做出相应的处理②。PDCA模式又称为戴明循环或者持续改进螺旋，该理论最早是由美国质量管理专家戴明（Deming, WE.）提出的，现已被广泛应用于企业全面质量管理的设计与实践之中③。PDCA模式将质量管理的过

---

① 莫寰，孔晓明，黄小军. 文化的定位与文化建设模式 [J]. 社会科学，2003（08）：118-124.
② 戚维明，罗国英. 质量文化建设方略 [M]. 北京：中国标准出版社，2011：61.
③ 李贞刚，王红，陈强. 基于PDCA模式的质量保障体系构建 [J]. 高教发展与评估，2018，34（02）：32-40，104.

程划分为四个阶段，分别是计划（Plan）、执行（Do）、检查（Check）和处理（Act）。具体而言，计划是指活动目标和规则标准的制定，执行是指依照预设方案实现计划内容，检查是指总结计划执行效果并找出问题，处理是指对检查结果进行改进和完善，即肯定成功经验，总结失败教训[①]。PDCA模式是一种重要的过程管理和改进方法，体现了循环控制的思想，旨在建立一个循环往复、不断完善的质量控制体系。因此，从PDCA模式出发，为了提升高校质量文化的建设成效，促使高校内部形成优秀质量文化的自动生成和完善机制，有必要在高校质量文化的建设过程中采取措施加强对质量文化的建设绩效进行有效测量与评价，并有针对性地进行改进。

高校质量文化的测评是对高校质量文化建设活动进行价值判断的过程[②]。通常而言，对质量文化的评价主要可以划分为两类：一是只评价质量意识、行为模式等无形的文化要素，二是除了评价无形的文化要素以外，也会评价质量文化的物质和技术载体[③]。伍兹提出了质量文化的六种优秀价值观，为了便于理解又提出了六种与之对立的价值观（见表5-3）[④]。将质量文化建设的实际成效与理想状态下的质量文化进行比较是质量文化测量、评估和改进的重要环节，因此伍兹提炼出的包含两种对比鲜明的价值观的质量文化价值观体系，有助于厘清无形的质量价值观，可以为质量文化中无形文化要素的测评提供参考。

[①] 胡雅琴，何桢. 论六西格玛管理的本质属性［J］. 科学学与科学技术管理，2004（10）：137-139.
[②] 刘丹平. 试论高校质量文化建设策略评价［J］. 高教论坛，2011（10）：78-81.
[③] 郑立伟，商广娟，采峰. 质量文化评价及实证研究［J］. 世界标准化与质量管理，2008（10）：34-38.
[④] WOODS J A. The Six Values of a Quality Culture［J］. National Productivity Review，1997，16（2）：49-55.

表 5-3　优秀质量文化价值观及与其对立的价值观①

优秀质量文化的价值观	与之对立的价值观
组织、供应商和顾客是一体的	人人为己
不应当有上下级之分	领导是权威的
公开、坦诚的交流非常关键	保持有限的和秘密的沟通
每个人都能得到所有行动的信息	高层掌握信息，只有在必要时公开信息
关注过程	关注个人的工作
没有成功或者失败，只有学习经验	成功就是一切，对失败不能容忍

在第二类质量文化评价方法中，较有代表性的是由美国质量学会（American Society for Quality，简称为 ASQ）提出的质量文化成熟度评价框架，该框架将质量文化划分为检验级、保证级、预防级和完美级四个等级，它们分别代表了质量文化从低到高不同水平的成熟度②，比如检验级质量文化主要包括通过检验保证质量、缺乏质量意识和专业知识、高层管理者不参与质量活动、质量管理职能与其他职能分离等特征；完美级质量文化主要包括高层管理者设置了严格的质量目标、质量问题列入高层管理者的议事日程、70%到80%的员工参与质量改进过程、创造有助于提升质量文化的氛围、文化氛围形成了对员工的无形激励、零缺陷生产与质量设计等特征③。质量文化成熟度的层级划分有助于了解组织的质量文化建设所处的阶段，是发现质量文化建设中存在问题的重要工具。

质量文化的评价尺度研究表明，质量文化的测评需要触及质量文化的基本层面和内涵要素。在国内关于质量文化的测评研究中，较有代表性的是将质量文化的基本层面作为测评的一级维度，将质量文化的内涵要素作为测评的二级维度，据此构建质量文化的测评体系，比如，刘丹平在构建

---

① WOODS J A. The Six Values of a Quality Culture [J]. National Productivity Review, 1997, 16 (02): 49-55.
② 郑立伟，商广娟，采峰. 质量文化评价及实证研究 [J]. 世界标准化与质量管理, 2008 (10): 34-38.
③ 郑立伟，商广娟，采峰. 质量文化评价及实证研究 [J]. 世界标准化与质量管理, 2008 (10): 34-38.

高校质量文化建设策略评价指标体系时，将质量精神文化、质量制度文化、质量行为文化、质量物质文化和质量文化建设成效作为一级指标，将质量理念、质量管理组织机构、领导行为、基础设施、教育教学质量成效等作为二级指标[1]；采峰在构建质量文化评价思路框架时，将精神层面、制度层面和物质层面作为一级评价维度，将质量宗旨、质量理念、一般制度、特殊制度、质量效益、质量成本、质量形象等作为二级评价维度。质量文化的结构化特征为更准确地测评质量文化提供了可能[2]。

戚维明等指出质量文化建设的主要测量对象是质量过程的输出结果和质量文化建设的影响因素，质量过程的输出结果侧重于对质量文化建设的成效进行测量，而质量文化建设的影响因素则侧重于对影响质量文化建设的因素进行测量[3]。在此认知基础上，戚维明等将质量文化的建设成效概括为六个测评维度，用以指导对质量文化建设结果的测量与评价（见图5-11）。具体而言，组织先进质量观的共享度这一维度是指"接受和认同组织确定的先进质量理念和价值观的人员比例"；领导作用发挥的充分性这一维度是指"领导作用发挥的力度及其个人行为对员工行为产生的实际影响大小"；群体连锁效应的有效性这一维度是指"群体中成员之间在行为上相互促进和约束的普遍性和力量大小"；个体行为习惯的自然性是指"员工个人行为习惯养成良好行为模式的程度"；质量绩效改进的显著性这一维度是指"质量目标的达成，尤其是缺陷和事故减少的程度，包括个人的，也包括群体和整个组织的"[4]。戚维明等认为上述六个测评维度中最为重要的是组织先进质量观的共享度，因为其是表征质量文化的根本特征。分析可知，戚维明等提出的质量文化建设结果的六个测评维度厘清了质量文化建设成效的内在结构，一方面凸显了质量文化建设中质量信念和价值观塑造的重要性，另一方面也强调了领导力的发挥对质量文化建设的重要

---

[1] 刘丹平. 试论高校质量文化建设策略评价[J]. 高教论坛, 2011（10）：78-81.
[2] 采峰. 质量文化的评价尺度和评价维度研究[J]. 世界标准化与质量管理, 2008（03）：29-32.
[3] 戚维明, 罗国英. 质量文化建设方略[M]. 北京：中国标准出版社, 2011：141.
[4] 戚维明, 罗国英. 质量文化建设方略[M]. 北京：中国标准出版社, 2011：142.

影响，既关注内在价值观的接受与认同，也关注外在具体的质量行为特征，因此这六个测评维度可以作为高校质量文化建设成效的测评框架。

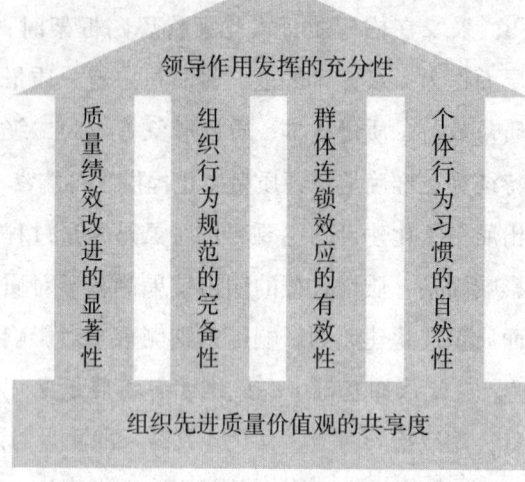

图 5-11　质量文化建设结果的测评维度①

二、高校内部质量文化测评的工具

文化的概念虽然在关于组织的讨论中已经变得无处不在，但是对文化这一概念的确切定义和衡量方法却没有达成一致的意见②。德特尔特等认为对学校质量文化的测量研究要关注定义质量管理的文化哲学，然后重点衡量这一文化哲学在教育环境中的具体应用内容，他们在相关文献分析和对企业高管和教育人员进行小组访谈的基础上构建出了一个包含九个维度的学校质量管理文化模型（见表 5-4）。为了保证质量文化表述和测量的清晰性，他们为每一个维度编写了一个相反或替代的陈述。德特尔特等拟定的学校质量管理文化模型将质量管理的概念和价值与组织文化的一般维度进行结合，能够较为全面地传达出质量管理实践中所蕴含的质量信念与

---

① 戚维明，罗国英. 质量文化建设方略 [M]. 北京：中国标准出版社，2011：142.
② DETERT J R, SCHR'EDER R G, CUDECK R. The Measurement of Quality Management Culture in Schools: Development and validation of the SQMCS [J]. Journal of Operations Management, 2003, 21 (3): 307-328.

价值观。此外，需要指出的是，德特尔特等提出的质量管理文化模型在一定程度上与 ISO 9000 标准中提出的质量管理原则存在重叠之处，后者包括以顾客为关注焦点、领导作用、全员参与、过程方法、改进、循证决策、关系管理这七项原则。戚维明等认为 ISO 9000 标准中规定的管理原则其实就是质量管理的核心价值观，可以成为任何组织培育优秀质量文化的核心内容①。相较而言，德特尔特等提出的质量管理文化模型更为具体，而且切中学校组织的质量文化建设这一主题，因此可以作为建立理想学校质量管理文化的选项，也可以用作学校对质量文化现状进行比较的参照准则。

表 5-4　学校质量管理文化模型②

维度 1（共同愿景）：教师、员工和管理者之间的共同愿景和共同目标对学校的成功至关重要 反向：成功的学校尊重个人建立自己的愿景和目标而不考虑模糊的、难以理解的更高层次目标的权利
维度 2（以客户为中心）：教育需要由家长、社区团体、学生和其他利益相关者决定 反向：教育专家应该做出重要的教育决策
维度 3（长期关注）：改善教育需要长期的承诺 反向：当前的压力（学校里的学生与眼前的外部需求）是最重要的；未来不确定，无法规划或担心
维度 4（持续改进）：一所学校应该努力做出持续的改变来改善教育 反向：学校应该对改变持保守态度
维度 5（教师参与）：教师应该积极改善学校的整体运作 反向：学校的整体运作应该留给行政人员和少数教师
维度 6（协作）：协作对于一个高效的学校来说是必要的 反向：专业自主和最低限度的合作是学校效率的关键
维度 7（基于数据的决策）：决策应该依靠事实信息 反向：决策应该依靠个人的专业经验

---

① 戚维明，罗国英. 质量文化建设方略［M］. 北京：中国标准出版社，2011：140.
② DETERT J R. The Measurement of Quality Management Culture in Schools: Development and validation of the SQMCS［J］. Journal of Operations Management, 2003, 21（3）: 307-328.

续表

维度8（系统焦点）：质量问题是由不良的制度和流程引起的，而不是由教师引起的 反向：大多数的错误是人为错误
维度9（同等成本的质量）：利用现有资源可以提高质量 反向：我们正在利用现有资源，尽最大努力

依据学校质量管理文化模型的维度划分，德特尔特等开发了"学校质量管理调查"（the school quality management culture survey，以下简称为SQMCS）这一专门用于测量学校质量管理文化的测量工具（见表5-5）。SQMCS要求受访者（学校教师）两次表明他们关于一个问题的认同程度，首先表明与问题有关的他们所在学校的实际情况，再者表明他们对这个问题的看法，前者强调"是"，旨在评估学校中实际存在的行为规范，后者强调"应该是"，旨在了解他们潜在的价值观或者信念[①]。如此设计的调查方式能够较为清晰地刻画学校质量管理文化建设的实际水平与理想的质量管理文化之间的差距，有助于发现在质量管理文化建设中存在的不足之处并进行改进，数据结果具体呈现形式为"差距图"（见图5-12）。SQMCS经过几番修订和完善后，其第三版被证明具有良好的可靠性和有效性，通过后续的调查实践也进一步验证了SQMCS可以为学校质量管理文化的改进规划和行动提供所需要的数据和见解[②]。SQMCS设计的概念基础来源于奥莱利等对文化的定义，他们将文化定义为"一种共有的价值观（定义什么是重要的）和规范的体系，这些规范定义了组织成员的适当态度和行为（如何感觉和行为）"[③]。SQMCS的维度划分可以反映出教师对教育质量的信念与价值追求，具体题项可以视为这些信念价值观的行为特征，因此通

---

① DETERT J R. The Measurement of Quality Management Culture in Schools: Development and validation of the SQMCS [J]. Journal of Operations Management, 2003, 21 (3): 307-328.
② DETERT J R. The Measurement of Quality Management Culture in Schools: Development and validation of the SQMCS [J]. Journal of Operations Management, 2003, 21 (3): 307-328.
③ O'REILLY C A, CHATMAN J A. Culture as Social Control: Corporations, cults, and commitment [J]. Research in Organizational Behavior, 1996, 18 (1): 157-200.

过调查能够较为全面地测量出学校质量管理文化建设的实际水平。当然，文化研究需要综合运用多种测量策略来进行挖掘，调查研究有助于挖掘质量文化的重要方面，但是若要获得关于质量文化过程的全面信息则有必要补充其他的测量方法①。

表5-5　SQMCS（第三版）维度划分及部分题项②

维度	题项
维度1：共同愿景（shared vision）	在设定课堂目标时，我会考虑我们学校的整体愿景和目标
	我理解我们学校的使命，因为它适用于我的工作
维度2：以客户为中心（customer focus）	学生的表现标准是校外人士决定的
	教育专业人士是我们学校课程的主要决策者
维度3：长期关注（long-term focus）	我们的长期目标伴随着学校董事会的组成变化而改变
	当我们推出一项重大的学校改善计划时，我们至少会给它三年的时间来展示结果
维度4：持续改进（continuous improvement）	每次授课时，我都会利用学生的反馈来改进我的课程
	我倾向于保持现状，除非有人能拿出更好的方法
维度5：教师参与（teacher involvement）	我的部分工作包括参与旨在全校改善的项目
	当我们学校的改进目标没有达成时，我会觉得我有一些个人责任
维度6：协作（collaboration）	这所学校正在进行跨学科领域的合作
	工作时间的安排让我有机会和其他老师一起工作

---

① DETERT J R. The Measurement of Quality Management Culture in Schools: Development and validation of the SQMCS [J]. Journal of Operations Management, 2003, 21 (3): 307-328.

② DETERT J R. The Measurement of Quality Management Culture in Schools: Development and validation of the SQMCS [J]. Journal of Operations Management, 2003, 21 (3): 307-328.

续表

维度7：基于数据的决策 （data-based decision-making）	我使用调查数据来评估教与学
	如果我提出改变，我会用数据支持我的倡议
维度8：系统焦点 （systems focus）	当一个学生表现不佳时，我会试着在这个系统中找出哪里让他/她失望了
	当出现问题时，我通常会在我们的流程中寻找原因，而不是在特定的员工身上找问题
维度9：同等成本的质量 （quality at same cost）	提高学生的教育质量需要更多的钱
	我已经做出改变，在没有额外资源的情况下提高学生的成绩

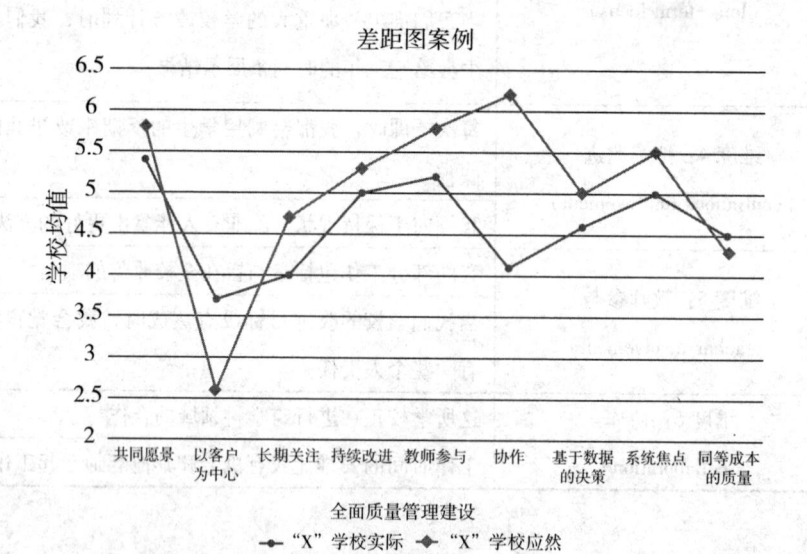

差距图案例

图 5-12 质量管理文化差距图[1]

---

[1] DETERT J R, et al. The Measurement of Quality Management Culture in Schools: Development and validation of the SQMCS [J]. Journal of Operations Management, 2003, 21 (3): 307-328.

刘丹平根据高校质量文化的内涵构建了一个高校质量文化建设策略的评价指标体系（见表5-6），该指标体系包含五个一级指标、十六个二级指标和五十个观察点，表现为三级层次结构[1]。分析可知，高校质量文化建设策略评价指标体系并没有局限于单一主体的认知和评判视角，而是以更为宏观的视角从质量文化的不同层面出发将质量文化的多个内涵要素纳入质量文化的评价体系之中，既有结构/管理方面的要素，也有文化/心理方面的要素，既关注对质量文化内涵要素的测评，也关注对质量文化建设成效的测评，使我们能够较为清晰地刻画出高校质量文化建设的多个侧面，对质量文化建设测评工具的设计具有一定的参考价值。

表5-6 高校质量文化建设策略评价指标体系[2]

一级指标	二级指标	主要观测点
质量精神文化	质量理念	质量价值观；质量目标；质量意识
	质量态度	领导质量态度；教职工质量态度；学生质量态度
	质量文化氛围	质量文化宣传力度；质量文化主题研究；校园文化氛围
质量制度文化	质量组织机构	机构设置；组织保障；机构成员关系
	质量管理制度	质量考核制度；质量监督制度；质量激励制度；质量改进制度
	质量标准	质量管理标准体系；质量行为准则；质量文化建设体系
质量行为文化	领导行为	领导重视程度；领导带头作用
	教师行为	教师参与情况；教师修养和师德；教师教书育人；师生关系
	学生行为	学生参与情况；学生学习质量；学习风气
	管理人员行为	管理人员参与情况；标准化管理；管理育人

---

[1] 刘丹平.试论高校质量文化建设策略评价[J].高教论坛，2011（10）：78-81.
[2] 刘丹平.试论高校质量文化建设策略评价[J].高教论坛，2011（10）：78-81.

续表

一级指标	二级指标	主要观测点
质量物质文化	基础设施	教学基础设施；辅助设施；生活设施；经费投入
	教学条件	教学基本建设；实验设备；校园网络
	育人环境	校园景观；人文环境
质量文化建设成效	教育教学质量成效	教学效果；教学质量控制；教学质量改进
	管理质量成效	质量管理改进；师生满意度；质量文化辐射作用
	人才培养质量成效	基本理论与基本技能；毕业设计（论文）；综合素质；用人单位评价

第六章

未来与展望：高校内部质量保障的新趋势

在强调外部质量保障体系建设的同时，高校内部质量保障的建设水平以及发展趋势日益受到人们的广泛关注。究其原因，正如史秋衡等所言，"对于一个国家而言，政府通过中介组织所推行的质量管理准则实际上规定了高校内部质量管理的框架，尽管不同类型高校对外部质量管理制度的反馈不同，但最终都要在框架内容下设计自己的质量管理模式和制度"[1]。因此，本章试图结合国家关于支持高校内部质量保障体系建设的促进政策以及高校质量保障的创新实践，管窥我国高校内部质量保障体系建设在理念、机制、文化和技术等方面的新趋势。

第一节 高校内部质量保障理念的转变

进入"十四五"时期，我国高等教育迈进了"高质量发展"的新征程。新阶段带来了高校内部质量体系建设的新要求与新转变。2017年2月27日，中共中央、国务院在《关于加强和改进新形势下高校思想政治工作的意见》中，提出"坚持全员、全过程、全方位育人"（简称"三全育

---

[1] 史秋衡，吴雪，王爱萍，等. 高等教育大众化阶段质量保障与评价体系研究[M]. 广州：广东高等教育出版社，2012：184.

人")的要求①。"三全育人"不仅是我国加强和改进高校思想政治教育工作必须遵循的基本理念之一，还是新时代推进高等教育综合改革的重要依据，体现了高等教育立德树人的内在要求，顺应了人才培养的发展趋势。二十大报告把教育、科技、人才单列为一个新板块，表明全面落实教育是国之大计、党之大计，教育具有基础性、先导性、全局性地位和作用的认识定位。这就需要高校把握高等教育发展的基本形势，做出准确的判断，抓好根本质量、整体质量、服务质量，打造中国范式，高质量完成基本任务，加快改革创新发展，使我国率先建成高等教育强国。结合国内外高等教育发展的历史经验，以及当前时期我国高等教育质量保障体系建设的现状分析，本研究认为高校内部质量保障体系应首先体现在建设理念的转变上。具体而言，我国应继续坚持"以学生为中心"的理念，聚焦"内部质量保障"向"全员、全程、全方位"育人过程转变，体现"三全育人"的建设理念。

一、人员维度：由"教师育人"转向"全员育人"

传统观念中，教师是育人主体。但在实践层面，教学育人是一个复杂、系统的工程，具有涵盖面广、内容多、个性化强等特征。2017年，中共教育部党组印发的《高校思想政治工作质量提升工程实施纲要》，提出要充分发挥课程、科研、实践、文化、网络、心理、管理、服务、资助、组织等方面育人工作的功能，切实构建十大育人体系。从主体的角度来看，该过程就涉及了学校层面、各职能处室、二级学院的各类专兼职教师、党政管理人员、后勤服务人员、同伴、校友、行业企业人员等多元育人主体。因此，从人员维度来看，高校内部质量保障建设应由"教师育人"转向"全员育人"，充分发挥党建引领、行业企业、科研机构、同伴效应、校友激励等多元育人主体的协同效应。

---

① 中共中央，国务院. 关于加强和改进新形势下高校思想政治工作的意见［N］. 人民日报，2017-02-28.

(一) 打破自身局限性，提高教师育人能力

有学者指出，目前我国高校课程仍存在内容陈旧、轻松易过的"水课"，存在教学深度有限、与实践契合度不高、与岗位需求脱节等现实问题[1]。因此，高校教师需进一步夯实个体教学基本功，打破自身局限，提高育人能力。一是掌握能满足人才培养需求的"整合技术的学科教学知识"，以适应当下在线学习、大数据等新技术在教育领域的广泛应用；二是自觉推进"以学为中心、以教为主导"的教学模式变革，倡导学生自主学习、合作学习、探究学习、翻转学习、实践学习，沿着"确立预期学习产出—实现预期学习产出—评估已取得的学习产出"这一主线和"人才培养目标—课程目标—社会需要"相匹配的教学机制开展教学；三是探索反向设计学生达到教学目标的教学方案，精选教学内容，安排与教学内容相匹配的实验实践活动，设计教学过程和关键环节，进一步提升教学内容的针对性和有效性[2]。

（二）打破教师"部门所有制"，实现教师全员育人

大学课程体系建设必须立足培养什么样的人以及如何培养人这一根本任务，并着眼于教给学生认识世界和改造世界最基本的世界观和方法论。这就要求大学在构建课程体系时，改变传统行政化的思维方式，改变以学科为中心、以教师需求为导向的课程组织方式，转向以学生为中心，以学生个体发展来组织课程，最终教给学生一个完整的知识体系，并为未来圆满生活做准备。这种转变从表面上看，也许只是一次例行的教学计划修订，抑或学生知识体系的重组。但从深层上说，其背后还涉及教学体系的重组、部门利益体的重组以及教学资源配置的重组乃至结构再造[3]。就此

---

[1] 郑烨. 基于OBE理念的"公共政策学"课程教学优化研究[J]. 东南大学学报（哲学社会科学版），2022，24（S1）：163-166.

[2] 孙福. 基于OBE理念的在线虚拟训练项目设计[J]. 实验技术与管理，2021，38（03）：210-213.

[3] 中国高等教育学会. 新时代高校理论与实践教学深度融合若干问题观察报告[M]. 北京：北京理工大学出版社，2020：85.

而言，我国需要打破学校壁垒、院系壁垒、学科壁垒、层次壁垒，把不同高校的教师、担任本科教学和研究生教学的老师、担任主修教学和辅修教学的老师、担任公共课教学和专业课教学的老师、担任必修课教学和选修课教学的老师、担任理论教学和实践教学的老师组成实体或虚拟教研室，共同研讨，从学生的成长需求出发，以学生能力发展为主线来组织课程体系，推动教师在专业内部或者不同学科之间、不同专业之间进行跨专业、跨学科的备课与开课，实现教师全员育人。

（三）注重交叉与合作，建立优势互补的协同育人机制

不同类型的育人主体在学生知识、能力、素养等不同能力发展方面具有相对比较优势，因此，在推进高校"全员育人"的过程中，我国必须要注重交叉与合作，建立优势互补的协同育人机制。比如专业课教师由于拥有丰富的学科与知识资源，其在"专业知识"培养方面显然具有比较优势，但同时也要主动和思想政治课的教师"结对子"，共同研讨课程思政要素，探讨如何将课程思政要素融入课程教学过程中；主动与基础课的教师对接，理顺专业知识和基础知识的教学体系设计，让基础课教学更好地服务于专业学习，等等。在培养学生"实践能力"方面，科研机构与实验室教师因具备良好的科研能力和科研设备而处于主导地位，但同时也需要理论课教师、科研管理部门等给予支持，比如理论课教师要将理论与实践教学相结合，科研管理部门要为教师开展实践教学提供便捷的政策与制度设计等。总而言之，要通过协同育人模式使高校的教育教学资源优势不断累积，推动"以学为中心、以教为主导"的教育教学改革，让学生从被动的知识接收者转变为主动的知识发现者，实现从"知识灌输"到"能力培养"的转变，切实提升学生的学习成效。

（四）建立基于学生自我反思、同伴和校友激励的育人机制

有研究表明，目前大部分学校都未将学生系统性地纳入内部质量保障

体系建设过程中,学生在内部质量保障体系中的作用并未得到充分发挥①。但事实上,学生(特别是同侪)以及校友等群体也是全员育人的主体构成之一。从高校内部质量保障体系构建的角度来看,一是要引导学生关注学习生活体验。因为学生的学习动机、能力、价值取向等,是决定学生教育教学参与行为的深层驱动因素,也直接或间接地影响了教育教学质量。因此,学校通过学习经历调查,毕业生调查,优秀学生、校友成长案例等,引导学生对自己大学不同阶段的学习生活经历进行评价,反思"我是谁,我从哪里来,我要到哪里去,我如何达成我的目标"等问题,并通过对照其他同伴、校友的成长路径,形成"同伴效应、同侪效应和校友激励"的育人机制。二是鼓励学生充分参与到教育教学的过程和效果评估中。学生作为全员育人共同体成员,在人才培养方案和教学计划的制定、课程教学过程管理、教育重大问题讨论、教师教学效果评估等诸多环节具有重要作用,教师应让学生认识到自己是育人共同体中的一员,在育人情怀感召下,充分调动学生的学习好奇心、学习热情和责任感。正如爱因斯坦所说,"我没有特殊的天赋,我只是极度地好奇"。

二、过程维度:由"教学育人"转向"全程育人"

传统的质量管理思想认为质量是"管"出来的,因此重视的是等级制的管理;而质量保障思想则认为质量是生产出来的,重要的是人们能充分了解每一个生产环节的意义,并为生产阶段提供充分的信息和足够的支持。因此,质量保障十分重视信息的收集与反馈,且持续不断地改进和提高②。这种对"质量是如何产生的"认知上的差异,就直接决定了人们如何管理和实施质量行动。就高校内部质量保障体系建设而言,我们同样应强调质量形成的过程。具体而言,内部质量保障体系建设的主要目的并非

---

① 郝莉,冯晓云,朱志武,等.新一轮审核评估背景下高校内部质量保障框架与途径研究[J].中国高教研究,2021(10):58-66.
② 史秋衡,吴雪,王爱萍,等.高等教育大众化阶段质量保障与评价体系研究[M].广州:广东高等教育出版社,2012:166.

只是为了解决某一个环节的教学问题，而是为了让"招生—培养—毕业—就业"的整个教育流程运行得更加流畅和高效，即要从"教学育人"转向"全程育人"。换言之，除了传统的"教学育人"以外，我们要探索构建覆盖"招生、培养、就业、升学、校友"的全链条、全过程的质量管理与评价，以及建立全学段的学生成长画像数据库。

（一）全程育人是全程贯彻教育目标的过程

有学者基于成果导向提出教育教学的五大核心问题（简称为"2W3H"）①。一是教育目标（What is it?），即我们要学生学习什么，掌握什么，取得什么样的学习成果？二是学习需求（Why need it?），即我们为什么要学生学习这些内容，取得这些学习成果？三是教育过程（How to realize it?），即我们如何帮助学生取得这些学习成果？四是学习评价（How to evaluation?），即我们如何有效地知道学生取得了这些学习成果？五是改进方案（How to improve it?），即如何保障学生有效地取得这些学习成果？那么，基于成果导向理念分析高等教育人才培养过程，我们会发现，学校要从招生、专业设置、教师发展培训、课程资源开发、教学环节设置、教学模式选择、教学组织实施、教学评估、学生就业等全过程要素着手，主动对接国家需求、社会经济发展需要以及学生的期望，紧紧围绕培养具有创新能力和实践能力的合格人才这个重点来推进课堂教学、科学研究、管理体制等方面的改革创新，科学厘定学科、专业、课程、实验实践、创新创业、实习实训等方面的发展定位，确定人才培养目标，尤其是明确学生能力指标，如要掌握什么知识、获得何种能力、达到怎样的素质标准等。在此基础上，根据细化的能力指标，进一步设定学科、专业、课程的具体培养方案②，全程贯彻教育目标。

---

① 孙福. 基于OBE理念的在线虚拟训练项目设计 [J]. 实验技术与管理，2021, 38 (03): 210-213.
② 郑烨. 基于OBE理念的"公共政策学"课程教学优化研究 [J]. 东南大学学报（哲学社会科学版），2022, 24 (S1): 163-166.

(二) 全程育人是学生在校期间成长成才的过程

我们只有遵循学生成长的客观规律，满足其在不同阶段的发展需求，有计划分步骤地开展育人工作，将育人工作贯穿于学生从入学前到毕业的每个阶段，才能做到对在校生学习过程的全覆盖。学生入学前，应加强新生入学阶段的教育。比如实施先行课教育，让学生提前了解学校文化，感受学校育人氛围；入学后，可以通过教师、辅导员、朋辈、高年级学生等，对其进行有针对性的引导，帮助学生进行自我学业和职业生涯规划；就读期间，应围绕人才培养目标，以学生为中心，以问题为导向，组织学生通过讨论、互动、体验等多种形式进行教育教学，让学生充分参与到教育教学过程当中，使学生主动思考，积极参与。教师则应通过及时掌握、反馈学生的学习和精神面貌，对其进行个性化指导，引导学生把学习作为首要任务，把学习作为一种责任、一种精神追求、一种生活方式。毕业时，学校应为学生提供就业指导与相关教育活动，引导学生把小我融入国家的大我、人民的大我之中，将个人理想融入国家前途和民族命运之中，自觉为国家和人民奋斗，实现人生价值，升华人生境界。

(三) 全程育人是全过程质量管理与评价的过程

全程育人成果评价要求学生从入学到毕业建立起全学段的学生成长画像数据库，强调基于"循证"的增值效应对学生学习效果进行过程性和整体性的评价，进而考察教育教学目标设定是否合理、教育教学方案设计与实施是否有效等[1]。在大数据驱动背景下，高校育人评价体系建设逐渐从"经验主义"走向"数据支撑"，从"宏观群体"评价走向"微观个体"评价，从"单一评价"走向"综合评价"。因此，就高校而言，学校应通过集结描述性证据、实践性证据、分析性证据等多维渠道提供的教育成效数据，准确和全面地对学生的育人效果进行评判。具体而言，一是要建立"尊重志趣、激发自信、挖掘潜力潜能"的课程学习多元立体化评价模式。

---

[1] 中国高等教育学会. 新时代高校理论与实践教学深度融合若干问题观察报告 [M]. 北京：北京理工大学出版社，2020：97.

学校要求教师提高自身评价素养和评价能力，通过优化评价过程、完善评价维度以及制定评价细则进一步明确教学目标的落实情况。二是加强对学生学习前测、参与、后测、练习、讨论、小测、考试、成果展示、实验实践等多环节的过程性评价，使非标准化、个性化评价相结合，收集学生成长的过程性、碎片化信息，帮助教师及时调整和校正教学目标。三是通过终结性评价检验学生最终的学习成效。终结性评价主要从专业维度、课程维度关注教学目标的整体达成情况，一方面对学生的毕业率、就业率、课程成绩等进行量化评价，另一方面还可以通过问卷、座谈等方式对学生学习能力、人文素养、职业技能、职业胜任力、社会责任感等进行质性评价。

（四）全程育人是推进全过程培养范式转变的过程

质量保障体系以质量为准绳，落脚点是学生的成长。目前，很多高校的人才培养规划或者培养方案的制定，一般是学校给学生提供了什么，学生只能被动接受什么，教师能够开设什么课程，则学生只能选择这样的课程，这样的范式就是T2S（teacher to student）、U2S（university to student）等传统培养范式。要破解以学生成长为中心的质量保障难题，必须向S2T（student to teacher）、S2U（student to university）质量导向培养范式转变。一方面，高校质量保障部门和质量保障的相关工作，要主动吸收不同年级、不同专业的学生参与质量保障的相关工作，洞察质量保障的"真"问题，质量保障工作人员要主动做"学生声音"的"潜听哨"。所谓差异化、个性化培养，就是要在质量保障过程中，尊重"选"、突出"个"，切实掌握、关切不同能力、不同个性、不同年级、不同性别、不同国别学生发展的问题，这样才能做到质量保障的精准滴灌。另一方面，要以需求驱动专业、课程、教学模式等一系列变革，如学生需要什么专业的课程、学生能否全面选择跨学院课程、全校教育优质资源能否全部打通共享、每个专业需要其他学院或者专业开设什么课程等，举例来说，一所高校的课程库是否是按照院系专业需求建立起来的，一所高校的优质教育教学资源是否覆盖到所有学生。再者，以学生账户驱动质量保障体系再优化，学生在不同专业、不同年级、不同学业阶段，其对知识获取和培养过程的诉求存在不同。内部质量保障体系要打破原有的路径依赖，按照分类、分层、对症下药的方式建立适宜的质量保障工具和方法，一切以需求驱动培养范式的转变，才能把全过程育人推向全域育人的道路。

三、空间维度：由"课堂育人"转向"全方位育人"

2021年，我国新修订的《中华人民共和国教育法》明确指明："教育必须为社会主义现代化建设服务、为人民服务，必须与生产劳动和社会实践相结合，培养德、智、体、美等方面全面发展的社会主义建设者和接班人。"为高校人才培养指明了目标和路径，即要通过"与生产劳动和社会实践相结合"，培养出"德、智、体、美、劳全面发展的社会主义建设者和接班人"。2022年，第三次世界高等教育大会提出六大变革：一是公平和可持续地享有高等教育，二是为学生提供更全面的学习体验，三是推动跨学科、超学科的开放与交流，四是提供满足青年和成年人终身学习需求的途径，五是构建内容多样和方式灵活的综合学习体系，六是技术赋能高效的教学与研究。因此，高校内部质量保障体系的建设应着眼于高校教学、管理和服务的各个环节，从不同的视角和层面，采用不同的方法，多角度、多层次地培养学生，最终使其成为德、智、体、美、劳全面发展、满足社会需求的人才。

（一）全方位的育人空间

除了传统的"课堂育人"以外，我们要将高校内部质量保障体系建设的视野拓宽到整个"校园社会"，为发挥课堂、实验室、校舍、图书馆、运动场、校园、社团、家庭、实习实训基地等全方位育人效果提供质量保障。

教室是第一课堂教学活动实施的主要场所，也是影响学生学习心理和学习行为的重要环境变量。因此，教室环境的设计必须充分考虑综合性、实践性和活动性等各方面的合理配置。首先，教室的空间布局（如桌椅摆放等）可以根据师生需要进行适时地转化，以更好地调动课堂中教学双方的积极性和能动性。其次，教师在教室里能利用多种手段和载体丰富教学内容，还可以借助一些高科技技术如虚拟仿真、可穿戴设备等创设出身临其境的教学环境让学生切身体验①。比如理实一体专业教室改善原有教学模式中理论授课和实践教学各自"一条腿走路"的弊端，将理论和实践合二为一②。最后，应充分借助现代化信息技术，建立多媒体和网络教室等新型学习空间，如智慧教室、云教室等，让教师能够基于教室环境开展个性化教学实践，如线上线下混合式教学、"互联网+"和"智能+"教学，丰富课堂实践活动环节，激发学生的学习兴趣，增强创新思维能力。

除了传统教室以外，高校育人空间通常还包括实验实训基地、创新创业训练平台、劳动教育基地、体育活动基地、国内外交流等基于第二课堂、第三课堂、第四课堂的学习空间，对此，高校应充分协同社会力量，把来自企业、科研机构、政府等的社会资源转化为学校的发展资源，把以课堂传授知识为主的大学教育与生产、科研实践有机结合，与推进产业迭代升级紧密结合，与助力教育开放紧密结合，实现科教结合、产教融合，促进资源共享、协同育人。

（二）全方位的育人向度

习近平总书记在二十大报告中指出："要办好人民满意的教育，全面贯彻党的教育方针，落实立德树人根本任务，培养德智体美劳全面发展的社会主义建设者和接班人，加快建设高质量教育体系"。那么，内部质量保障体系作为高水平人才培养体系建设的重要一环，应注重协同课程育人、文化育人、心理育人等多维体系，加强学校德、智、体、美、劳教育的整体性和系统性建设，为学生的全面发展提供支持和保障。

一是学校要加强顶层设计和系统谋划，加强德、智、体、美、劳等课

---

① 杨钰.信息化时代教室布局设计创新的若干思考[J].设计，2022, 35（12）：133-135.
② 郑修鹏，陈鸿，刘开元，等.理实一体专业教学训练系统实践探索[J].中国现代教育装备，2022（21）：19-21.

程资源的建设。学校要坚持以课程设置规范办学,确保开齐、开足各类课程,尤其是要加强通识教育课程与教学改革,保障学生全方位发展的教学基础。二是要积极搭建信息技术、艺术、体育、道德与法治、劳动、综合实践活动等大学生活动平台,开展特色课程和学生社团活动,为培养学生多元兴趣和个性化发展提供更多渠道与空间。三是要严格落实《深化新时代教育评价改革总体方案》文件精神,坚持贯彻德智体美劳全面发展的学生发展质量评价标准,结合学校实际围绕学生品德发展、学业成就、身体健康、审美素养、劳动实践等制定评价实施细则,以科学评价的指挥棒,引导科学的办学方向。

第二节 高校内部质量保障机制的创新

一般而言,机制是指针对特定目的而制定的一套规范的处理流程,主要包括目的、相关规定、责任人员、方法和流程等,其对系统内相关人员的角色和责任都有明确的规范。对于高校内部质量保障建设机制而言,其创新水平取决于高校治理能力现代化的发展程度,包含但不局限于教育质量目标、流程、组织管理和绩效激励等方面的创新。

一、人才培养目标、人才质量标准与内部质量保障观测体系的优化

教育质量目标及其标准的制定是要解决高校教育供给与国家战略规划、劳动力市场需求和学生期望是否匹配的问题,是构建高校内部质量保障观测体系的前提和依据。

(一)人才培养目标及其质量标准的制定

高校在确立人才培养目标及其可观测的质量标准时,要把握以下几个原则:

第一,确定规模化教育的质量底线。过去几十年间,我国高等教育迅

速进入了大众化阶段，迈入了普及化发展进程。而规模的急剧扩张所带来的质量"稀释效应"恰恰是社会各界纷纷质疑的重要方面。因此，高校势必要通过明晰人才培养目标及其质量标准的底线，以回应外部社会的问责和质疑。对此，我国教育部发布的《普通高等学校本科专业类教学质量国家标准》及其相关政策和要求可以作为该项工作的重要参考。

第二，发展多样化教育的质量特色。站在新的历史起点上，高校面对自身的发展问题，如国内外各种大学排名问题等愈加错综复杂。因此，高校要保持战略定力，充分认识到质量建设的长期性、艰巨性和复杂性，遵循人才培养、学科发展、科研创新的内在规律，不唯排名、唯数量指标，不急功近利，基于院校办学基础，发挥特色优势，对此，我国教育部发布的《深化新时代教育评价改革总体方案》也明确提出，"推进高校分类评价，引导不同类型高校科学定位，办出特色和水平"。对高校而言，要充分体现学校办学定位、时代特征和社会发展需要，基于人才培养类型（应用型、创新型、技能型），设计不同赛道的高等教育质量标准，"用自己的尺子量自己"。

第三，保障基层学术单位的质量自主性。高校基层学术单位作为一种以提高学术水平和教学质量为核心旨趣的学术共同体，绝不仅仅是狭义地处理行政事务的行政组织。而且在实践中，基层学术单位往往身处高深知识生产和人才培养的第一线，它们对何谓质量以及如何保障和提高质量具有相当程度的发言权。但是，不同的基层学术单位往往会存在知识领域间的差异，以及同领域内研究方向的差别，而产生不同诉求的质量内涵和标准[1]，这就要求高校要赋予基层学术组织一定程度的质量自主性，避免"一刀切"式的质量标准建设，尊重和保障基层学术单位在高等教育质量保障方面的多样化选择。

（二）内部质量保障观测体系的优化

如果遵循"以教师为中心"的理念构建高校内部质量保障体系，那么

---

[1] 苏永建.中国高等教育质量保障运行机制及其变革[M].北京：中国社会科学出版社，2020：257.

其核心观测点主要集中在教学环节上,包括教师、教材、课堂等。但是,在转向"以学生为中心"的理念下,高校内部质量保障运行的重心就自然地转向保障学生的学习体验、学习效果、学习满意度和质量保障参与度等方面,以促进学生的核心素养和全面发展为根本目的。对此,其核心观测体系的建立也要紧紧围绕学生核心素养的培养,系统整合影响学生核心素养实现的关键环节。从人才培养的全生命周期来看,主要包括培养目标制定、培养模式设计、培养过程监控、培养结果检验等四个部分。

一是培养目标制定环节。现代大学确立人才培养目标要结合学校定位,适应社会经济发展的需要,以及体现学生德智体美劳全面发展。由此,高校需要科学考察上述转变过程中形成的技术标准,主要包括知识、能力、素质等质量标准但不限于这些质量标准。二是培养模式设计环节。即把培养目标细化为可执行的技术路线、方法,主要关注课程体系、教学方式、学习方式、教学运行机制、基本教学制度和教学资源配置等环节的贯通与契合[1]。三是培养过程监控环节。通过监控关涉培养过程的组织建设、资源投入和学生学习反馈等,确保培养过程与预期培养目标相吻合。四是培养结果检验环节。即通过毕业生跟踪调查、用人单位访谈等形式,了解毕业生学业自我满意度和用人单位满意度的情况,通过两者数据的比对分析,体现培养的实际成效[2]。

二、优化高校内部质量保障工作流程

流程管理要解决的是高校内部质量保障行动与培养目标偏离的问题。现代化教育变革带来的教与学价值重构、教学结构重组、学习流程重塑、学习空间重建等需求,进一步明晰内部质量保障各环节、各部门的职责权限和工作流程。对此,我国需要从做好组织分工、梳理核心业务逻辑、建

---

[1] 薛成龙,邬大光. 中国高等教育质量建设命题的国际视野——基于《高等教育第三方评估报告》的分析[J]. 中国高教研究,2016(3):4-14.

[2] 廖春华,马骁,李永强. 本科人才培养质量标准研制路径探析——基于PDCA循环理论的视角[J]. 教育发展研究,2014(21):23-29.

立信息化系统等方面着手，建立科学、有效的高校流程管理创新系统。

（一）做好组织分工

高校内部质量保障过程是一个复杂的、系统的庞大体系，每一项工作的完成都需要团队合作。在对应部门的上下游关系中，后一环节向前一环节提出需求，前一环节向后一环节提供服务。因此，把这些行动一一梳理清楚，并规定好先后顺序和相互联系，是确保质量保障有序开展的基本前提①。具体而言，纵向管理方面，需要从学校层面、院系层面、专业层面和课程层面来分别规定具体的流程；横向管理方面，应从职能的内部分解、职能部门的业务厘定、跨职能部门端到端的业务流程等三个方面，厘清各个部门、各个岗位的工作责任和权限，规范各岗位人员的工作行为，在岗位和部门之间建立畅通的交流机制。

（二）梳理核心业务逻辑

高校内部质量保障流程管理要确保人才培养活动的规范化，在熟悉人才培养和质量保障工作的基础上对全局的流程进行系统梳理与规划，使各个管理岗位人员明确流程管理的责任，全面落实流程管理的工作目标。因此，我国要进一步明晰流程管理中的核心环节，形成核心业务流程清单，具体可从两个角度着手：一方面，从"持续改进"的角度来看，高校需要聚焦整个教学过程中的质量控制关键点，如课堂教学、实践教学、课程成绩评定、课程评估等方面，构建若干个 PDCA 循环，每个环节都需要设定每一个行动的时间跨度和循环周期；另一方面，可以参考国家或区域性的外部质量保障标准来制定内部核心业务程序标准，并在学校的规章制度基础上进行修改和补充，使其程序化、可控化、规范化。

（三）流程管理信息化

就高校外部关系而言，现代化信息技术可以为高校提供全方位的管理视角，为高校利益相关者提供多种交流渠道，并由此增加高校与利益相关

---

① 张晓军. 构建"学生中心、结果导向、持续改进"的大学内部质量保障体系的五个要点［EB/OL］.［2022-11-29］. https：//mp. weixin. qq. com.

者的关系黏度。就高校内部关系而言，信息化有利于规范内部管理流程和加快高校内部管理流程速度，是反映高校内部质量保障建设水平的重要指标之一。具体而言，在"以学生为中心"的教学理念下，高校流程管理信息化要求高校要能够提供必要的条件和程序记录学生在"整个生命周期"的学习信息①，因此，高校要积极引入大数据、云计算、人工智能等信息技术，建立共享数据信息平台，实现信息的共享和交流。

三、协同高校内部质量保障组织管理

高校内部质量保障组织管理主要是要解决组织及其成员的功能定位以及相关关系是否适切的问题，旨在构建教育教学管理、人才培养、质量监测"三方"相对独立且互相支撑的质量管理组织体系。

（一）多领域联动、多部门协同

高校内部质量保障体系建设强调整体性，重视管理要素之间的联系以及各要素作为一个整体的意义。因此，一方面，高校要保持内部质量保障体系与学校其他工作的多领域联动，如内部质量保障要与高校的规划相连接，与学校教师发展相连接，与专业设置、课程建设相连接，与学生招生、就业相链接，从而形成一个相互关联的管理闭环；另一方面，要建立跨部门协同工作机制。比如参考集成产品开发（Integrated Product Development，IPD）理念成立跨部门工作组，包括高层管理决策团和跨部门项目工作组。其中，高层管理决策团队要确保教学项目定位准确，保证教学资源和投入，同时分管多个工作组，考察项目进度；跨部门项目工作组负责制定工作计划，按计划执行并保证及时完成；质量监控员要把质量观念和质量方法传授给项目工作组的所有成员，共同保证项目的质量。

（二）"管办评"的分离与协同

目前，我国教育部门围绕深化高校综合改革为中心制定了"管办评分

---

① 张旭雯．《欧洲高等教育区质量保障标准与指南》的改进和发展［J］．世界教育信息，2018（5）：36-42．

离"的相关政策，意在解决政府、高校和社会的权利关系问题，以明确高校在高等教育质量保障中的主体地位和完善中国特色现代大学制度。因此，就高校内部质量保障体系建设而言，我国也需要有序推进和落实这一举措，建立健全专门化、专业化、权威化的内部质量保障组织机构。比如进一步明晰高校内部质量保障组织机构——权力机构的定位，将其与教务处及学校相关行政部门、院系学术机构等区分开来，教务处及学校相关行政部门主"管"，院系主学术机构主"办"，学校质量保障组织机构主"评"，实现"评管""评教"与"评学"的分离与协同①。

具体来说，内部质量保障由学校层级的内部质量保障部门全面负责，主要负责对学校内部质量保障体系运行状况进行常态监测，对各职能部门、各院系、各专业等执行学校教育质量规划、质量目标以及质量标准的落实情况进行诊断与反馈等工作。以教学为中心，学校层面内部质量保障部门下设招生管理部门、教务管理部门、学生管理部门等二级部门。各个二级部门下又设有自己的内部质量保障科室，负责职能领域工作质量的保障以及支持学校内部质量保障的跨部门运作。学院层面也同样设置学院内部质量保障委员会和部门，负责学院质量保障以及支持校级质量保障跨学院运作。

（三）学院运行管理与学校质量保证上下协同

截至目前，我国高校基本上都建立了"学校—学院—教学基层组织"三级质量保障机构，实施三级管理运行机制。而随着高校规模的持续扩张以及学校治理自主权的不断下沉，学术界提出了"学院办大学"的办学理念，强调发挥基层办学单位的质量主体责任。与此同时，传统上自上而下的单向管理运行模式，也逐渐转向上下协同的双向运行模式，具体表现在：学校层面要建立校级教学质量数据监控平台，完善教师教学评价体系，建立教师教学档案，推广系统应用、数据分析、信息公开的制度。同

---

① 林家好. 高校内部质量保障组织机构的有效运行[J]. 宁德师范学院学报（哲学社会科学版），2020（01）：122-125.

时，还要充分发挥高等学校教学指导委员会、高等学校本科教学工作评估专家委员会等学术组织在标准制订、评估监测及学风建设方面的重要作用。学院层面要完善院系"自我监控—反馈—改进"的机制，完善教师教学多元综合评价机制，强化教学质量底线意识，落实院系教学督导和同行听课制度，实施教学信息公开透明化。需要注意的是，在把握校院两级内部质量保障组织的主次地位问题上，不同层次、类型的高校也应根据学校的发展阶段和竞争形势进行策略性的侧重。

四、建立健全高校绩效激励制度

绩效激励制度有利于学校质量管理政策的落地与执行，是高校内部质量保障体系建设的重要组成部分。从内容上来看，绩效激励制度主要表现为优秀行为认可、勋章估值、价值管理与共享等三种方式。

（一）优秀行为认可

所谓优秀行为认可，是指通过认可高校倡导的优秀行为，将行为背后蕴含的文化意义融入学校管理、日常教学、学生学习等过程中，打造积极向上的质量文化。以教师行为为例，一方面，可以通过深化高校教师考核评价制度的改革，坚持分类指导与分层次评价相结合，根据不同类型高校、不同岗位教师的职责特点，采用教师分类管理和分类评价办法等传统方式来规范教师的教学行为；另一方面，也可以通过定期举办"我最喜爱的老师""教学示范岗""教学名师"等评选活动，对优秀的教师给予荣誉奖励，在全校范围内营造尊师重教的氛围，激励广大教师潜心育人。

（二）勋章估值

勋章估值的实质相当于传统意义上的工资等级，即根据组织内的相对价值赋予不同"勋章"、不同水平的估值，每个估值对应一个工资等级，每个等级对应一个工资范围。对于教师来说，国家根据教育部关于加强本科教学改革的相关文件精神，应加强对教师教学使命的重视，给予教师教学工作更多的政策倾斜与支持，比如加大对教学业绩突出教师的奖励力度，在专业技术职务评聘、绩效考核和津贴分配中把教学质量和科研水平作为同等重要的考评指标，对"教学型"教师（主要从事教学工作的人员）提高其基础性绩效工资额度等，为教师专注教学工作提供有力的保障。

（三）价值管理与共享

根据英特尔公司创始人安迪·葛洛夫（Andy Grove）提出的目标与关键成果（Objectives and Key Results，OKR）价值管理法，高校应通过一套科学、明确的目标跟踪及完成情况的管理工具，注重激励教师、学生、管理者等不同利益相关者勇于担责，把角色任务当成自己的事业来经营，管理自己的价值和贡献；同时，根据国务院印发的《中国教育现代化2035》等相关文件规定，教师可以通过技术创新、科技开发、成果转让和决策咨询等方式服务社会，并获取合理报酬，增加合法收入。因此，对于高校而言，可以建立多劳多得、优劳优得的绩效奖励制度，通过教师的社会服务活动，建立高校与外部社会之间良好的互动关系，体现价值共享的发展理念。

第三节 高校内部质量保障内容的创新

截至目前，我国高校已经基本上建立了以本科教学质量报告、学院本科教学评价、专业评价、课程评价、教师评价、学生评价为主体内容的多层次高校教学质量评价与保障体系，并将评估结果作为校务公开的重要内容面向社会公开。在相应的质量保障方法方面，主要采用学业测评、教学检查、问卷调查、访谈等方式，对其教学实施过程和成效进行测评与分析，常见的质量保障工具有课程教学测评、专业课程评估、教学指导或检查、专业自我评估、专业质量检测、学业课业负担评估、毕业生跟踪调查、学生能力评估、用人单位满意度调查、就业市场分析、用人单位参与教学计划修订等。结合高校质量保障在发展理念、运行机制等方面的发展趋势，以及联合国教科文组织IQA项目中推介的诸多质量保障内容，未来我国高校在内部质量保障的内容改进方面，应主要集中在以下三个方面。

一、强调高校内部质量保障能力的自我评估

内部质量保障能力是教育部新一轮教学审核评估的重要指标，也是今后我国高校内部质量保障体系建设需要重点关注的内容。具体而言，内部质量保障能力的自我评估主要包括对高校质量保障组织机构权力与职责的匹配性、政策制度设计的系统性、教学资源投入的合理性和系统整体运行的有效性等四个方面进行自我评估，具体如下：

第一，对内部质量保障组织机构的权力与职责的匹配性进行评估，主要考虑以下三点：一是人才培养所有环节的管理职责是否有明确的部门归属；二是所有环节上下游环节边界衔接的管理职责是否有明确的部门归属；三是在国家政策、行业需求和高校体制机制改革时，是否有调整内部管理部门的权力边界和职责以适应质量管理的需要。

第二，对质量保障政策制度设计的系统性进行评估。所谓政策制度设计的系统性，是指当高校内外部环境发生变化时，能够自觉识别风险和机遇，不断完善学校管理制度，使其符合新时期党的教育方针、政策及教育行政部门有关文件精神，确保其体系的完整性和充分性。譬如在党和政府提出高校要以"立德树人"为根本任务，充分发挥"课程思政"育人效用的背景下，就需要高校能够迅速做出反应，对学校相关课程实践进行政策指导与约束，从而引导校内课程活动的改革与创新。因此，高校势必要及时完善和调整关于线上学习学分认定、学业考评等相应的政策设计和制度安排。

第三，对质量保障教学资源投入的合理性进行评估，具体包括以下几个方面：一是考察学校教学经费、图书资料、校园网、校舍、运动场所、艺术场馆、实验室、实习基地等硬件设施条件是否满足教学要求；二是考察教学资源投入能否适应新时代关于数字化建设、个性化人才培养模式、拔尖创新人才培养、理论与实践教学融合等的需求，如行业企业课程资源

库、真实项目案例库建设及共享情况，面向国家、行业领域需求的高水平教材建设举措与成效，面向行业企业实际、产业发展需要的应用型教材建设情况，适应"互联网+"课程教学需要的智慧教室、智能实验室等教学设施和条件建设及使用效果，学科资源、科研成果转化为教学资源情况，产业技术发展成果、产学研合作项目转化为教学资源情况等。

第四，对质量保障系统整体运行的有效性进行评估。有效性是指质量保障体系运行的结果与国家经济社会发展需求、高校战略发展方向、学生群体的期望以及其他利益相关者需求之间的吻合程度。根据组织绩效"V模型"五大要素的分析框架，其主要包括以下五个方面：一是"环境要求"。即对比当前毕业生培养质量是否符合培养目标要求、社会需求、学生和用人单位的需求；二是探究目前毕业生培养质量差距背后的"培养能力""质量文化"等方面的原因。包括学校管理人员的通用素质能力、专业能力和投入度，学校宣传办学使命、愿景、价值观的真诚度等；三是分析学校在流程、机制和系统层面上的原因。比如课程共建共享机制无法按照进度要求推进，其原因可能出现在顶层政策设计、项目推进方案、项目推进过程、项目预警机制等流程中的某一环节；四是从目前学校教学运行流程、机制、系统，以及毕业生培养效果中，推断出学校的"事实目标与战略"，而不是文件上或领导讲话中说的"名义目标与战略"；五是分析"事实目标与战略"与"环境要求"之间的差异。

二、加强院系课程基层组织评估

院系是高校教学、科研与社会服务的基础单位与基层机构[①]，而课程基层组织又是院系发展的核心力量，没有"一流"的课程基层组织，就没有"一流"的院系。因此，高校院系评估将成为高校内部质量保障体系建设的重要趋势之一。对此，学校需要注意以下几个方面的问题：

一是在有限资源分配问题上，可以考虑将院系教学项目的质量与改进

---

① 李锋亮，吴帆. 如何进行院系评估 [J]. 江苏高教，2018 (11)：37-41.

情况、学生参与、学习投入、院系协作等方面作为评估内容。院系协作是利物浦大学的院系评估战略之一，强调积极推动院系进行广泛协作，并对院系在教学、研究与公民参与三个方面上的协作进行评估，这为高校推动课程、实验室、信息等教学资源共建共享举措提供了一种思路。

二是在人才培养质量问题上，应该考虑在评估中加入学生学业成果、课程安排、教师投入、学习支持系统等影响教育质量的关键控制点，尤其是要将学生和教师的共同发展作为一个观测点，强调对教学相长成效的评估，促使院系为师生共同进步提供一个更加优质的成长环境。

三是在绩效考核问题上，可以从院系横向比对和院系内部建设两个角度，深化绩效考核制度的评估。比如同济大学在将院系办学工作与学校整体目标进行比较，在确定系统各部分的运行是否达到预期目标的基础上，不仅进一步强调对各院系工作进行共时性比较，确定各院系在办学运行或绩效方面的竞争优势与差距，还注重对院系工作进行历时性比较，以明确各院系发展趋势[①]。

四是在专业建设方面，目前部分高校已探索将专业认证和评估方法引入内部质量保障体系中，将专业自我评价与社会评价相结合，强调专业建设过程中人才培养方案制定体现成果导向教育理念、各门课程及教学环节质量目标和标准达成情况、专业毕业要求和培养目标实现程度等[②]。同时，还要求建立专业毕业生质量的社会评价与反馈机制，构建"评估—反馈—改进—评估"的反馈流程，提高专业建设的自我革新效能。

三、培育由"督"向"导"的质量文化自觉

世界各国督导制度诞生于19世纪，历经多年发展，其职能大体分为三个阶段：教育视察为主的行政督导监督职能、教育评价为主的管理控制职

[①] 樊秀娣. 高校院系办学绩效评估的科学方法论——同济大学校内院系办学绩效评估引出的思考[J]. 上海教育评估研究，2015（04）：44-48.
[②] 张安富，刘飞平. 专业认证与审核评估的同频共振[J]. 高等工程教育研究，2021（06）：81-85.

能、教育指导为主的行政指导职能。我国高校主要以内部督导制度建设为主，外部督导制度建设为辅。当前，我国高校内部质量保障机制建设通常沿用传统的"监控"模式，即从各渠道搜集教学信息，以此监控各类教学活动的开展情况。但是，这种"质量监控"模式往往止步于评价或反馈阶段，对发现问题的处理措施和力度不够，不容易做到闭环运行，对提升教学质量和人才培养质量的效果就会大打折扣[①]。而新型督导制度以课堂教学质量的提升为重点，强调督导人员应以专家身份对教学质量进行检查、监督、评价和指导，及时客观地向院校领导、教学管理职能部门及教与学双方反馈教学现状、教学质量等教学工作信息，并提出改进教学工作的建议。由此，教学督导的功能越来越偏向"引导"，有利于落实质量保障行动，打造卓越教育生态。

一是重在教师发展。督导是以教师发展、人才培养质量的提升为目的而开展的，督导对象不仅是关注学生，也关注教师发展过程的自我诊断和自我改进，强调结合不同类型教师、不同发展心理、不同成长发展要求，开展分类指导。在对人才培养目标进行正确把握的前提下，通过"导教"的诊断方式对教师课堂教学、课程建设甚至是专业建设查找问题，并积极反馈，共同解决，根据教师的特点和需求开展培训，推进教师教育教学能力的持续提升。

二是强调过程指导与评价。其一是开展长期性的追踪督导。即改变传统上随机性诊断的偶然性，督导通过对教师备课、讲课等教学环节进行长时段的周期性追踪评价，更加全面和深入地了解教师的教学水平，及时发现问题和提出意见，并观察教师改进和提升的情况。其二是开展专题跟踪督导。除了完成一般性的听课和评课以外，还要对某些人员或问题专门进行有目的地跟踪听课，即把评价型督导提升为研究型督导[②]。

---

① 曲夏瑾. 以质量文化建设为契机完善高校内部教学质量保障体系[J]. 教育教学论坛，2020（38）：333-334.
② 柳亮，贾冰，罗利. 以学生为中心的高校教学督导探索[J]. 中国成人教育，2021（04）：42-44.

三是强调"实时监控"。学校师生员工要充分了解学校内部质量保障体系建设对各项工作提出的具体要求，并积极参与到学校教学质量的常态性检查、评价和整改工作之中，将诊断、引导与改进作为督导的关键环节，变"脉冲式"激励为"常态化"改进。在收到关于教学质量的评价或建议之后，需要及时按照问题类型将评价结果针对性地反馈给相关职能部门和二级学院、教师，推动二级学院、行政部门、教师联合打造"发现问题—及时反馈—敏捷响应—有效改进—改进效果评价"的质量管理闭环机制。

四是注重第三方、行业专家、知名校友等力量的介入参与。新型督导制度坚持尊重第三方、行业专家、知名校友等不同利益主体对高等教育质量的不同期望，任何质量的政策、制度、文件都要得到多元利益主体的广泛认可和支持，在价值协商与认同的基础上共同推动高等教育的质量提高，将自省、自律、自查、自纠的质量文化内化为利益相关者的共同价值追求和自觉行为。

第四节 高校内部质量保障技术与方法的创新

信息技术的每一次革新都会带来高等教育深刻的变化，有力推动教育理念更新、教育模式变革、教育体系重构，提升教育治理能力和水平[①]。当前，大数据背景下的智能设施、云平台、智能测评等配套技术的发展，推动了信息技术和高等教育改革的深度融合，构建了大量基于信息技术的数据治理平台，推动了教育教学的深度变革，也进一步优化了教学质量管理的方式和手段。因此，技术赋能教学创新越来越成为当代教育质量保障变革的重要特征，具体表现在"教学资源""教学评价"和"教学模式"三个方面。

---

① 张大良. 用现代信息技术赋能高质量人才培养的内涵与路径［J］. 中国高教研究，2022（09）：14-17.

一、"教学资源"层面：打造智能化教学支持系统

教育部印发的《关于加快建设高水平本科教育全面提高人才培养能力的意见》中明确提出，高校要"重塑教育教学形态，加快形成多元协同、内容丰富、应用广泛、服务及时的高等教育云服务体系，打造适应学生自主学习、自主管理、自主服务需求的智慧课堂、智慧实验室、智慧校园"[①]。对此，高校应积极实施高等教育数字化战略，充分利用信息技术手段，对教学平台和教学环境进行升级改造，搭建协同育人新机制，拓展数字化教学资源，打造智能化教学支持系统。

所谓数字教学资源，通常是指可以用于教学活动的数字化资源，是高校开展在线教育的基本前提。数字化教学资源有狭义和广义之说。狭义的数字化教学资源主要指促进和支持教与学活动的、可以在计算机或其他移动设备运行使用的教学材料。具体包括直接服务于教学的数字化教材、微课、在线课程、MOOC、多媒体教辅素材、动画教学工具、实验视频、试题试卷等，也包括间接服务于教学的图书文献资源等。从广义上说，数字化教学资源不仅包含了数字化教学材料，还包括"教与学活动的数字化硬件、数字化教学环境以及教育人力资源"[②]。因此，管理人员要整合多方力量，通过遴选和整合优质课程资源快速上线，建立数字教育资源共建共享机制，为师生寻找到最佳学习配套资源，包括开放式教科书、慕课、虚拟现实方案和教育材料等，确保线上教学资源库的内容质量。

如果说数字化的教学资源是教育质量保障的"血液"，那么，智能化教学平台则是其重要的支撑"骨架"。传统上学习资源供给千人一面的情况将被打破，在智能化教学平台的场域中，通过算法技术主动适应个体的

[①] 中华人民共和国教育部. 教育部关于加快建设高水平本科教育全面提高人才培养能力的意见［EB/OL］（2018-10-08）［2020-05-01］. http://www.moe.gov.cn/srcsite/A08/s7056/201810/t20181017_351887.html.

[②] 曾君，陆方喆. 国际汉语数字化教学资源的概念、分类与体系［J］. 云南师范大学学报（对外汉语教学与研究版），2021，19（03）：28-37.

特定需求，主动为学生营造学习环境、规划学习路径、推送针对性的学习资源，从"课前—课中—课后"三个环节为教学提供全方位地支持，借助于人机混合的智能化教育场景，实现教育共生生态的感知价值最大化。课前，教师在智能平台上发布预习内容，并根据学生课前学习和反馈的情况，制定个性化的教学方案；而智能平台也可以根据学生的预习情况和学习轨迹分析学生个体特征，为学生推送自适应的学习资源和定制化的学习方案。课中，智能平台通过对学生学习过程的全程监控，提供实时动态的学情分析结果，帮助教师调整教学策略，实现精准教学；同时，还可以根据学生的学习行为轨迹数据识别、诊断学生的行为状况，为学生提供有助于个性化发展的学习路径和适应性帮助。课后，智能平台根据学生学习行为和结果数据，自动推送个性化作业和测试题对学生进行智能评测，实现课后智能答疑与辅导、智能化陪伴练习、智能引导深度学习，以支持学生的自我改进和自我提高。

二、"教学评价"层面：建立全学段的学生成长"数字画像"

高校教育教学审核与评估存在一个隐含假设，即评估者相信用于日常决策的信息是全面、完整和可信的。这就要求高校必须建立覆盖学校全流程、全流域的质量监测网络体系，包括师资队伍（教师背景、构成、教学、科研、培训）、学生发展（生源背景、学业、活动、成果、就业）、培养过程（招生、课程、教学、实验实践）等在内的数据信息。同时，根据数据完整性的标准原则，高校还要求数据是可追溯的、清晰易读的、同步产生的、原始的和准确的，如此才能够为教学管理决策和教学改革效果评估提供有效支撑，满足学校教学质量状态数据建设的要求。就此而言，数字化时代的信息化、智能化发展为高校内部质量保障方法与技术革新提供了重要支撑。

一是在现代化信息技术设备的支持下，可以将高等教育资源管理、"教与学"的行为，以及其他教学相关事件记录下来；二是可以直观、清晰地描述教学要素、教学过程与教学成效，实现高质量的量化数据分析与呈现，提升教学管理的细度、密度与深度。这对高校教学评价的启示是，可以通过大数据技术对学习过程的全要素进行可视化呈现[1]，建立全学段的学生成长"数字画像"和营造基于循证的决策文化，从而确保内部质量保障建立精准、滴灌式施策。

（一）技术赋能"个性化评价"

智能教学平台使得教学活动监测、数据获取与分析变得便捷和高效，大数据结合学习分析技术得到关于学生"学什么，如何学，学得如何"等客观描述。在此基础上，智能教学平台通过回答"该学生的学习是否存有问题，原因是什么"来决策是否需要调整教学策略，以及如何调整策略[2]，为精准教学和个性化学习提供了支持。同时，学校通过系统收集和分析学习者的学习投入数据，结合学习者相关联的背景信息和学习成果，可以利用多种分析方法和建立的数据模型来解释、评价与预测学习者的学习表现[3]。这些个性化评价一方面可以作为早期预警和主动干预的工具，实时发现学生的异常情况并反馈给学习者和教育管理者，进而有针对性地给予相应的改进和补救建议；另一方面，也可以从多个层面、多个角度来关注个体的差异性和多样性，充分挖掘学生的特质和潜能，发现学生成长的可能性。

（二）技术赋能"增值评价"

按照《深化新时代教育评价改革总体方案》的文件指示精神，教育评价应当"既评估最终结果，也考核努力程度及进步发展"。换言之，高校要在终结性评价的基础上探索"增值评价"，落实"不比基础比进步"和"不比背景比努力"的发展性理念。对此，学校利用大数据监测技术可以

---

[1] 张妍，贺慧敏. 未来学校视域下教育评价的发展趋势 [J]. 教育探索，2020（12）：6-9.
[2] 彭红超，祝智庭. 人机协同决策支持的个性化适性学习策略探析 [J]. 电化教育研究，2019（02）：12-20.
[3] 李珩. 教育大数据：开启教育信息化 2.0 时代 [M]. 重庆：重庆大学出版社，2019：100.

实现对"教与学"的过程进行全方位、全过程的追踪和采集,并通过对学习过程链条数据(学习起点证据、学习投入证据、学习结果证据、学习增值证据)以及"教与学"关系数据的融合分析,能够更精准、更科学地开展增值评价,促进形成证据驱动的教学评价新范式。

(三)技术赋能"综合评价"

综合性评价是教师在对课程实施结果进行宏观把握的基础上,系统规范地运用多个指标进行的整体性教学评测。技术的进步为构建以大数据驱动为主的"教与学"的自动测评提供了可能性。首先,现代数字技术可以助力学校实现对"教与学"全过程进行跟踪监测和数据采集,也可以将教学测评的时长和频率压缩到完成每节课的评教与评学,进而推动教学评价从终结性评价向形成性评价与终结性评价相结合的转变。在此基础上,借助统计学、经济学等领域的数据分析技术,结合教育学和心理学等多学科理论与方法,老师、家长、同学等更多利益相关主体可以通过教学质量监测系统介入评价过程,也可以通过脸部识别、行为监测等手段,对学生的情感、态度、思维和行为等方面表现进行综合分析,将数字画像、大数据测量运用到每节课、每个教育教学项目中,既明晰每个学习者的学习成效,也把控施教者教育教学效果,有利于提升质量评价结果的科学性和有效性。

(四)机器行为倒逼智慧质量评价

机器及其发展成为人与社会发展的一部分,机器影响教育者与受教育者本身,教育结构的变革建立在人工智能技术革命之上,学校成为万物互联的新型社会组织,机器发展与教育发展水平相互制约,特别是机器行为直接影响目前高校人才培养的全过程,智能机器成为信息化环境下教育质量的根本保障。智能机器的自动学习支持教师和学生在个性化自适应性学习过程中所做的有效决策,实现学生的学和教师的教的不断优化,从而做出更加适切的教与学策略的调整,由此,未来的内部质量保障将迈入人机混合的智慧评价体系,推进内部质量保障向个性、精准和智能化进行转

193

型。一是能够评估学生的学习方式，诊断并衡量学生针对不同课程、不同学习方式、不同阶段等的感知体验，准确引导学生自主评估学习经历及其质量；二是将智能技术设计思维应用于课程开发、教学环节测量等方面，既为教师提供新的基本数字技能和素养，也能够促进教师自主评估教育教学质量；三是结合人机混合平台，智能技术既能够精细优化内部质量保障工具和方法及其实施策略，也能够推进内部质量保障走向数字化、可视化、智慧化。从而实现内部质量保障体系达到人评与机评、全体与个体、局部与整体、被动与主动、静态与动态、整改与提升等有机集成。

三、"教学模式"层面：创新多模态场景下的教学实践

技术是改善学习环境和促进教学改革的重要驱动力，正如学者指出的，"重视信息技术可以实现的教学模式和 21 世纪技能培养的能力"①。对此。教师应及时洞察和转换角色职能，积极拥抱数字化教学形态带来的改变，掌握基本的数字化教学知识技能和数字化在线学习、教学和管理中的应用方式，通过教学进阶精进教学能力培训，推动教育教学理念、模式和方法的创新，成为能够主导教育技术变革的智慧型教师。具体而言，创新多模态场景下的教学实践是技术赋能教学效果和人才培养质量提升的重要体现，主要表现在技术赋能教学组织形式创新、教学方式和教学内容创新等方面。

（一）技术赋能教学组织形式创新

李秉德曾在其《教学论》一书中提出："教学组织形式是教学活动中师生相互作用的结构形式。或者说，是师生的共同活动在人员、程序、时空关系上的组合形式"②。2017 年 9 月，在中共中央办公厅、国务院办公厅印发的《关于深化教育体制机制改革的意见》中指出，"变革教学组织

---

① 祝智庭，胡姣. 技术赋能后疫情教育创变：线上线下融合教学新样态 [J]. 开放教育研究，2021，27（01）：13-23.
② 李秉德，李定仁. 教学论 [M]. 北京：人民教育出版社，2001：214.

形式"的目的在于"建立以学生发展为本的新型教学关系"。因此,技术赋能教学组织方式创新是保障高校教学运行有序和提升教学质量的重要一环。

具体而言,对于师生共同活动在程序、时空关系的组合形式来说,"翻转课堂"在师生相互作用方式、结构和程序方面的改革,无疑是一种教学组织形式的创新。翻转课堂(也称颠倒教学)译自"Flipped Classroom"或"Inverted Classroom",是指重新调整课堂内外的时间,将学习的决定权从教师转移给学生,其本质是"学生前置自主学习(知识传授)"和"师生课堂互动学习(知识内化)",强调在初级认知阶段主要依赖学生课前预习,教师在课堂上通过深度互动或者利用探究式教学,注重培养学生的高级认知[1]。从师生共同活动在人员关系上的组合形式创新来看,在线教学的时空灵活性,突破了学校常态化的教学时间和物理教学空间的局限性,有利于师生之间进行更为专注的个体化教学,也使得跨班级、跨专业、跨学校乃至跨国界的教师协同授课成为可能。比如许多高校就结合产教融合的需求与实际,探索了校企师资协同教学的组织方式,进一步丰富了师资力量,拓宽了教与学的广度。与此同时,学生之间也可以结合学习基础、学习兴趣的不同,通过各类技术平台组建创新型、跨学科的学习团队,极大地丰富了传统上小组合作的学习方式。

(二)技术赋能教学方式创新

信息技术与教育教学深度融合的最终目的是"变革传统课堂教学结构"[2]。随着以互联网、人工智能和大数据等为代表的信息技术的日趋成熟,近年来,数字化学习环境建设为线上线下融合(Online Merge Offline,OMO)教学模式的形成与发展提供了坚实的技术基础。具体而言,OMO教学模式借助技术手段掌握线上和线下、虚拟和现实场景中各结构、层

---

[1] 中国高等教育学会. 新时代高校理论与实践教学深度融合若干问题观察报告[M]. 北京:北京理工大学出版社,2020:90.

[2] 何克抗. 如何实现信息技术与学科教学的"深度融合"[J]. 教育研究,2017,38(10):88-92.

次、类型的数据，旨在以全场景融合的方式促进教学与服务向个性、精准和智能化转型，对教育和学习的创新发展具有重要的现实意义[1]。对此，英国开放大学（The Open University）教育技术研究所主创的《创新教学报告》指出，"互联网技术、人工智能技术和数据分析/挖掘是创新教学方式最为主要的技术基础"[2]，其具体形式有机器人学伴、虚拟仿真实训、离线网络学习、远程协作语言学习、线上实验室、远程实验室学习、慕课等。

以虚拟现实技术为例，其实质是指物理环境与虚拟环境的混合，或提供完全沉浸式虚拟体验的环境，最常见的两种技术是增强现实（augmented reality）和虚拟现实（virtual reality）。增强现实通过虚拟内容覆盖物理对象和位置，而虚拟现实通常是一种沉浸式体验，包括在完全虚拟的环境中操作和与虚拟对象交互。这种混合现实技术模拟的虚拟学习空间可以实现教学情境真实化和沉浸式学习。利用混合现实技术，可以重新设计学习空间，建立创客空间及主题式场馆空间等，通过增强师生身临其境的体验感，提升教学活动的真实性，填补"理论—实践"的现实差距，有利于激发学生学习兴趣，培养学生的创造能力。

（三）技术赋能教学内容创新

在传统课堂中，教学内容主要包括教学计划、教学大纲和教科书等三种表现形式，存在更新慢、与现实社会需求脱节、资源流动的共享时空壁垒等问题，也很难实现优质资源之间的有效共享。但是，数字化教学资源则能够有效克服这一系列问题。

一是实现教学内容的可视化。运用AR、融媒体等技术手段可以展现教学内容，打造适合学生实训的沉浸式虚拟仿真实训环境，以沉浸式学习方式丰富教学体验。二是数字化技术聚合教学素材和资源。比如教育部牵

---

[1] 祝智庭，胡姣. 技术赋能后疫情教育创变：线上线下融合教学新样态[J]. 开放教育研究，2021，27（01）：13-23.

[2] 高巍. 技术赋能教学创变：国际前沿教学创新的特征及其进阶——基于2012-2021年《创新教学报告》的内容分析法研究[J]. 华中师范大学学报（人文社会科学版），2022，61（01）：173-181.

头打造的全国高校思想政治理论课教师网络集体备课平台，就是一个典型的技术赋能教学内容创新的案例。国家通过集聚来自各地的高校名师，有利于把最新科技成果、社会热点等及时引入教育教学中，拓展教学内容的广度和深度，为教师提供海量学习资料和教学素材，使得教学内容更具前沿性和实用性。三是依托大数据分析技术，实现教学内容的重构。利用知识图谱、计算机图形学、模式识别和智能代理等技术手段，可以深度挖掘教学内容的相互关系，支持大单元内容提炼重构，将教学内容资源多维度划分、多形态展现。四是开发个性化教学内容。随着慕课、SPOC、微课等的兴起及翻转课堂、混合式学习等新型网络教育方式的应用，大数据分析技术通过挖掘学习者认知的过程规律，基于差异化的教学方案，匹配相应的教学资源，实施多终端场景化智能推送，进而实现教学活动的个性化开展，使学生获得定制化的学习体验。

第七章

经验与科学：高校内部质量的典型案例剖析

第一节 西南交通大学内部质量保障体系的探索与实践

一、导言

（一）背景

21世纪以来，随着国家经济发展方式的深刻变革、科学技术的日新月异以及全球形势的复杂多变，整个社会对国家高等教育发展提出了更高的要求。高等教育随着自身规模的不断扩张，也同时面临着经济效益不高、人才培养质量不高、区域均衡发展不协调等一系列的内部挑战。在此背景下，国际政府主导并启动了一系列高等教育质量提升工程，如"六卓越一拔尖"计划2.0、一流本科专业"双万计划"、一流本科课程"双万计划"等，吹响了本科教育改革的号角。"十四五"时期，国家政府进一步提出了建设高质量教育体系、提高高等教育质量、深化教育改革等重大任务。为了回应社会各界对高等教育高质量发展的殷切期待，以及为了主动适应高等教育内外环境的变化，西南交通大学以审核评估、专业认证标准为参照，以综合性课程设计方法、学习科学、"以学习为中心"等理论为依据，以促进"学生的学习与发展"为总目标，通过明确质量保障责任并建立运行机制、制定和完善质量保障文件体系以及建设本科教学质量保障信息化平台等,重构并有效实施了以"学"为中心的内部质量保障体系(以下简称"IQA")。

(二)意义

健全的质量保障机制是确保高校人才培养质量的关键步骤。西南交通大学为全面贯彻高校"立德树人"的根本任务,落实党和国家教育方针政策,主动适应高等教育内外环境的变化,立足学校实际,通过深入研究、系统思考来建立质量保障机制,力求通过推动以"学"为中心的教学与质量保障,激发学生自身所蕴藏的巨大学习潜力,为学生创造出有意义的学习经历,对他们的未来产生积极而深远的影响,从而提高人才培养质量,助力高质量教育体系建设。

二、西南交通大学 IQA 的改革

(一)西南交通大学对 IQA 内涵的理解

西南交通大学本科教学内部质量保障将"以学习为中心"的教育理念作为总体原则,将鼓励卓越教学作为总体目标,将所有能够有效促进学生学习与发展的教学认定为卓越的教学。学校本科教学内部质量保障遵循标准多样性原则,重点确保为学生提供有效的学习环境和有意义的学习经历。通过质量保障体系建设,一方面保障本科教学的最低质量标准;另一方面寻求好的教学实践并对其进行奖励和推广,从而引导所有教师追求教学的卓越。

(二)西南交通大学 IQA 的发展变化

2014 年,学校对原有的本科教学质量保障体系进行了研究与分析,发现还存在以下问题需要我们重视:1. 原有的质量保障体系缺乏整体设计,相关规章制度较为零散,系统性不够,既没有涵盖教学的所有环节,也不够具体深入,相互之间缺乏呼应和清晰的逻辑关系,未形成循环闭合的流程;2. 教学质量保障责任不够明晰,学校层面、学院层面、基层教学组织以及学生等在教学质量保障中的主体责任没有得到明确；3. 没有体现"以学习为中心"的理念，现有内容流于表面化和形式化，有些内容的可操作性较差，不能够很好地满足教育教学"内涵式发展"的要求。

2015年，针对原有教学质量保障体系存在的问题，西南交通大学以审核评估、专业认证标准为参照，以教学设计、学习科学等理论为依据，以促进"学生的学习与发展"为总目标，在明确教学质量保障责任的基础上，成立"西南交通大学教学质量保障工作委员会"，从学校、学院、基层教学组织三个层面，明确评价主体、责任主体和工作主体，确定涵盖专业、课程、实习实践、毕业设计（论文）、学生学习与发展支持五个质量保障环节，建立质量标准，制定评价指标体系与实施方案，完善评估结果的反馈机制，注重持续改进效果的跟踪，构建了以"学"为中心的评价→反馈→改进不断迭代的本科教学质量保障体系。

三、西南交通大学 IQA 的模式及举措

西南交通大学致力于提供确保一流人才培养质量的高等教育教学的环境，为学生创造有意义的学习经历。为实现这一目标，学校建立了明确而严格的教学质量保障体系，以评估和保障学校本科教育教学，提高学生学习成效。

（一）西南交通大学 IQA 的实施模式

2015年6月，西南交通大学颁布了《西南交通大学关于深化教育教学改革提高人才培养质量的若干意见》，明确提出要确保人才培养在学校各项工作中的中心地位，构建相互促进、相互协调的本科教学质量保障体系。依据此文件，学校颁布了《西南交通大学教学质量保障工作委员会章程》，成立了教学质量保障的专项工作机构，明确了组织与成员、职责与工作机制。具体而言，西南交通大学本科教学内部质量保障由"基本项（管理与运行）+5个教学环节+附加项（改革与业绩）"构成（见图7-1），其中"5个教学环节"包括课程、专业、学习指导、毕业设计和实习

实践等五个环节。2015年9月,以课程评估与持续改进为核心抓手的本科教学质量保障体系改革项目正式在全校层面实施。

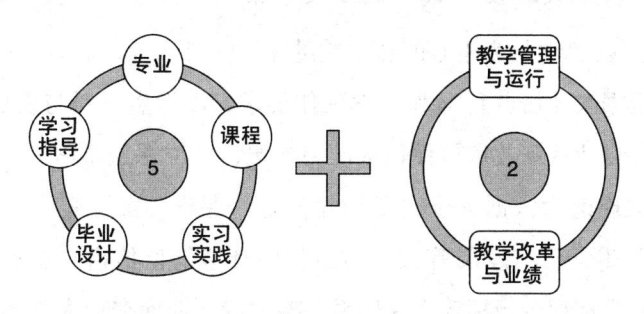

图7-1 西南交通大学本科教学内部质量保障工作模式

(二) 西南交通大学IQA的运作机制

在明确本科教学质量保障主体责任的基础上,学校重新梳理了"校级—院级—基层教学组织"三级本科教学质量保障的运行机制(见图7-2)。其中,学校为评估主体,成立了专项工作机构——教学质量保障工作委员会,负责教学单位本科质量保障体系的建设与运行情况;以教学单位为责任主体,构建了符合实际的基层教学组织,负责指导并支持其建立健全的内部教学质量保障体系,开展院级评估,接受校级及以上的各类评估,反馈评估结果,鼓励教师追求卓越等;基层教学组织为工作主体,负

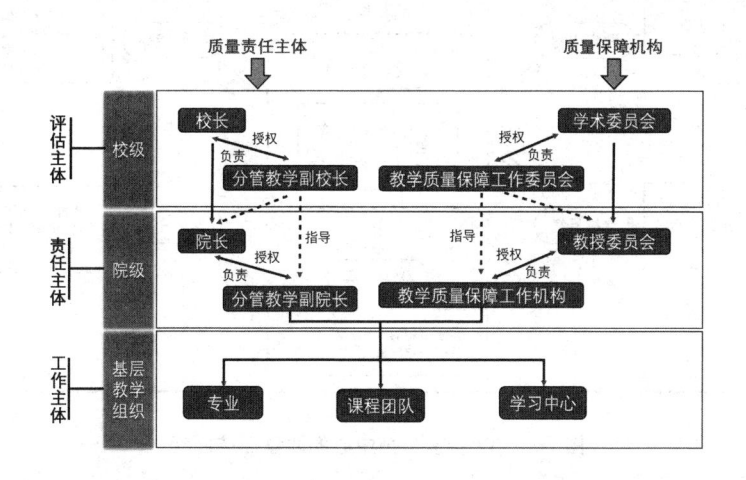

图7-2 西南交通大学本科教学内部质量保障工作机制

责建立并实施完善的内部质量保障机制，保证人才培养质量的不断提升。

（三）西南交通大学 IQA 的主要举措

1. 建立以"学"为中心的教学质量评价标准

学校根据人才培养目标和教学工作要求，以学生学习与发展为目标，以工程教育专业认证及审核评估标准为参照，以"深层学习""学习中心论"等相关理论为依据，建立了涵盖专业、课程、实习实践、毕业设计（论文）、学生学习与发展等五个质量保障环节的评估指导意见、实施办法、质量标准和评价指标等文件体系，整理成《西南交通大学本科教学质量工作手册》（全 6 册，含 72 个文件）并出版，形成了具有西南交通大学特色的"以学习为中心"的质量标准框架（见图 7-3）。该框架包含教学目标、教学内容、教学策略、考核反馈、学习支持、学习成果六大质量要素，以及每项质量要素对应的质量准则。该框架首先根据课程预期学习成果确定教学目标，进而设计教学内容、教学策略、考核反馈和学习支持，最终通过学习成果评价教学目标的达成度，形成闭环系统。

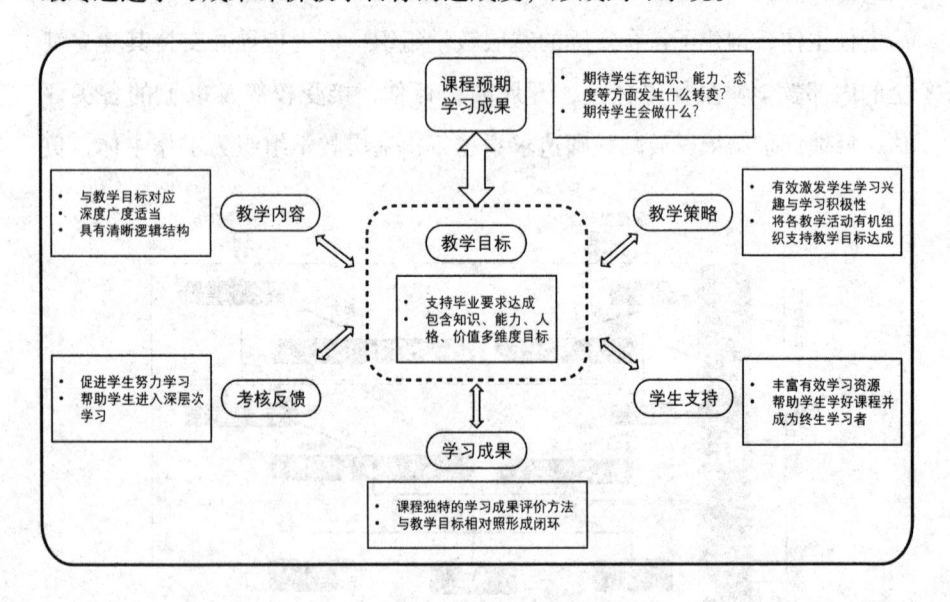

图 7-3 以"学"为中心的质量标准框架

2. 构建涵盖五个"评估域"的"三维度"质量评价方法

学校基于上述质量标准框架，设定了质量评估的"五个域"：教学目标与学习成果、教学内容与策略、课堂教学行为与表现、课程考核与成绩评定、教学资源与学习支持。在质量标准框架下对专家评估、学生学习体验调查、教学状态常态监测等内容进行统筹设计，形成了"三维度"课程评价方法（见图7-4），全面、科学、客观地针对"五个域"进行了教学诊断。

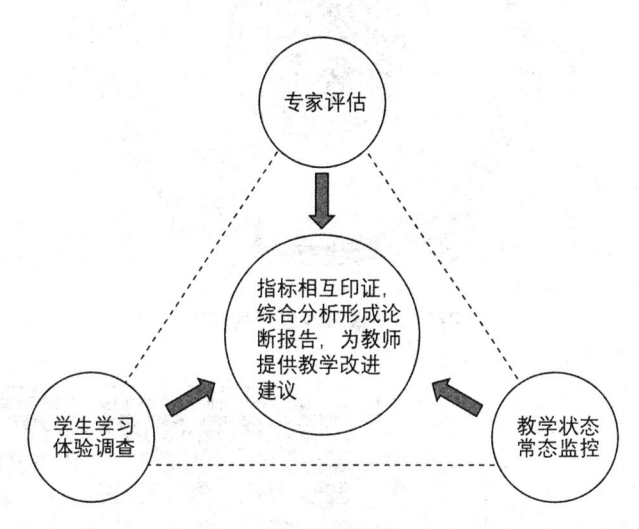

图7-4 以"学"为中心的"三维度"课程评价方法

3. 重点实施四年一轮的本科课程评估

西南交通大学依托教学质量保障工作委员会，重点推进本科课程评估工作，以"课程设计+学生学习成果"为主要评估对象，重点评价课程是否为学生提供有效的学习环境和有意义的学习经历。本科课程评估以四年为一个周期，对全校所有本科课程开展校级评估，通过审查课程执行大纲、观摩课堂教学、师生座谈与调研、审阅课程作业、审核试题与试卷、审阅自评报告、学生课程体验调查等多种方式（见图7-5），全方位、多角度地收集课程质量信息，力求更加准确地反映课程质量情况，从而不断提升学校的教育教学质量。在此基础上，西南交通大学自主设计开发的"西南交通大学本科教学质量保障信息化平台"，规范了课程评估与教学单位评估的基本流程，实现了"评价→反馈→改进"的闭环质量保障体系（见图7-6）。

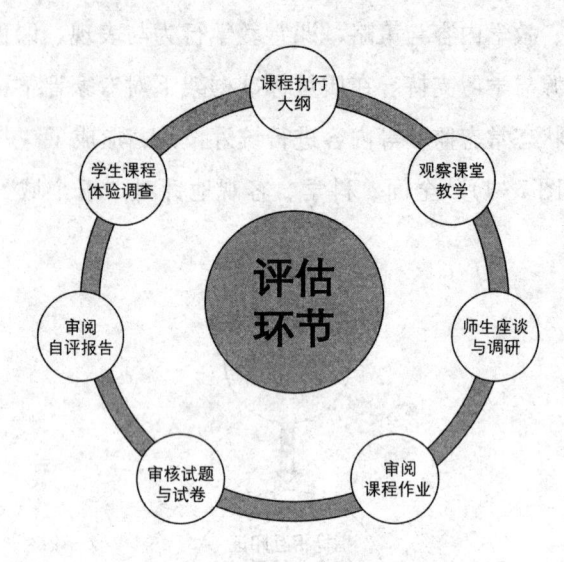

图 7-5 本科课程评估环节

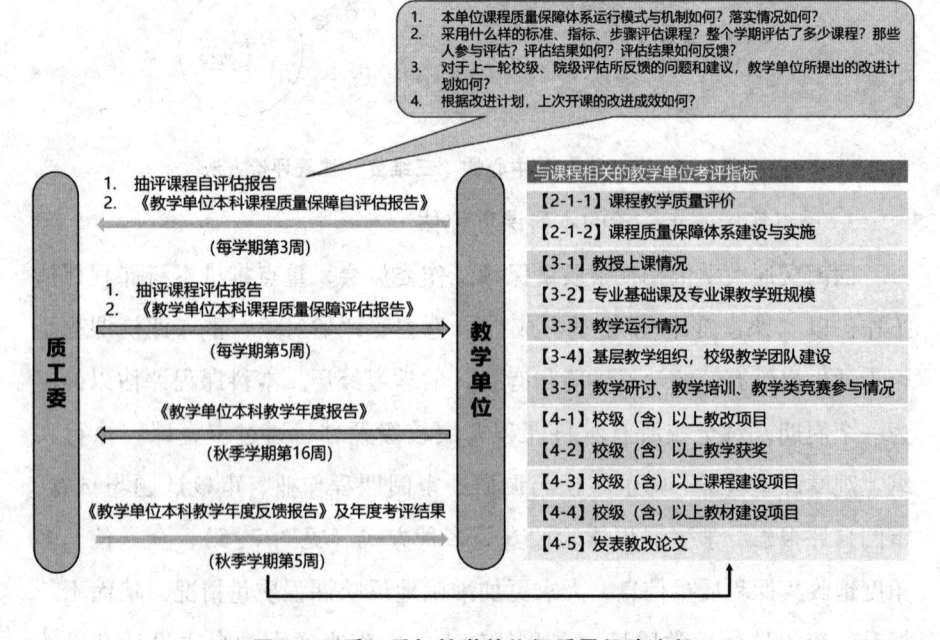

图 7-6 质工委与教学单位间质量保障流程

4. 构建基于"行动研究"的课程教学创新体系

学校基于"行动研究"的实践理念，构建了"问题驱动—合作研究—多方协作—校本成果"四位一体的课程教学创新体系（见图7-7）。首先，以问题为驱动，凝练教学共性的问题。其次，针对各类教学实际问题，依托各类课程建设与改革项目，搭建教师合作研究平台，开展不同形式的合作研究。再次，协同茅以升学院、教工委、质工委、教务处等多个二级教研/行政单位，深化彼此之间的沟通交流，形成教学单位与职能业务部门多方协作的支持机制。最后，通过编写案例集、组织教学工作坊等多种形式凝练教学理论，并推广校本教研成果，帮助更多的教师开展教学创新。

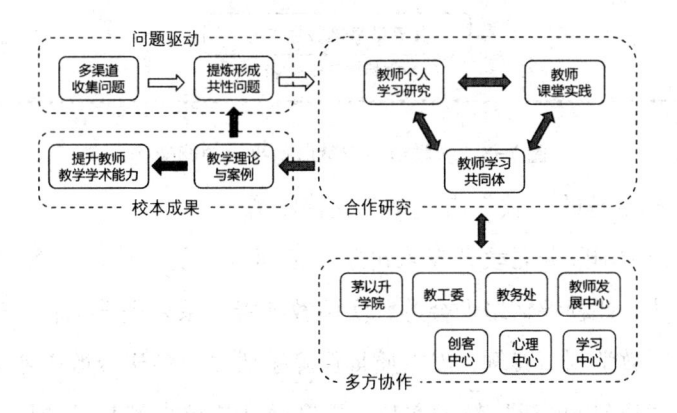

图7-7 基于行动研究的教学创新体系

5. 拓展信息技术与教学融合的深度与广度

学校坚持自主研发、创新模式和整合资源的方式，提出"教学信息智慧服务"及"学习无处不在，信息触手可及"的建设理念，扎实推进教学信息化建设。具体而言，学校以推动"数字校园""智慧教学服务平台"等工程为依托，完成人才培养改革研究、教学资源共享平台、研究型教学平台、质量监控与评价分析、教学运行服务管理、移动终端学习应用、学生成长档案系统等七大子系统，构建并完善教学信息协同服务平台，为教学服务提供全面的信息化支撑（见图7-8）。

```
                        ┌─────────────────────┐
                        │ 教学信息智慧服务平台 │
                        └─────────────────────┘
```

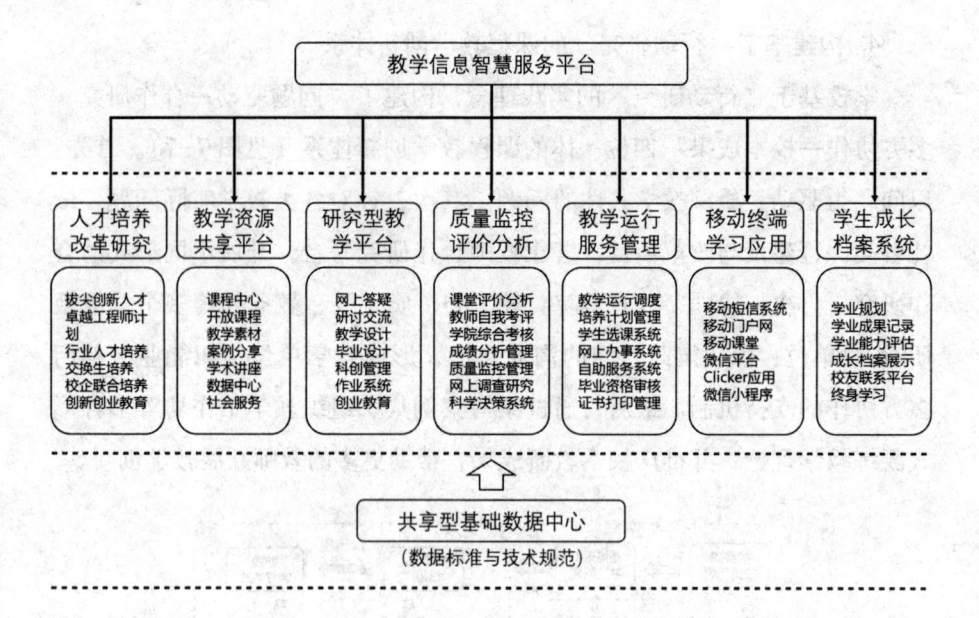

| 人才培养 | 教学资源 | 研究型教 | 质量监控 | 教学运行 | 移动终端 | 学生成长 |
| 改革研究 | 共享平台 | 学平台 | 评价分析 | 服务管理 | 学习应用 | 档案系统 |

拔尖创新人才	课程中心	网上答疑	课堂评价分析	教学运行调度	移动短信系统	学业规划
卓越工程师计	开放课程	研讨交流	教师自我考评	培养计划管理	移动门户网	学业成果记录
划	教学素材	教学设计	学院综合考核	学生选课系统	移动课堂	学业能力评估
行业人才培养	案例讲座	毕业设计	成绩分析管理	网上办事系统	微信平台	成长档案展示
交换生培养	学术讲座	科创管理	质量监控管理	自助服务系统	Clicker应用	校友联系平台
校企联合培养	数据中心	作业系统	网上调查研究	毕业资格审核	微信小程序	终身学习
创新创业教育	社会服务	创业教育	科学决策系统	证书打印管理		

```
                        ┌─────────────────────┐
                        │ 共享型基础数据中心   │
                        │(数据标准与技术规范)  │
                        └─────────────────────┘
```

图 7-8　教学信息智慧服务平台功能架构

6. 构建卓越的"教"与"学"支持体系

学校邀请国际著名教育专家讲学，定期举办院长论坛、教学研讨会、教学工作坊、课程评估培训会等，实施教师能力系列提升工程，通过新媒体发布教师教学创新案例、发放质量保障手册以及赠送教改书籍等多种渠道，打造"质量+创新"教学文化，提升教师追求卓越教学的原动力和幸福感。同时，学校还通过发布《新生学习指南》，建立校院两级学习指导中心，实施新生导航和朋辈导师计划，面向"学困生"开展学生学业"团辅"活动，开设"时间管理""思维训练""思考学习"学习指导类课程等，构建全方位的学生学习支持体系。

四、西南交通大学 IQA 的特色及成效

（一）西南交通大学 IQA 的主要特色

西南交通大学构建了以"学"为中心的本科教学质量保障体系，该体系典型特征主要体现在以下几个方面：

一是制定了以"学"为中心的教学质量标准，为教学质量提供了"底

线"。学校打破了传统上以"教"为中心的教学质量标准,且以对教学内容或教师教学行为的底线管理规定为主,有不能为相关教学环节的质量建设和评价提供学生学习成效的评判依据等问题,制定了以"学"为中心的教学质量标准,为教学质量提供学生视角的"底线",推动了以"教"为中心的教学、评价和改革向以"学"为中心的转变。

二是实现了评估重点从评价教师的"教"转向评价学生的"学"。传统教学评价主要关注教师在课堂上"讲"得如何,忽略了学生如何学,难以与学生形成良性互动,因此很难客观、高效、科学地识别出"好的课堂",导致内容陈旧、轻松易过的"水课"大量存在。新的评价体系则将教学目标与策略、考核反馈与学习成果等关键要素纳入评价范围,有机整合专家、学生、常态监控等多维评价信息,有效甄别出有深度、有难度、有挑战度的"金课",并予以推广。

三是构建了信息技术与教学融合的新途径。以"提高效率、解放课堂、激发潜力、研究学习"为原则,全面推广基于综合教学设计的"课堂+在线"深度融合的混合式教学模式的改革,突破了信息技术与教学融合深度广度不足、教师提升教学质量的方式与必备教学学术能力欠缺等问题的制约,自主研发了"全方位、立体式、智慧型"的教学信息智慧服务平台,实现了精细化教学管理,支持常态化的教学质量保障运行机制。

(二)西南交通大学 IQA 的主要成效

学校自实施内部质量保障机制改革以来,在教学质量提升方面取得了丰硕的成果,主要体现在以下几个方面:

一是教学质量保障各方主体责任的作用得以强化。2015 年以来,学校共完成 2569 门课程(5504 个教学班)的评估工作,实现了课程评估全覆盖。评估过程中,学校还组织一批优秀课程予以奖励并面向全校推广,同时对评估等级较差的课程提出改进建议并纳入新一轮复评中,复评仍未合格的课程,则要求进行强制整改。各二级教学单位,撰写并提交关于课程质量保障的评估报告共计 200 多份,发放课程质量调查纸质问卷 3 万余份。基层教学组织层面的活跃度明显增强,开展教学大纲制定、课程评估等方面教学研讨活动 1000 余次。

二是课程教学创新成果显著。近年来，学校共建成国家级一流课程 50 门，"交通天下"系列的通识类课程 196 门，在线开放课程 140 门，新生研讨课 166 门，跨学科小班课程 56 门。国际知名教育学家肯·贝恩（Ken Bain）教授对学校课程建设成效给予高度评价："I found Super Courses in Southwest Jiaotong University and we will continue to research those courses."。

三是教师追求教学卓越的原动力明显提升。2016 年，学校共计立项教改项目 308 项，参与教师 2000 人次；2017 年教改立项 233 项；2018 年以来，针对教学中的"急、难、重"问题，学校共计立项校级教育教学研究与改革项目 1300 余项，参与教师达 7628 人次，充分彰显了教师参与的积极性。此外，学校教师积极开展"以学生为中心"的课堂教学改革和教学创新实践，探索解决困扰"教与学"中存在的实际问题的方法，并将相关实践案例汇编成册，完成了《为学生创造有意义的学习经历——西南交通大学以学生为中心教学改革与创新案例故事集》，并进行出版推广。

四是教师教学学术能力、创新能力与协同能力明显增强。近五年，有 2000 余人次教师发表各类教改论文，有 100 余位老师为本校教师开设教研工作坊，部分工作坊还面向校外教师开展培训。比如在"高校教师教学能力专业发展经验报告会"上，本校教师为来自全国的 400 多位教师开设了 7 场工作坊，受到参会代表的高度好评。参与跨学科课程教学改革的教师们表示，他们得到了更多与不同专业教师交流、合作的机会，自身协同教学的能力也有了显著提高。

五是学校的"质量+创新"的教学文化日益浓厚。自《本科教学质量保障工作手册》完成以来，共计在校内发放 5000 余册，出版后累计销售 1326 套。同时，在校内开展课程评估培训会 100 余场、教学论坛 50 余场、教学工作坊 200 余场，赠送教改类书籍 20 余种、2000 余册。根据校内的一项调查数据显示，上述活动尽管在一定程度上增加了教师额外的工作量，但仍有 78.6% 的教师对课程评估表示赞同，肯定课程评估对教育教学的提质增效作用。在相关校本活动开展的过程中，学校教学质量文化愈发浓厚。

六是学生学习体验满意度明显提升。学校教学状态常态监控数据显示，自学校"本科教学质量改革项目"实施以来，学生出勤率、抬头率大幅提升，课堂活跃程度明显提高，深层次学习、课外自主学习时间显著增多，课外"科创"竞赛参与率及获奖人数也有明显增加。2021年，学校在全国普通高校大学生竞赛排行榜（本科）中排名全国第5，五年（2017—2021年）排行榜位居全国第9，"六轮总榜单"位居全国第9。面向在校本科生共计21万余份的问卷调查数据显示，学生学习兴趣、学习动力、学习成效和学习体验等有显著提升的学生占比高达92.8%。

七是信息技术与教育教学实现深度融合。学校搭建了比较完善的教学信息协同服务平台，教学信息化建设的成果得到校内师生广泛的认同和肯定。相关成果先后获得国家级教学成果二等奖1项，省级教学成果一等奖1项、二等奖1项，荣获中国高等教育学会2016年度信息技术与教学深度融合案例征集活动"优秀案例奖"。并且作为唯一教学类平台应用被评为2016年教育部管理信息化应用的优秀案例，顺利通过教育部首批教育信息化试点单位验收，并获得优秀评价，得到评审专家的高度肯定。

八是校外辐射效应显著提升。目前，学校质量保障工作手册已在高等教育学术领域和兄弟院校之间产生了广泛影响。教育部高教司、教育部评估中心、中国高等教育学会、国家教育行政学院、广东省教育厅、山东省教育厅、四川省教育厅等多家政府单位已经将质量保障工作作为典型经验进行推介，成果主要完成人还受邀在中国大学教学论坛、本科教学工作审核评估培训会等全国性会议上进行主题报告多达50余次。此外，教育部官方网站也专题报道了西南交通大学多举措提升课程教学质量的改革成果，其他新闻媒体如光明日报、中国教育报、人民网等也都报道了相关成果。

第二节 常熟理工学院"校—院—专业"三级教学质量保障体系的构建

一、导言

常熟理工学院自 2004 年升格为本科院校以后,始终高度重视教学质量的问题,提出了"质量立校"的发展战略。2006 年学校设置了由校长直接分管的教学质量管理办公室,成立了常熟理工学院教学质量管理委员会,积极探索构建保证教学质量长效机制的方法,不断提升人才培养质量,实现学校的可持续发展。2009 年,学校发布了《关于印发〈常熟理工学院教学质量保障体系纲要〉的通知》《常熟理工学院教学质量保障体系实施方案》,标志着学校教学质量保障体系进入全面实施和运行的阶段。2011 年,学校梳理和总结了学校在教学质量改革方面的经验举措,完成并出版了《常熟理工学院教学质量保障体系》一书。2012 年 4 月,学校承办了由全国高等教育质量保障与评估机构协作会主办的"贯彻落实本科教学评估方案,加强高校内部质量保障体系建设"研讨会,来自全国近 230 所高校和几个省级教育评估机构的 600 多名领导、专家参加了会议。伴随着学校人才培养理念与要求的变化,学校的教学质量保障体系得以持续改进与完善,基本形成了"校—院—专业"三级教学质量保证的运行格局。

二、常熟理工学院对 IQA 内涵的理解

常熟理工学院将学校内部质量保障体系视为是一个全员参与、全过程保证、全方位监控,循环闭合、持续改进的教学质量保障体系。在实践中秉持着学生对教育教学服务的要求,以及国家/社会对人才质量要求的质量方针,综合厘定学校教学质量目标,并将质量目标进一步分解到学校相

关职能部门和各个层次的基层组织机构中,明确各机构的职责与权限,严格控制程序,逐步实现质量目标并强调持续改进。具体而言,常熟理工学院在构建教学质量保障体系过程中,主要秉持以下基本原则:

1. "以人为本"的原则——使学生学习体验更加满意。学校遵循"教育服务性""教育社会性"的办学理念,在实施教学质量保障体系改革中,对学生的就学体验和满意度进行测量,充分了解和把握学生的教育需求,提升学生的就学体验。

2. "过程方法"的原则——使教学管理更加流畅。将教育教学活动作为过程来管理,要系统识别和管理学校开展教育教学服务所采取的工作过程,特别是这些过程之间的相互联系和影响;每一个过程要遵循戴明环(PDCA 循环)基本流程,对每一个过程实施闭环质量管理。

3. "全员参与"的原则——使全校上下形成合力。各级人员是组织之本,只有学校全体人员充分参与,才能使学校各项工作落到实处,取得实效。全校各级领导、各职能部门都有保障教学质量的职责,全体教职员工都是教学质量保证工作中的一员。

4. "持续改进"的原则——使教学质量不断提高。持续改进既有对过程的及时改进,也有对教学质量保障体系的持续改进。要不断地进行质量改进,适应学校、社会发展需求的变化,建立起学校的竞争优势和良好的声誉。

三、常熟理工学院 IQA 的模式及举措

常熟理工学院教学质量保障体系的纲领性文件是《教学质量保障体系纲要》。纲要由"教学质量目标系统""教学资源管理系统""教学过程管理系统""教学质量监测分析和改进系统""管理职责系统"五大部分组成,且分别在学校层面和二级学院层面分层落实。

（一）学校层面教学质量保障体系

1. 学校教学质量保障体系的基本模式

学校教学质量保障体系始于国家、社会和学生的需求，终于国家、社会和学生的满意，构建了以教学目标管理、过程管理、资源管理和质量改进为核心的运行机制（见图7-9）。一方面，学校重视识别和了解社会、学生的需求和期望，以及国家的相关法律法规要求，并将其作为学校教学质量目标设定的核心依据；同时，考虑国家、社会和学生需求的动态变化性，学校还强调要密切关注利益相关方的评价、体验以及满意度等。因此，在构建学校层面的教学质量保障体系时，还纳入了学校与相关方之间的"信息流"这一元素。另一方面，学校采用管理过程手段，系统地识别了相关工作过程，将教学质量保障的核心活动划分为四个过程：一是实现教学服务的主过程，即教学过程管理；二是为实现教学过程而进行的教学资源管理的过程；三是关于以上两个过程的策划、管理，即教学质量目标和管理职责的过程；四是针对教学过程管理、资源管理实施的教学质量监测、分析和改进的过程。这四个环节共同决定了学校教学质量保障体系的有序运行。同时，学校还将持续改进的理念与程序贯穿到上述四个环节，以确保学校整个教学质量保障体系的持续完善。

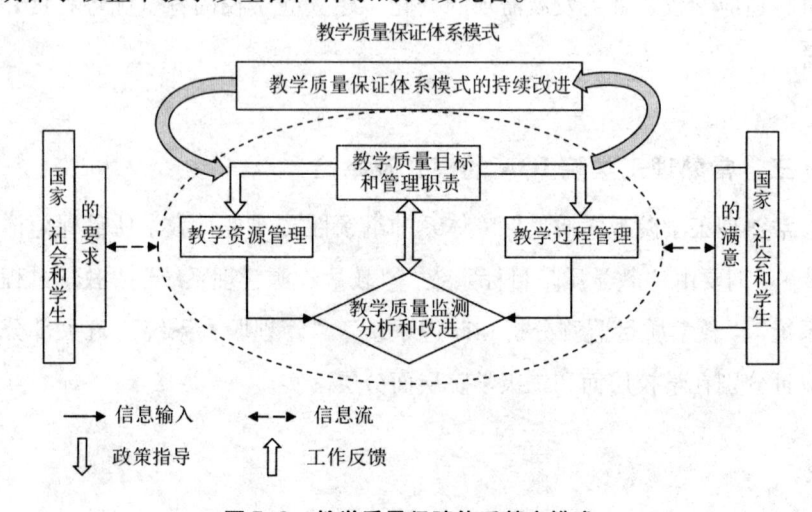

图7-9 教学质量保障体系基本模式

2. 影响学校教学质量的关键因素及其质量标准

学校教学质量保障体系明确了上述四个过程中影响教学质量的关键因素，并将其分解为18个一级观测点和38个二级观测点（见表7-1）。观测点的设置既考虑学校外部教学质量保障评价工作的相关指标要求，也突出学校自身的办学理念、办学特色和目标定位。在此基础上，学校进一步明确了38个二级观测点的质量标准，包括与人才培养目标相一致的教学质量标准，以及与学校发展战略相一致的教学管理质量标准，使得学校教学质量保障工作能够真正做到有的放矢。

表7-1 教学质量标准一览表（节选）

主要方面	一级项目	二级项目	质量标准
教学质量目标和管理职责[1]	学校定位和办学思路[1.1]	学校定位与规划[1.1.1]	定位准确：与经济社会发展需求趋势相一致，与时代特征相适应，与学校发展实际相符合 规划科学合理：学校发展目标明确，学校教育事业发展规划、学科专业建设规划、师资队伍建设规划和校园建设规划等准确地体现了学校的定位
		教育思想观念[1.1.2]	教育思想观念先进、符合时代特征，遵循教育规律，办学思路清晰，质量意识强
		教学中心地位[1.1.3]	高度重视教学工作，确立教学中心地位，政策明确，措施扎实、有效，全校各条线服务人才培养的工作思路清晰
	质量目标[1.2]	指导思想[1.2.1]	以学生发展和社会需求为导向，提供优质的教学服务，促进学生"知识、能力、素质"的协调发展，把学生培养成高素质的应用型专门人才
		总体目标[1.2.2]	教学质量保障体系有效实施并持续改进；教学资源满足人才培养需要；人才培养工作思路清晰，人才培养的全过程有序运行；学生的综合素质得到全面发展；学生对学校教学服务及教师教学效果满意度高；教师对学校教学管理满意度高；用人单位对毕业生满意度高
	专业设置[1.3]	专业设置	专业设置符合社会需求和学校定位、区域战略产业发展的需要；专业布局与结构合理，促进学校教育规模、结构、质量、效益的协调发展
	机构、职责、权限和沟通[1.4]	机构、职责、权限和沟通	学校教学质量管理组织机构健全、职责分明、权限清晰、沟通流畅

213

3. 学校教学质量保障体系的组织架构

学校教学质量保障体系的组织架构与权责分工明确了教学质量保障体系的管理与运行机制，并详细规定了上述教学质量标准不同观测点的责任主体、执行主体及其工作内容（见表7-2），理顺了内部各部门之间的权责关系与协调内容，确保每一项"质量标准"能够切实落实到教学过程中，使得教学管理工作有章可循、有法可依。具体而言，校长负责学校层面教学质量保障体系的顶层统筹规划，是学校教学质量的第一责任人。教学质量管理委员会是在校长主持下成立的学校教学质量领导机构，统一负责学校层面教学质量保障体系的构建和实施，并监督各个工作机构的执行情况；教学质量管理办公室是学校教学质量保障工作的管理机构，负责教学质量保障体系的运行过程管理；各职能部门和二级学院是执行和工作机构，需要在学校教学质量保障体系的框架下，构建自身的内部教学质量保障体系，组织具体实施活动，并根据监控系统的反馈意见进行纠偏和改进。督导队伍对学校整体教育教学工作的各个环节、要素进行督查、调研、评估、指导、咨询。不同部门分工明确、权责清晰，共同致力于学校教学质量保障工作的有序推进。

表7-2 教学质量保证执行和监控一览表（节选）

执行项目		责任人	执行人	执行内容	监控人	质量监控点
教学质量目标和管理职责[1]	办学定位和办学思路[1.1]					
	学校定位与规划[1.1.1]	校长	校长	明确学校定位；研究和制订学校整体发展规划；明确教育思想观念和办学思路；明确教学中心地位，研究和制定相应的政策，采取相应的措施	校党委	学校发展规划
	教育思想观念[1.1.2]					
	教学中心地位[1.1.3]					
	质量目标[1.2]					
	指导思想[1.2.1]	校长	校长	明确制定教学质量目标的指导思想	教学质量管理委员会	学校质量目标文件；质量目标实施情况
	总体目标[1.2.2]	校长	校长	组织研究和制定教学质量总体目标		
			相关职能部门、教学单位	研究和制订教学质量具体目标，并保证目标的实现		

4. 教学质量保障体系的监控与改进

教学质量监控系统是教学质量保障体系的重要组成部分，它包括教学质量的监测、分析和改进三个部分（见图 7-10）。

首先，监测环节主要是对教学保障项目的执行情况及教学质量保障体系的运行情况进行日常监督和定期检查。日常监督包括各执行单位内部的常规教学检查、专项教学检查、保证项目运行情况监督和公众监督，及时将发现的问题进行处理和纠正，体现预防为主的特征。定期监督则主要通过定期开展教学评估（包括课程评估、专业评估和专项评估等）和年度审核，对学校教学情况进行检查、评估、审核，评定教学效果与教学目标的实现程度，审核教学质量保障体系的科学性和有效性。

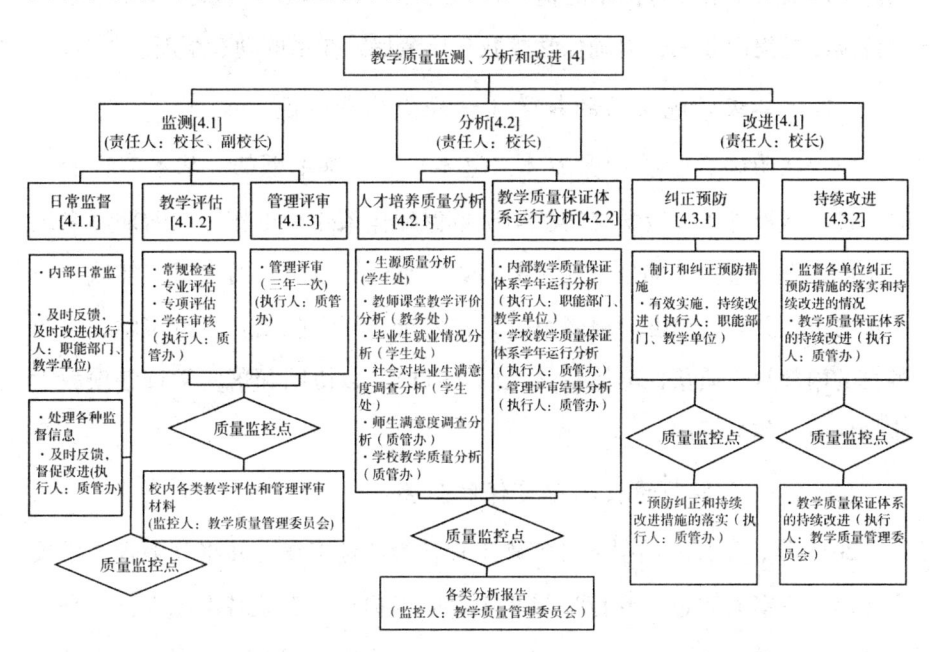

图 7-10 教学质量监测、分析和改进框图

其次，教学质量的分析环节主要是对相关教学数据的收集、处理和分析过程。分析的内容包括教学质量保障项目执行情况和质量管理情况。通过教学评估和年度审核，对学校"教与学"的情况及教学管理成效进行分析，确定其与学校教学质量保障目标的契合度以及干预措施；通过组织开

215

展专项调查分析，对人才培养质量进行综合分析；通过管理评审，对教学质量保障体系及其过程的有效性和资源需求作出分析，评价教学质量保障体系的科学性、充分性和有效性，并能够向学校及有关职能部门提供改进教学工作和教学管理的具体建议。

最后，持续改进是教学质量保障体系建立和运行的基本原则之一，它体现在学校整个教学服务过程之中。具体而言，教学质量改进包括纠正预防和持续改进两个部分。一方面，各二级教学单位和职能室要针对日常监督中发现的问题，及时制定纠偏和预防措施，并确保落实到位；另一方面，教学质量管理办公室要根据管理评审中发现的问题，监督各单位纠正预防措施的落实和改进的推进情况，并对学校整体教学质量保障体系本身的持续改进提出意见，以确保学校教学质量保障体系的动态革新。

（二）二级学院层面的教学质量保障体系建设

学校在明确教学质量保障体系基本模式、基本框架、基本流程的同时，进一步推进了二级学院的教学质量保障体系建设工作。在前期试点运行阶段，学校选择了部分学院、部门为试点运行单位，通过试点实践，进一步完善相关运行制度与保障举措，也要求二级学院结合自身实际，构建各自的内部教学质量保障体系（见图7-11），以协同和落实学校各项教学质量保障工作的开展。

（三）专业层面的教学质量保障体系

2013年，学校开始引入和实施工程教育认证工作，并将其融入了学校人才培养方案的制定（修订）过程中，明确提出了五条基本原则：一是深化能力导向教育（Outcome based education，简称"OBE"）理念，将其作为统领人才培养的核心原则之一；二是落实双能协同的基本原则，重构学校课程体系；三是夯实实践训练，重视学生操作能力和创新能力的培养；四是深化产教融合和"校—地"协同育人；五是坚持分类指导，结合学生群体特征进行差异化优选培养标准。同时，学校围绕专业认证这一抓手，积极对接专业认证标准，构建了基于"OBE"理念的专业层面教学质量保

<<< 第七章 经验与科学：高校内部质量的典型案例剖析

障体系。

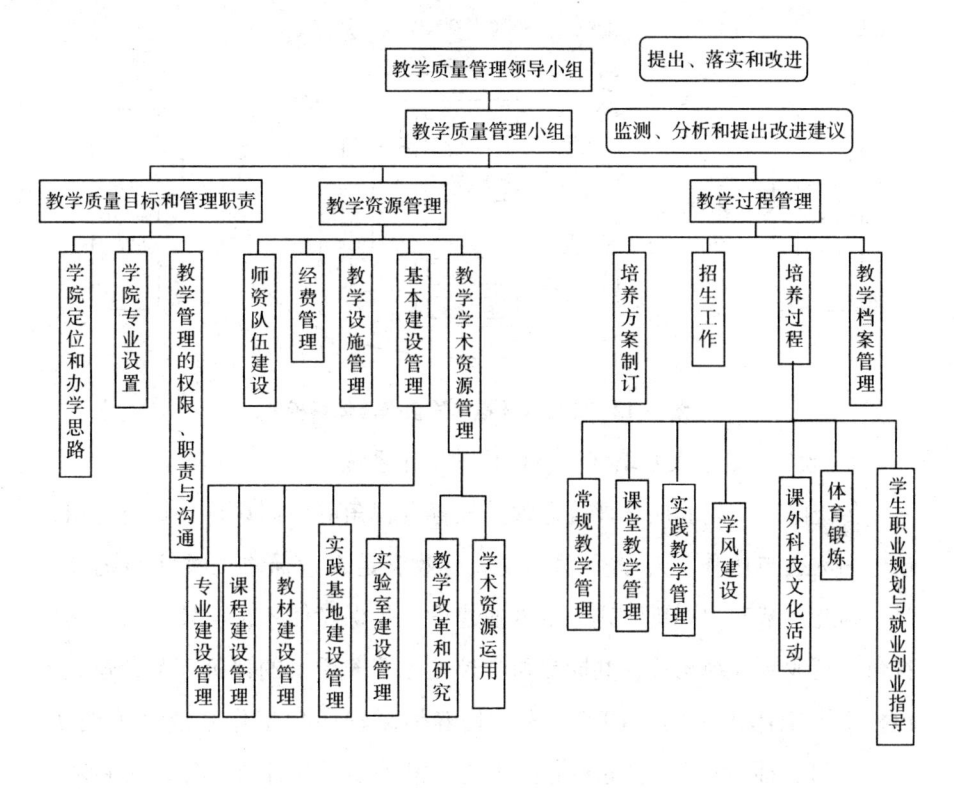

图7-11 常熟理工学院二级学院的教学质量保障体系框架

1. 构建了专业人才培养质量保障体系的基本模式

为了回应学校层面教学质量保障体系建设的基本要求，各专业也结合本专业人才培养实际，基于学生中心、产出导向、持续改进的理念，以及全面质量管理的基本思想，遵循戴明环管理理念，系统识别了影响专业人才培养质量的主要过程，并将其划分为质量目标管理过程（包括培养目标、毕业要求、课程体系）、课程教学过程、指导服务过程、师资队伍和支持条件过程、质量监控过程（包括监测、分析、改进）等八个主要过程，构建了专业层面人才培养质量保障体系的基本模式（见图7-12）。

217

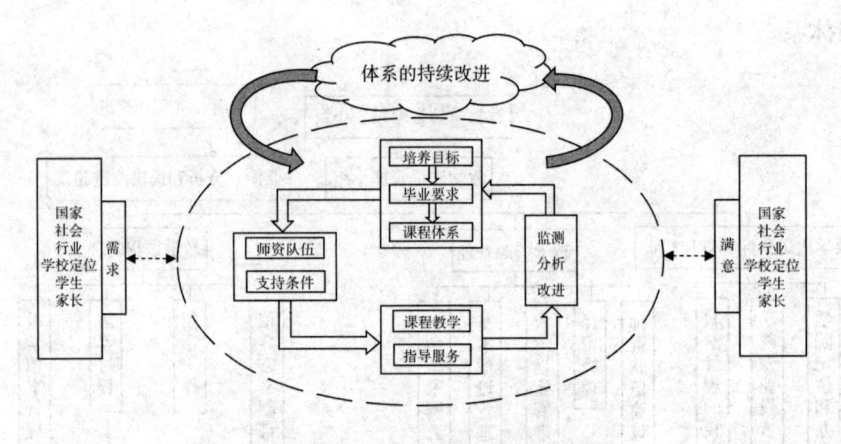

图7-12 专业人才培养质量保障体系模式

2. 建立了专业人才培养质量评价的工作系统

传统的人才培养质量评价通常是教育者视角的单向评价，缺乏与用人单位的沟通与协作，对学生学习成效有效满足企业需求的关注与把握不足。因此，基于"OBE"理念的专业建设质量保障体系，学校引入了学生视角、行业专家视角等，共同参与学校人才培养质量的评价环节，建立了包含8个工作小组的"OBE"人才培养体系程序化工作系统（见图7-13）。学校协同教师、学生和行业企业专家等多元化评价主体，实施基于培养目标的多元化评价，并根据评价结果对培养目标、毕业要求、课程体系、教学大纲进行修订，进而实现提高人才培养质量的目的。

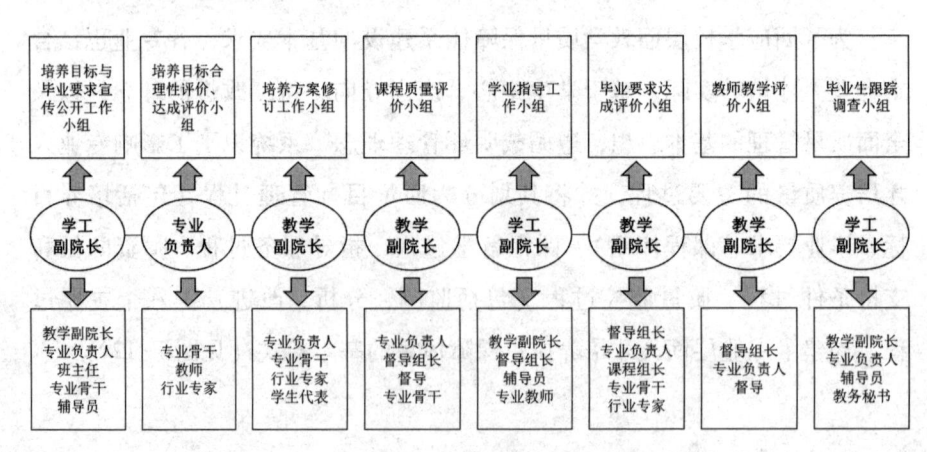

图7-13 "OBE"人才培养体系程序化工作系统

四、常熟理工学院 IQA 的创新及成效

(一) 常熟理工学院 IQA 的主要创新点

学校建立了面向产出的专业人才培养评价机制。根据学校出台的《常熟理工学院专业人才培养质量评价实施办法（试行）》的相关规定，各专业围绕人才培养逻辑架构中的主要环节，对培养目标、毕业要求的科学性及毕业生的达成度，课程体系的科学性及课程目标的达成度，毕业生跟踪反馈等评价活动的内涵、目的、方式、周期、观测点及要求、结果等进行明确具体的规定，构建了包含"培养目标""毕业要求"和"课程体系"等三个部分的专业人才评价机制（见图 7-14）。其中，培养目标的内外需求的吻合度评价与改进有利于修订和完善人才培养目标，培养目标达成度评价有利于改进人才培养过程和修订专业的毕业要求；毕业要求达成度评价有利于发现学生能力短板，进而改进课程体系和优化培养方案；课程目标的达成度评价有利于发现教学短板，为课程改进提供依据。

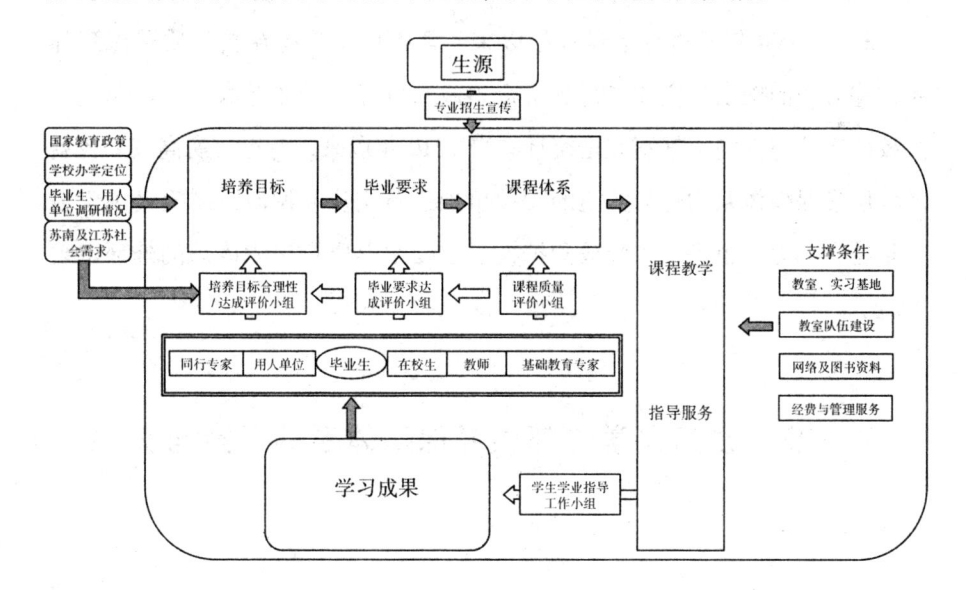

图 7-14 面向产出的专业人才培养评价机制

(二) 常熟理工学院 IQA 的主要成效

1. "学校—学院—专业"三级质量保障体系的构建，有效引领学校在办学过程中巩固了"服务地方（行业）经济和社会发展，培养应用型人才"的办学定位，帮助学校打下了扎实的办学基础和制定稳定的办学秩序。2010 年，学校成为全国新一轮本科教学评估试点高校。2015 年，学校成为江苏省首家正式接受审核评估的高校，为学校发展带来了强有力的驱动和机遇。2021 年，学校再次参加全国新一轮本科教育教学审核评估，为巩固和提升人才培养质量再添助益。而在此过程中，学校内部教学质量保障体系所发挥的作用不容忽视，为学校走向高质量发展的"新征程"打下了坚实的基础。

2. 学校基于"OBE"办学理念，构建了专业层面的教学质量保障体系，极大地推动了专业内涵的提升。自 2016 年以来，学校先后有 5 个专业通过了工程教育专业认证，有 4 个专业通过了师范教育专业认证（二级），另有 1 个工科专业和 2 个师范专业已经接受工程教育专业认证进场考查。

3. 自 2004 年升格为本科院校以来，常熟理工学院在教学质量保障体系构建方面的探索与实践，得到了众多政府领导、行业专家、学者及兄弟院校的支持与肯定。据不完全统计，自 2010 年以来，有近百所高校来校就教学质量保障体系构建与实施的相关事项进行交流和调研，既提高了学校办学的影响力，也进一步释放和扩大了学校教学质量保障体系的外部辐射效应。

第三节　厦门大学内部质量保障体系的探索与实践

一、导言

从历史上看，厦门大学一贯注重内部质量保障体系的构建与完善。

2005年，学校以全优的成绩通过教育部本科教学工作水平评估之后，开始进一步探索，以年度教学评估为"抓手"，以教学质量报告和教学状态数据为支撑，结合日常课程测评、教学督导、教学委员会、学生问卷调查、党政管理干部听课、青年教师教学竞赛、教师培训、用人单位满意度调查、毕业生跟踪调查等多种手段，构建更为完善的内部质量保障体系。经过8年的实践探索，经教育部高等教育教学评估中心（简称"教育部评估中心"）考察推荐并通过竞争性答辩，学校于2014年成功入选联合国教科文组织教育政策规划所（UNESCO/IIEP）发起的"高等教育内部质量保障优秀原则和创新实践研究"（Exploring Good and Innovative Options in Internal Quality Assurance in Higher Education，简称IQA项目），是中国也是东亚地区唯一入选的高校，与德国、奥地利、南非、智利等国8所大学共同作为典型案例，为发展中国家高等教育质量保障提供案例示范。

二、厦门大学IQA的改革

（一）厦门大学对IQA内涵的理解

厦门大学将本科教学质量保障体系视为是一个动态可分解、可操作、可控制的闭环管理流程，它是通过整合学校内部各类教学资源、协调教学过程的各个环节，构成一个在教学质量上能够实现自我约束、自我激励、自我改进、自我发展的有效运行机制。基于此，学校提出构建内部质量保障体系应遵循以下几个基本原则：

一是指向性原则。教育质量的核心是人才培养质量。各种监测手段和方法，最终目标应落实到提高课堂教学效果和学生学习效果上，这也是评价质量保障体系有效的重要标志。

二是整体性原则。对教育质量管控应从目标设计、模式选择、过程监控和结果输出等进行整体和综合性把握。

三是阶段性原则。不同发展阶段，人才培养基本矛盾不同，高等教育质量监控不等于要求学校在各个方面平均用力，而应结合学校的实际情况以及阶段发展的主要矛盾有所侧重。

四是可控性原则。教育质量是有标准和底线的，是可操作的、可控制的。通过设定指标和具体数据，可以对教育质量进行有效控制。

五是持续性原则。内部质量保障体系建设的路径、方法选择和手段应用是经济有效的，能够充分调动和应用现有的教育资源并发挥最大的效益，最终能够使整个质量监测得到可持续发展。

（二）厦门大学 IQA 的改革与发展

厦门大学从学校成立之初，就把创建高质量教育写入《厦门大学校旨》，提出要实现让学生"与世界各国大学受同等之教育"的目标。创办至今，学校就一直探索有效的内部教学质量保障措施，推出了一系列的改革举措，形成了自己的优良传统与鲜明特色，主要体现在以下几个方面：

1. 改革课程质量监控手段

一是引进激励和竞争机制。在公共课试行挂牌上课制度，在专业基础课设立主讲教授岗位制度，鼓励优秀教师从事本科基础课教学。

二是开展教学评价机制改革。2004 年，学校推行新的聘任考核办法，改变过去按照课时作为计算教学工作量的办法，采用按照课程门数或学分数计算教学工作量的方法。通过这种办法的改革，使教师从对课时数的关注转向对课程教学效果的关注。

三是建立课程教学测评制度。每学期期末，由教务处组织在每个班级随机抽取一定数量的学生或组织全班学生，对教师的课堂教学状况进行测评。测评内容涉及教学态度、教学内容、教学方法、教学手段等多个方面。从 1999 年开始，学校运用网络手段，在教学管理系统软件上开发、运行课程测评，取得了较好的效果。除学生评课制度外，学校还建立了教研室同行教师互评制度和院系领导对教师测评制度。测评结果作为教师聘任考核和职务晋升的重要参考依据。

四是建立课程管理归口制度。为了进一步提高课程质量，学校将原来分属各学院承担高等数学的教师、公共外语教学的教师、公共计算机教学的教师分别归口到相关专业学院。学校要求他们在学院内部打通公共基础教学教师和专业课教学教师的界限，由学院统筹安排教师，统一课程教学要求，统一教学质量标准。

2. 建立健全教学质量保障制度规范

学校重视教学质量保障的顶层制度建设，陆续出台了本科教学相关的系列制度和文件，对教学计划执行、教师备课、课堂教学、课后作业、期中和期末考试、实验、实习以及毕业论文（设计）等教学环节作了具体的规定和严格的要求，明确了各教学环节的质量标准。与此同时，学校还出台了《厦门大学教职工绩效考核评价体系改革方案》《厦门大学专任教师岗位绩效考核评价办法（试行）》，进一步强调教书育人，突出教育教学业绩，将人才培养的中心任务落到实处。试行厦门大学本科教学工作绩效考核，将各学校教授上课率、教授授课门次数、课程测评、教学事故等元素列为绩效考核的重要指标，对在本科教学、教学管理、教学改革、教学建设、教学研究等方面积极投入、取得成果的单位和教师予以奖励，调动每一位教师潜心教书育人的积极性和主动性。

在此基础上，各学院根据学校规定的质量标准，从教和学两个方面制定了课堂教学、实践教学等各教学环节的质量标准。通过多年的建设和积累，学校逐步健全和规范教学管理程序，使教学工作的每一个环节都做到有章可循，形成了互相协调、互相促进、互相制约的教学活动运行机制。

3. 改革本科教育质量监控手段

一是建立本科教学督导制度。从1997年开始，学校设立本科教学督导组，聘请一些富有教学管理经验的退休老教师担任教学督导员。他们深入教学第一线，在开展专题调研、稳定教学秩序、严格考试及课堂纪律、加强教学信息反馈等方面做了大量富有成效的工作，有力地促进了教学质量的提高。

二是实施党政领导干部听课制度。从2005年开始，学校要求校领导、中层领导、院系领导和管理干部深入教学第一线，了解课堂教学的具体情况。厦门大学的校级党政领导每学年至少听课4次，教务处领导干部每学年至少听课12次，其他部处领导每学年至少听课6次，院系党政领导干部每学年至少听课10次，机关部处及院系党政管理干部的听课次数由各部门、各院系根据实际情况确定。

三是建立教学质量评估制度。2005年，厦门大学以19个全优的成绩通过中国教育部组织的本科教学水平评估。本着"以评促建、以评促改、评建结合、重在建设"的方针，学校每年都定期开展教学质量评估。至2014年已累计连续开展9年的校内自我评估，形成了自我检查、自我反馈、自我整改以及自我提高的长效质量提升机制。

四是落实期中教学检查制度。每学期期中，各个院系开始期中教学检查，召开教师座谈会和学生座谈会，听取师生对教学工作的意见和建议。要求实行领导约谈制度，对学生反映意见较大的课程，要及时反馈任课教师，督促教师改进教学方式。学校要求进行期中教学考试，反馈教学效果。

五是建立教学信息反馈制度。每学期由班级学习委员、班长收集学生对教师教学的反馈意见，定期向系辅导员、分管教学的院长（系主任）汇报；每学期期中，学校召开分管教学的院长（系主任）、分管学生工作的副书记、政治辅导员参加的期中教学检查会议，邀请学生代表参加，听取学生对教学的不同意见，并及时反馈给有关教师。

六是实施毕业生跟踪调查制度。近年来，学校还着手开展了毕业生质量追踪调查随访工作，通过学校建立在各地市县的校友会，调查反馈所在地的毕业生情况。

4. 革新学校质量监管组织架构

学校以校内管理体制改革为契机，按照"精简、统一、效能"的原则，重新理顺校院二级教学管理职责、行政组织与学术组织的关系，形成了一个任务明确、职责清楚、权限分明、相互协调、相互促进的教学质量运行机制。

一是建立"校—院"二级教学管理机制。经过调整、合并，学校主要负责年度教学经费预算、专业和课程评估、重大教学改革项目的建设与管理、重大实验室规划与建设、教学质量的保障及监控、教学工作调查与咨询以及有关全校性课程的建设与管理等工作。学院承担统筹安排本学院教学工作，具体负责专业教学质量、课程教学质量、实践教学等各环节质量的保障与监控，同时赋予学院在人事聘任考核、经费使用、教学资源调配等方面拥有更多的自主权。

二是成立教学质量保障学术组织。学校成立了教学委员会，负责审议、指导职能部门提出重大教学工作规划、教学改革措施、教学管理制度，它们的内容包括本科专业设置和建设规划，教学实验室设置和建设规划，高级职称岗位设置原则和评聘标准，各类教学奖评定标准和办法，以及评审重大教学成果奖等。教学委员会的设立，充分发挥了学术力量在教学质量上的监控作用。

三是理顺实验教学管理体制。为了强化实验教学课程质量，也为了最大限度地提高教学资源尤其是实验教学资源的使用率，学校对一些适用广、覆盖面大的实验室，采取集中建设、集中管理的方法，以学院为单位建立实验教学中心，改变过去以教研室建设实验室、以教研室开设实验课的小而全、重复建设的做法。实验教学中心统一负责实验课程教学质量、统一调配仪器、统筹使用经费、统一人员安排。这一管理机制的革新不仅最大限度地提高了现有教学设备的使用率，而且从整体上提高了实验教学质量。

三、厦门大学 IQA 的模式及举措

（一）厦门大学 IQA 的实施模式

以入选 UNESCO/IIEP 组织的 IQA 项目为契机，学校立足全球视野，融入"以学生为中心、基于成果导向和持续改进"三大质量保障理念，参照国际 IQA 原则标准重新优化 IQA 体系，聚焦日常教学监督、课程教学评价、年度教学评估、学生学习反馈、毕业生跟踪反馈等五大事项，建立了教学督导制度、听课制度、教学信息反馈和教学检查制度等工作机制。在具体实施环节，进一步优化了四个维度评估指标（适应度、保障度、有效

度、满意度）、动态挖掘六维数据（生源、学习经历、课程测评、教学运行状态、毕业生调查、用人单位调查）为核心的内部质量保障体系，实现了 IQA 的系统化、科学化、国际化、标准化，形成了具有世界标准、中国特色、厦大传统的 IQA 模式（见图 7-15）。

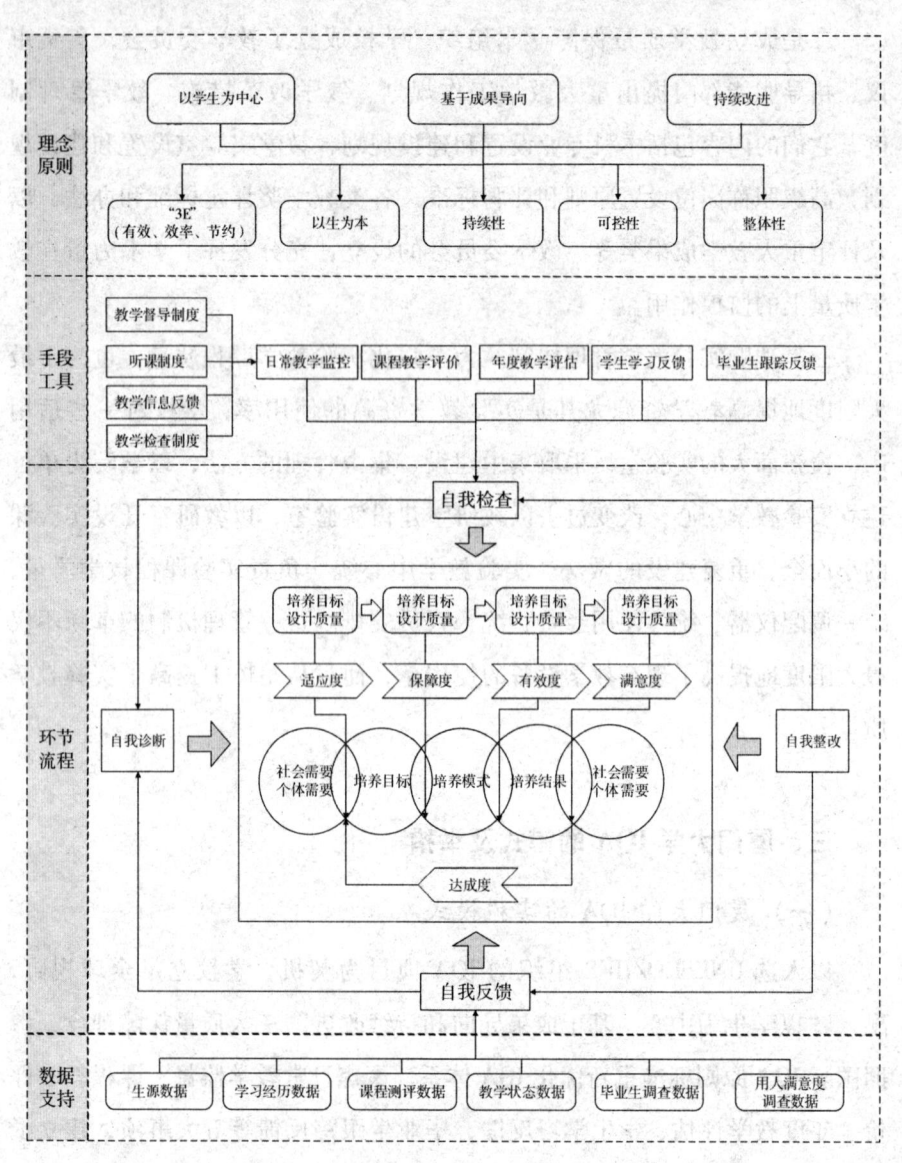

图 7-15 厦门大学内部质量保障模式

(二) 厦门大学 IQA 的运作机制

厦门大学将 IQA 建设重点聚焦于形成科学合理、运行有效的内部评估工作组织体系，建立健全教学基本状态数据库及相应工作机制，以及建立健全内部评估反馈机制。基于此，厦门大学建立了包括"自我检查→自我诊断→自我反馈→自我整改"四步交互的 IQA 闭环运行机制（如图 7-16），进而对人才培养全过程的动态进行质量监控与保障。

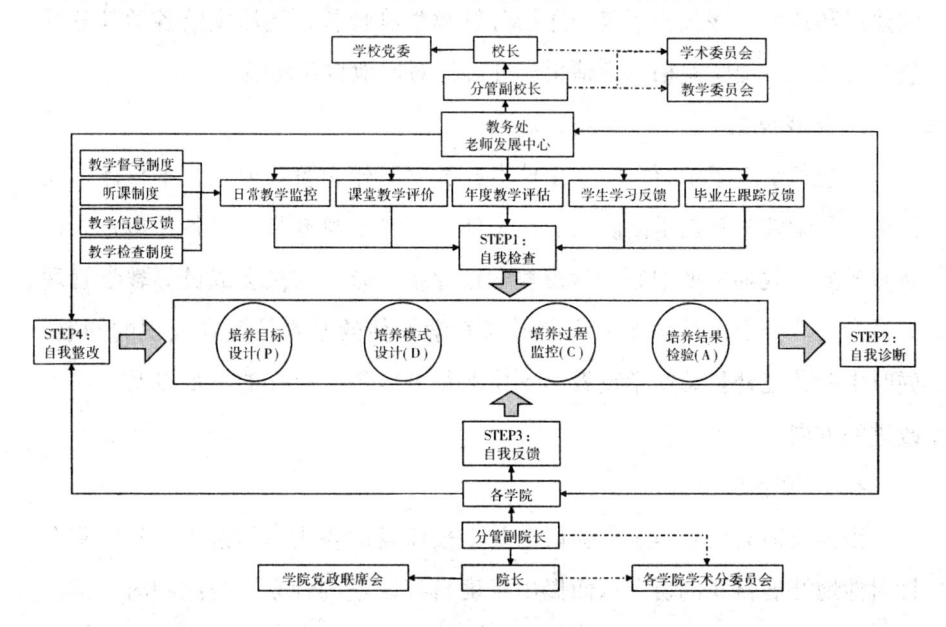

图 7-16 厦门大学 IQA 运行机制

1. 自我检查

自我检查包括常规自我检查和专题自我检查两种类型。其中，常规自我检查包括教师教学督导、学生信息反馈、课程听课、期中教学检查等，目的是及时了解教学过程中存在的问题并及时解决。专题自我检查又分为三种类型。一是年度本科评估，根据平时检查过程中出现的共性问题，以年度评估的形式组织专家开展专题性的年度教学检查。二是每年固定做两次课程学习评估、学生问卷调查（毕业为重点，以学习经历调查和毕业生跟踪调查为补充，涵盖"培养目标、培养模式、培养过程以及培养结果"全过程，"自我检查→自我诊断→自我反馈→自我整改"的内部质量保障体生问卷调查、新生问卷调查）。三是根据学生的就业情况每年定期做毕业生及用人单位学习反馈情况调查。

2. 自我诊断

学校根据年度评估每年定期编制厦门大学年度评估报告、课程评估报告以及学生学习经历报告等不同的质量分析报告。这些报告依据客观事实数据，及时总结和分析教学工作取得的成绩、存在的不足与问题以及改进的建议和意见。该报告不仅报送给分管教学副校长，还印发给各学院分管教学院长，以便学院根据评估报告开展针对性地自我诊断。

3. 自我反馈

学校每学期组织召开一次全校本科教学工作布置会或全校本科评估反馈会，各学院分管教学副院长、系主任、主管本科教学项目各类负责人以及教务处、教师发展中心、学校教学督导组、教学委员会成员等教学管理人员参加。会上由评估专家全面反馈教学评估的基本情况及发现的问题，同时由教务处处长总结学校教学工作取得的成绩、存在的不足以及下一步改进的方向。

4. 自我整改

根据反馈会或教学工作会议以及学校印发的各类评估报告，各学院有针对性地开展自我剖析，从而提出年度自我改进的计划。与此同时，学校层面也会根据各种反馈信息及时提出学校总体整改方案或改进措施。

（三）厦门大学 IQA 的主要举措及特色做法

1. 聚焦 IQA 顶层设计：开展"顶天立地"的理论研究

近年来，厦门大学承接了多项与质量保障相关的国家重大研究课题，如教育部哲学社会科学重大攻关课题"我国本科人才培养质量研究"，国家教育体制改革领导小组办公室委托课题"《教育规划纲要》中期进展第三方评估报告"，教育部"'985'工程高校本科教学质量报告"，"全国'211工程'高校本科教学质量报告（2012年度）"等项目。2014年，学校与教育部评估中心共建全国首个"高等教育质量监测评估研究基地"，对我国高等教育质量进行诊断、监测与评估，为国家制定高等教育质量的宏观决策提供支持服务。2015 年，厦门大学与教育部评估中心联合研制了《中国高等教育质量报告》，这是迄今为止中国乃至世界上首次发布高等教育质量的"国家报告"。2016 年，"高校人才培养质量保障体系研究"中标教育部哲学社会科学研究重大课题攻关项目。2017 年，学校获得福建省发展和改革委员会首批"数字福建高等教育大数据研究所"项目。这些不仅反映了学校 IQA 体系建设的实践成效，还反映了学校从理论研究层面对构建 IQA 体系的高度重视。

2. 实施以课程测评为核心的课程质量保障机制

一是改进课程测评制度。2011 年，厦门大学自主研发了新的课程测评工具，凸显了以学生为中心、注重学习过程的效果评价，旨在推动教师从"教的关注"转向"学的关注"。评价内容包括教师课前准备、授课激情、课堂讲解、课程掌握、课内时间把握、尊重学生、师生交流互动、答疑辅导、迟到早退、重视反馈、课后作业、成绩评定、课堂纪律、知识拓展、教师总评、学生收获等 17 项指标。每学期，学校还会基于测评大数据编制《本科课程测评报告》，并将测评结果作为教师教学工作业绩的重要参考依据，激励教师不断改进教学方法。同时，根据课程评价结果，学校引入严格的课程准入与淘汰机制，连续三轮开课效果不好的课程将被取消。

二是严格课程教学过程管理。学校先后制定了《厦门大学课程考核管理办法》《厦门大学课程缓考暂行办法》《厦门大学本科课程质量行动实施方案》等文件，在课程开课、排课、选课、考试、免听、缓考、考核等方面实施严格的过程管理。其中包括：（1）严格课程准入机制。所有新开课程及教学大纲须经学院教学委员会论证，严格学生"用脚投票"，连续三轮选课人数不足或开课效果不好的课程将被取消，以及建立常态化课程更新机制。（2）严格课程考核制度。严格执行统一教学大纲、统一教学安排、统一考试、统一阅卷和统一评分标准。改革课程考核方式，建立淡化分数、弱化排名、强化能力的过程考核机制。（3）建立课程档案倒查制度。每门课结束后，须将相关材料归入课程档案，包括课程教学大纲、教学进度表、教材、课程总结、试卷分析等，每年通过倒查课程档案促进课程教学质量的提升。(4)完善课程教学检查制度。建立教务处、学生处、教师发展中心、学院等多单位协同质量管控机制，不断完善教学督导制度、党政领导干部听课制度、校领导听课制度、同行听课制度，强化日常教学检查，对本科课堂教学过程进行实时监测、预警和调控，形成课堂教学质量提升的机制。

3. 建立学生学习经历调查和毕业生跟踪调查机制

一是建立学生学习经历调查机制。2007年，厦门大学围绕大学生学习投入、本科生就读经历调查等主题，自主开发了学生学习经历调查工具，对新生和毕业生展开问卷调查。2016年，厦门大学结合联合国教科文组织发布的IQA标准体系，进一步优化了包括大学生背景信息、课堂学习体验、课外学习体验、学习性投入、学习收获、学校归属感等六大模块的调查工具。基于调查数据，学校每年编制《新生学习经历调查报告》和《毕业生学习经历调查报告》，为及时把握学生学习趋向、需求以及改进教学工作提供有针对性的决策依据。

二是建立毕业生跟踪调查机制。自2008年起，学校每年开展毕业生就业状况调查和用人单位跟踪回访的活动，并根据调查结果编制并公开发布《厦门大学毕业生就业质量年度报告》。报告内容涵盖毕业生就业基本情况、用人单位的反馈与评价、就业创业工作的主要特色和经验做法等，报告围绕"培养的学生是否满足社会经济发展的需要""学生和社会用人单位是否满意"等问题进行随机访谈，为进一步完善学校IQA体系建设提供了充足、真实、多样化的一手素材，提高了决策的科学性和有效性。

三是构建大学生第二课堂活动跟踪机制。厦门大学通过"i厦大"APP网络平台，建立包括大学生背景、心理健康调查、第二课堂在内的数据库，启动学生全程学习体验实时信息跟踪机制。

4. 完善以反馈整改为重点的年度教学评估制度

自2005年起，厦门大学坚持把内部评估作为"一把尺子""一面镜子"，以问题为导向，每年在各类大数据分析基础上选取若干影响本科教育质量的核心指标，在二级学院进行重点自查基础上，成立了以校领导为组长的若干专家组,对本科教学工作展开常态化评估,建立了"自我检查、相互观摩、典型示范、及时整改"的质量持续提升机制,形成了质量"止退力"。开展常态化评估以来,学校先后进行四次全校综合性人才培养方案的修订,尤其是2012年培养方案的修订,各专业累计对标国内外知名大学500多个专业的培养方案,实现了培养方案的国际对接。而常态化评估的结果既为第二年工作计划提供了发力方向,也为学校制定了五年发展规划以及为"综合改革方案"等提供科学依据,助力学校进行了大类招生、大类培养、平台课程建设、全员创新、通识教育改革以及课程组建设等一系列重大综合改革。此外,学校以内部评估为基础,根据贡献度、保障度、有效度、显现度等近百项指标综合制定了《厦门大学本科教学工作绩效考核办法》,选取制约本科教学质量的关键因子建立考核指标体系(正负激励结合机制),每年根据工作重点和存在的突出问题,动态调整考核指标及其系数,将教学基本状态数据分析、日常质量监控与绩效考核有机结合,实现了IQA体系的闭环运行与管理。

5. 加强教师教学发展中心建设

厦门大学每年根据年度校内教学评估、课程评价、新生及毕业生调查报告等,精准诊断教学问题,依托国家级教师教学发展示范中心,整合全校优质资源,通过开展教学培训、鼓励教学创新、建立教学激励机制等形式,增强教师教书育人的自觉性,持续提升教师教学能力,培植追求卓越教学的质量文化。

主要措施包括:(1)以强化青年教师思想政治教育为引领,以国情校情、师德师风、教学规范、教学技能等四大模块为内容,通过系列讲座、教学示范、跟堂听课与教学研讨等形式,对新入职的教师进行岗前培训,规定经过培训合格获得证书者方能走上讲台。(2)每年举办教师教学技能比赛,参赛人员从青年教师扩大到全体教师,比赛项目从理论教学拓展到实验教学、英语教学以及翻转课堂教学,比赛形式从单一的教学技能竞技发展为集教学比赛、教学培训、教学观摩三位一体的教学能力互动平台。(3)自2013年起学校每年举办青年骨干教师夏令营,通过邀请德高望重的资深教授、教学名师、高教研究专家等开设讲坛、教学示范、名师一对一指导，推动青年骨干教师教学观念的更新和教学能力的迅速提升，在青年教师群体中营造一种从尊重教学、热爱教学到追求卓越教学的良好氛围。（4）建设青年教师成长档案库。每年为青年教师拍摄"第一堂课"和"最后一堂课"的录像，青年教师通过录像档案进行自我审视，建立个性化"全息"的教学诊断方案，迅速有效地提高青年教师的教学质量。（5）学校实时组织"名师工作坊教学沙龙""名师下午茶""教学咨询室""示范观摩"等活动，邀请国家、省级教学名师为青年教师提供"一对一"的教学能力指导，根据需求不定期举办专业教学培训、教学主题沙龙、教学讲座等活动，搭建体系化教师教学研讨互动平台。（6）1997年至今每年安排《厦门大学学报》专辑刊发教学研究论文，每年安排专项经费立项教学改革研究、精品课程建设、网络课程、慕课等，目前全校课程上网比例超过80%。结合教改立项、制度建设推进智慧教室建设，鼓励教师主动开展翻转课堂、小班化等教学改革。（7）学校出台《厦门大学本科课堂教学基本规范》《厦门大学教学事故认定与处分暂行办法》《关于进一步加强和改进师德师风建设的若干意见》等规章制度，明确教学规范，严肃教学纪律，强化教书育人的责任，建立教学约束机制。学校通过出版《我的厦大老师》，举办新教师"上讲台"仪式、"我最喜爱的十位老师"评选、"本科教学示范岗"评选等活动，营造尊师重教的氛围。

6. 建立基于大数据的质量监测平台

学校通过建立和优化质量检测平台，挖掘充足和客观的监测数据，来有效提升IQA体系的科学性。比如2014年，厦门大学瞄准国家重大教学改革发展需求，成立了教育部首个"全国高等教育质量监测评估研究基地"，重点对我国高等教育质量进行诊断、监测与评估，为国家制定高等教育质量的宏观政策提供决策咨询服务。2016年，学校与麦可思数据有限公司签署协议，协同共建"中国高等教育数据中心"，通过对该公司海量数据的分析，为中国高等教育内部管理提供优化方案。

四、厦门大学 IQA 体系的创新点及主要成效

（一）厦门大学 IQA 体系的创新点

厦门大学 IQA 体系建设项目立足高校自身办学基础，充分吸收了国际 IQA 体系建设的良好经验，进行了有效的本土化改进和创新性发展，形成了一套系统完备、特色鲜明的运行机制。IQA 体系的创新之处主要体现在以下几个方面：

首先，厦门大学参考国际 IQA 建设理念、原则和标准，以"学生中心""成果导向""持续改进"为基本理念，遵循科学管控流程，实施闭环管理，构建了一套具有中国特色的 IQA 体系。厦门大学通过年度评估这一把"尺子"，形成了以日常质量监控为基础，以课程测评和年度教学自我评估为重点，以学生学习经历调查、毕业生跟踪调查、用人单位满意度调查等为补充的系统化、国际化、标准化、多元化的内部质量监控体系，在全国具有典型的示范意义。

其次，建立基于大数据的质量监测系统。学校参照联合国教科文组织提供的质量保障手段，建立了基于数据和事实的质量检测评估系统，依据数据监测，每年定期开展质量的诊断、评估与总结反馈，改变了质量保障从凭经验、惯性思维的模式演进到基于大数据、依赖统计分析规律和事实判断的科学模式，实现质量保障从经验走向科学，从粗放管理走向精细管控的愿景，在全国高校具有较强的借鉴价值。

再次，聚焦以课堂为核心的质量文化建设。坚持以学生为中心，把提高质量的重心聚焦于课堂教学和教学能力提升上，在全国高校中，厦门大学率先提出"教学质量文化"的建设。依托学校国家级教师发展中心建设，在校内营造严肃教学、尊重教学、热爱教学的氛围，使质量建设的重点从刚性制度要求转向更为深层的追求卓越的教学质量，从"要我管"转向"我要管"，让自我保障、自我评估、自我监测成为大学的文化自觉，在全国高校具有示范的引领作用。

厦门大学 IQA 建设经历了从粗放管理到科学精细管理、从关注定性到注重定性定量结合、从关注表象到注重内涵、从关注局部到注重全过程、从关注制度建设到培植质量文化的过程，建立了人才培养质量引领力（重大项目和理论研究引领）、提升力（教学能力精进提升）、推动力（全额学费返还教学、教学绩效激励）、洞察力（多维大数据挖掘）和止退力（常态化内部评估）"五力合一"的协同机制（见图7-17），实现对人才培养全流程、全过程的闭环质量监控。

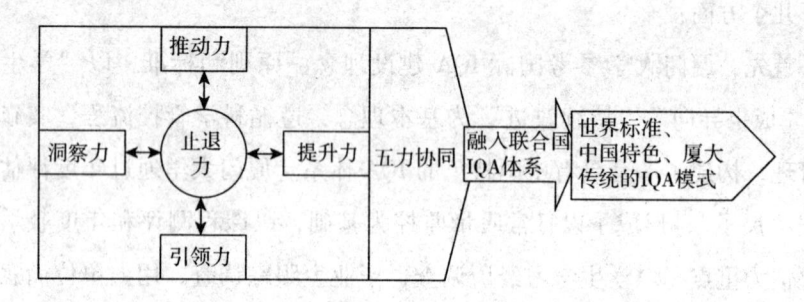

图 7-17　"五力合一"的协同机制

（二）厦门大学 IQA 体系的主要成效

作为国家"211 工程""985 工程"和"双一流"建设大学，厦门大学始终致力于本科教学内部质量保障体系的建设，形成了体系完备、特色鲜明的内部质量保障机制，取得了一系列人才培养成效。2015年，李克强总理视察学校时曾指出："学校人才培养工作抓得很扎实，创新创业工作用人单位很满意。"①

1. 国内外专家高度认可学校 IQA 体系建设成效

2015 年年底，以北京大学林建华校长为组长的教育部评估专家组认为，厦大已经构建运行有效的教学质量保障体系，教学改革措施得力，在全国高校具有引领和示范作用。2016 年，联合国教科文组织在厦门大学召开"高等教育质量与就业：内部质量保障的贡献"国际研讨会，厦门大学

---

① 黄宝秋，李静，陈浪，赖炜芳，曹熠婕. 深切的关怀，巨大的鼓舞——李克强总理莅校视察 ［EB/OL］（2015-04-24）［2022-10-22］. https://news.xmu.edu.cn/info/1002/3393.htm.

邬大光副校长向26个国家80所高校和10个国家评估机构180余名专家分享IQA"厦大模式"的主题报告。教育部评估中心主任吴岩、中国高教学会会长瞿振元、厦门大学资深教授潘懋元、IIEP所长苏珊娜·格兰特·刘易斯（Suzanne Grant Lewis）、美国高等教育认证委员会主席朱迪斯·伊顿（Judith Eaton）、欧盟全球大学多维排名项目负责人弗兰克·齐格勒（Frank Ziegele）等国内外专家出席会议。联合国教科文组织在法国出版题为"Enhancing Teaching and Learning through Internal Quality Assurance——Xiamen University, China"的研究报告，并在其官网高度评价，还向世界推广IQA的厦大模式："Over the past two decades, this leading research university has developed an efficient and effective IQA for enhanced teaching and learning."

2. 学校IQA体系建设成果辐射范围广泛

一是受到社会媒体重点关注，产生较大的社会影响力。近年来，《中国教育报》（2012年、2013年）、《光明日报》（2016年）、《高教周刊》（2019年）等多家社会媒体曾以头版头条或专题的报道形式，充分肯定和宣传了厦门大学IQA建设的成效。并且，《中国高等教育质量报告（2014年）》及《中国本科教育质量报告（2016年）》还把厦大IQA体系建设作为优秀案例选入报告，面向全国推介。二是面向兄弟院校进行深入交流探讨，进一步扩大了相关成果在兄弟院校的影响力。除了上文提及的国内外兄弟院校来校开展调研和交流以外，学校还面向部分高校开展IQA体系建设专题培训，如举办福建省教育厅"师资闽台联合培养项目"、西部地区和解放军兄弟院校培训项目、中国矿业大学等14期高校师资和教学管理培训班，累计1185人参加。此外，受联合国教科文组织IQA项目启发，厦门大学和同济大学等高校共同发起倡议，于2019年6月在上海成立了"中国高校内部质量保障机构联盟"，旨在促进全国高校内部质量保障体系的建立，推动全国高校内部督导、评估、监测工作专业化水平的整体提升。

3. 推动学校教学改革持续深化，人才培养质量不断提升

就教学改革方面而言，学校自实施 IQA 项目以来，推动 84 个专业实施大类招生大类培养的计划；入选到教育部拔尖计划、卓越计划等重要人才培养计划中，获得教育部首批"深化创新创业教育改革示范高校"、首批"全国高校实践育人创新创业基地"、首批"中美青年创客交流中心"、第三批"大众创业万众创新示范基地"等称号。全国教育学会公布的 2018 年度"双一流建设本科教育质量百优榜"中，厦门大学排名第 10 位。目前，学校荣获"教育部课程思政教学研究示范中心"（全国 15 个普通高等教育类之一）；8 个教育部基础学科拔尖学生培养计划 2.0 基地；1 人入选首届全国教材建设奖先进个人；1 本教材入选首届全国教材建设奖优秀教材；1 个实验教学中心获批国家级实验教学示范中心；1 个临床教培训基地获批国家临床教学培训示范中心；2 门课程入选教育部首批课程思政示范课程；2 人分获全国高校教师教学创新大赛一等奖、三等奖；2 人分获全国高校青年教师教学竞赛二等奖、三等奖；3 个基地入选国家级大学生校外实践教育基地；3 个虚仿教学中心获批国家级虚拟仿真实验教学中心；6 个专业（类）入选教育部强基计划；6 个项目入选教育部首批新文科研究与改革实践项目；7 个虚拟教研室入选教育部首批虚拟教研室建设试点；11 个专业（13 个项目）入选教育部卓越人才教育培养计划；11 个项目入选教育部新工科研究与实践项目；12 项成果获国家教学成果二等奖；44 门"金课"获首批国家一流本科课程立项；64 个专业入选国家级一流本科专业建设点。据不完全统计，十年间本科生共获得国际级奖项 981 项、国家级奖项 2591 项、省市级奖项 4453 项。公开发表学术论文 1516 篇（核心期刊 1049 篇），申请专利 248 项。在历届"互联网+"大赛上，荣获 13 金 12 银 15 铜，其中 2018 年、2020 年两次获得总决赛亚军。

参考文献

一、中文部分

（一）中文著作

［1］贺国庆，王保星，朱文富．外国高等教育史［M］．北京：人民教育出版社，2003．

［2］黄福涛．外国高等教育史［M］．上海：上海教育出版社，2008．

［3］李兴业．巴黎大学［M］．长沙：湖南教育出版社，1988．

［4］张斌贤．美国高等教育史（中）：扩张与转型（1862—1944）［M］．北京：教育科学出版社，2019．

［5］苏锦丽．高等教育评鉴——理论与实践［M］．台北：台湾五南图书有限公司，1997．

［6］陈欣．高等教育问责制度国际比较研究［M］．北京：中央编译出版社，2014．

［7］黄海涛．学生学习成果评估：美国高等教育质量保障研究［M］．北京：教育科学出版社，2014．

［8］郑晓齐．亚太地区高等教育质量保障体系研究［M］．北京：北京航空航天大学出版社，2007．

［9］陈玉馄，代蕊华，杨晓江，等．高等教育质量保障体系概论［M］．北京：北京师范大学出版社，2004．

［10］王汉澜．教育评价学［M］．开封：河南大学出版社，1995．

[11] 史秋衡, 吴雪, 王爱萍, 等. 高等教育大众化阶段质量保障与评价体系研究 [M]. 广州: 广东高等教育出版社, 2012.

[12] 中国高等教育学会. 新时代高校理论与实践教学深度融合若干问题观察报告 [M]. 北京: 北京理工大学出版社, 2020.

[13] 苏永建. 中国高等教育质量保障运行机制及其变革 [M]. 北京: 中国社会科学出版社, 2020.

[14] 李珩. 教育大数据: 开启教育信息化2.0时代 [M]. 重庆: 重庆大学出版社, 2019.

[15] 李秉德, 李定仁. 教学论 [M]. 北京: 人民教育出版社, 2001.

[16] 刘兰凯. 质量文化建设与质量发展研究 [M]. 昆明: 云南人民出版社, 2012.

[17] 戚维明. 罗国英质量文化建设方略 [M]. 北京: 中国标准出版社, 2011.

[18] 约翰·布伦南, 特拉·沙赫. 高等教育质量管理——一个关于高等院校评估和改革的国际性观点 [M]. 陆爱华, 等译. 上海: 华东师范大学出版社, 2005.

[19] 戴维·林德伯格. 西方科学的起源 [M]. 张卜天, 译. 长沙: 湖南科学技术出版社, 2013.

[20] 威尔·杜兰. 世界文明史·信仰的时代（下）[M]. 幼狮文化公司, 译. 北京: 东方出版社, 1999.

[21] 阿特巴赫, 波达尔, 甘波特. 21世纪的美国高等教育: 社会、政治、经济的挑战 [M]. 施晓光, 蒋凯, 译. 青岛: 中国海洋大学出版社, 2007.

[22] 约翰·布伦南, 特拉·沙赫. 高等教育质量管理——一个关于高等院校评估和改革的国际性观点 [M]. 陆爱华, 等译. 上海: 华东师范大学出版社, 2005.

[23] 克拉克·克尔. 高等教育不能回避历史: 21世纪的问题 [M]. 王承绪, 译. 杭州: 浙江教育出版社, 2001.

(二) 中文报刊

[1] 金帷. 评估型政府与英国高等教育改革 [J]. 比较教育研究, 2010, 32 (06): 71-75.

[2] 陈华仔, 黄双柳. 美国高等教育外部质量保障体系的百年发展 [J]. 现代教育管理, 2016 (07): 61-65.

[3] 郑觅. 高校内部质量保障: 框架与措施——联合国教科文组织"IQA项目"优秀案例述评 [J]. 中国高教研究, 2016 (09): 17-22.

[4] 方鸿琴. 英国高校内部教学质量保障体系的特点与启示 [J]. 中国大学教学, 2013 (10): 87-90.

[5] 威廉姆·耐特, 刘智勇. 院校研究与质量保证——以美国高等教育为例 [J]. 高等教育研究, 2008 (08): 17-25.

[6] 秦琴. 日本高等教育质量评价与保障体系: 历史演进与改革方向 [J]. 高教探索, 2018 (01): 62-70.

[7] 傅帅雄. 日本高等教育市场化改革探析 [J]. 高教探索, 2016 (10): 66-70.

[8] 周远清. 提高质量是教育改革发展的关键 [J]. 中国高教研究, 2011 (11): 4-7.

[9] 杜娟, 曾冬梅. 高等教育外部质量保障体系闭环系统初探 [J]. 高教发展与评估, 2007 (01): 54-59, 122.

[10] 王名. 走向公民社会——我国社会组织发展的历史及趋势 [J]. 吉林大学社会科学学报, 2009, 49 (03): 5-12.

[11] 陆根书, 贾小娟, 李珍艳, 等. 改革开放40年来中国本科教学评估的发展历程与基本特征 [J]. 西安交通大学学报 (社会科学版), 2018, 38 (06): 19-29.

[12] 钟秉林. 我国高校内部质量保障体系的现状分析与未来展望——基于96所高校内部质量保障体系文本的研究 [J]. 高等工程教育研究, 2009 (06): 64-70.

[13] 王战军. 建立健全新时期研究生教育质量保障体系 [J]. 中国

高等教育，2012（06）：30-33.

[14] 计国君，邬大光，薛成龙．构建大数据驱动的内部质量保障体系——以厦门大学IQA为例［J］．厦门大学学报（哲学社会科学版），2018（02）：53-64.

[15] 李国强．高校内部质量保障体系建设的成效、问题与展望［J］．中国高教研究，2016（02）：1-11.

[16] 徐东波．我国高校内部本科教学质量保障体系研究［J］．黑龙江高教研究，2020，38（03）：33-38.

[17] 刘冰，张科静，张璐．基于专业认证的高校质量保障体系的构建［J］．教育现代化，2019，6（45）：80-82.

[18] 李庆钧．基于"以学生为中心"理念的高校教学质量保障体系研究［J］．扬州大学学报（高教研究版），2021，25（04）：1-7.

[19] 范菁．高校内部教学质量保障体系建设的现状与展望——基于本科审核评估实践的研究［J］．中国大学教学，2019（03）：48-53.

[20] 李庆丰，章建石．高校内部教育学质量保障体系的理论构建［J］．中国高等教育，2008（11）：33-35.

[21] 魏红，钟秉林．我国高校内部质量保障体系的现状分析与未来展望——基于96所高校内部质量保障体系文本的研究［J］．高等工程教育研究，2009（06）：64-70.

[22] 计国君，邬大光，薛成龙．构建大数据驱动的内部质量保障体系——以厦门大学IQA为例［J］．厦门大学学报（哲学社会科学版），2018（02）：53-64.

[23] 林家好．高校内部质量保障组织机构的有效运行［J］．宁德师范学院学报（哲学社会科学版），2020（01）：122-125.

[24] 彭安臣，王正明，李志峰．实质标准和程序标准——高校教学质量保障体系建设矛盾破解之道［J］．江苏高教，2022（06）：87-91.

[25] 鲍威．跨越学术与实践的鸿沟：中国本科教育高影响力教学实践的探索［J］．北京大学教育评论，2019，17（03）：105-129，190.

[26] 钟勇为, 韩晓琴. 亟待加强研究生教育内部质量保障"中梗阻"研究 [J]. 教育发展研究, 2021, 41 (Z1): 25-31.

[27] 刘学忠, 时伟. 大学内部质量保障体系的文化基点 [J]. 中国高教研究, 2012 (06): 59-63.

[28] 肖萍, 刘金锋. 高等教育质量管理引入ISO9000族标准的冷思考 [J]. 江苏高教, 2008 (06): 153.

[29] 张应强. 高等教育质量建设: 创新体制机制与培育质量文化 [J]. 江苏高教, 2017 (01): 1-6.

[30] 林浩亮. 质量文化建设: 新评估周期高校内部教育质量保障新思维 [J]. 长春工业大学学报 (高教研究版), 2014, 35 (03): 29-32.

[31] 朱永江. 质量文化: 高校内部质量保障体系建设的灵魂 [J]. 现代教育科学, 2012 (07): 98-101.

[32] 戚业国. 高校内部本科教学质量保障体系建设的理论框架 [J]. 江苏高教, 2009 (02): 31-33.

[33] 李爱国. 应用型大学质量文化与内部质量保障体系关系研究 [J]. 北京联合大学学报, 2019, 33 (03): 13-17.

[34] 齐春微. 高校内部质量保障体系下的质量文化建设路径研究 [J]. 对外经贸, 2020 (06): 146-148.

[35] 刘德仿. 论高校质量文化之构建 [J]. 学海, 2000 (05): 172-175.

[36] 张蓓. 高校质量文化构建探析 [J]. 集美大学学报 (教育科学版), 2006 (04): 75-78.

[37] 周应中. 质量文化培育与生成: 高职学校高水平建设的核心路径 [J]. 中国高教研究, 2020 (03): 98-101.

[38] 林浩亮. 质量文化建设: 新评估周期高校内部教育质量保障新思维 [J]. 长春工业大学学报 (高教研究版), 2014, 35 (03): 29-32.

[39] 何茂勋. 高校质量文化论纲 [J]. 高教论坛, 2004 (03): 140-145.

[40] 王姗姗. 高校质量文化的内涵解析与价值诉求 [J]. 高等农业教育, 2015 (06): 24-26.

[41] 冯惠敏, 郭洪瑞, 黄明东. 挪威推进高等教育质量文化建设的举措及其启示 [J]. 高等教育研究, 2018, 39 (02): 102-109.

[42] 徐赟, 马萍. 欧洲大学质量文化建设: 实践及启示 [J]. 外国教育研究, 2017, 44 (09): 3-12.

[43] 罗国英. 构建质量文化建设模式的研究——探索质量文化建设的方法与途径 [J]. 上海质量, 2009 (11): 53-57.

[44] 莫寰, 孔晓明, 黄小军. 文化的定位与文化建设模式 [J]. 社会科学, 2003 (08): 118-124.

[45] 李贞刚, 王红, 陈强. 基于PDCA模式的质量保障体系构建 [J]. 高教发展与评估, 2018, 34 (02): 32-40, 104.

[46] 胡雅琴, 何桢. 论六西格玛管理的本质属性 [J]. 科学学与科学技术管理, 2004 (10): 137-139.

[47] 刘丹平. 试论高校质量文化建设策略评价 [J]. 高教论坛, 2011 (10): 78-81.

[48] 郑立伟, 商广娟, 采峰. 质量文化评价及实证研究 [J]. 世界标准化与质量管理, 2008 (10): 34-38.

[49] 采峰. 质量文化的评价尺度和评价维度研究 [J]. 世界标准化与质量管理, 2008 (03): 29-32.

[50] 郑烨. 基于OBE理念的"公共政策学"课程教学优化研究 [J]. 东南大学学报 (哲学社会科学版), 2022, 24 (S1): 163-166.

[51] 孙福. 基于OBE理念的在线虚拟训练项目设计 [J]. 实验技术与管理, 2021, 38 (03): 210-213.

[52] 郝莉, 冯晓云, 朱志武, 等. 新一轮审核评估背景下高校内部质量保障框架与途径研究 [J]. 中国高教研究, 2021 (10): 58-66.

[53] 杨钰. 信息化时代教室布局设计创新的若干思考 [J]. 设计, 2022, 35 (12): 133-135.

[54] 郑修鹏，陈鸿，刘开元，等．理实一体专业教学训练系统实践探索［J］．中国现代教育装备，2022（21）：19-21．

[55] 薛成龙，邬大光．中国高等教育质量建设命题的国际视野——基于《高等教育第三方评估报告》的分析［J］．中国高教研究，2016（03）：4-14．

[56] 廖春华，马骁，李永强．本科人才培养质量标准研制路径探析——基于PDCA循环理论的视角［J］．教育发展研究，2014（21）：23-29．

[57] 张旭雯．《欧洲高等教育区质量保障标准与指南》的改进和发展［J］．世界教育信息，2018（05）：36-42．

[58] 李锋亮，吴帆．如何进行院系评估［J］．江苏高教，2018（11）：37-41．

[59] 樊秀娣．高校院系办学绩效评估的科学方法论——同济大学校内院系办学绩效评估引出的思考［J］．上海教育评估研究，2015（04）：44-48．

[60] 张安富，刘飞平．专业认证与审核评估的同频共振［J］．高等工程教育研究，2021（06）：81-85．

[61] 曲夏瑾．以质量文化建设为契机完善高校内部教学质量保障体系［J］．教育教学论坛，2020（38）：333-334．

[62] 柳亮，贾冰，罗利．以学生为中心的高校教学督导探索［J］．中国成人教育，2021（04）：42-44．

[63] 曾君，陆方喆．国际汉语数字化教学资源的概念、分类与体系［J］．云南师范大学学报（对外汉语教学与研究版），2021，19（03）：28-37．

[64] 张妍，贺慧敏．未来学校视域下教育评价的发展趋势［J］．教育探索，2020（12）：6-9．

[65] 彭红超，祝智庭．人机协同决策支持的个性化适性学习策略探析［J］．电化教育研究，2019（02）：12-20．

[66] 祝智庭，胡姣．技术赋能后疫情教育创变：线上线下融合教学新样态［J］．开放教育研究，2021，27（01）：13-23．

[67] 何克抗．如何实现信息技术与学科教学的"深度融合"［J］．教育研究，2017，38（10）：88-92．

[68] 祝智庭，胡姣．技术赋能后疫情教育创变：线上线下融合教学新样态［J］．开放教育研究，2021，27（01）：13-23．

[69] 高巍．技术赋能教学创变：国际前沿教学创新的特征及其进阶——基于2012—2021年《创新教学报告》的内容分析法研究［J］．华中师范大学学报（人文社会科学版），2022，61（01）：173-181．

[70] 龚旗煌．"强基计划"的高校实践［N］．光明日报，2022-05-11．

（三）学位论文

[1] 朱永东．美国高等教育认证认可与许可系统的演化机制研究［D］．广州：华南理工大学，2012．

[2] 王桂艳．美国高校内部质量指标研究［D］．厦门：厦门大学，2013．

[3] 杜娟．高等教育外部质量保障体系的闭环系统初探［D］．南宁：广西大学，2007．

[4] 张振宇．高校发展性教学质量保障模式研究［D］．长沙：湖南大学，2006．

[5] 张爱婷．普及化背景下我国高等教育质量保障体系研究［D］．沈阳：沈阳师范大学，2021．

二、外文部分

[1] JOHN F P. European Student Handbook on Quality Assurance in Higher Education.［EB/OL］.［2022-11-19］. https：//www. academia. edu/31925798/European_ Student_ Handbook_ on_ Quality_ Assurance_ in_ Higher_ Education.

［2］LAURA S, SARAH P E, HEATHER W, et al. Definitions of Quality in Higher Education: A Synthesis of the Literature [EB/OL]. [2022-11-19]. https://www.researchgate.net/publication/284217681_Definitions_of_Quality_in_Higher_Education_A_Synthesis_of_the_Literature.

［3］UNESCO. Higher Education and Research: Challenges and Opportunities [EB/OL]. [2022-05-06]. https://unesdoc.unesco.org/ark:/48223/pf0000141964?1=null&queryId=N-EXPLORE-b3f9a75b89c9-4d8a-bca8-ce3ea18a4bdb.

［4］JOHN F P. European Student Handbook on Quality Assurance in Higher Education. [EB/OL]. [2022-11-19]. https://www.academia.edu/31925798/European_Student_Handbook_on_Quality_Assurance_in_Higher_Education.

［5］TRICIA R. Quality Assurance in Higher Education: A Review of Literature [EB/OL]. [2022-11-19]. https://www.researchgate.net/publication/288891841_Quality_assurance_in_higher_education_A_review_of_literature.

［6］MARTIN M, UVALIC T S. A New Generation of External Quality Assurance Dynamics of Change and Innovative Approaches [EB/OL]. [2022-11-19]. https://www.iiep.unesco.org/en/publication/new-generation-external-quality-assurance-dynamics-change-and-innovative-approaches.

［7］LIVIU M, JULIA I. Quality Assurance in Higher Education A Practical Handbook [EB/OL]. [2022-11-19]. https://www.researchgate.net/publication/331345390_Quality_Assurance_in_Higher_Education_A_Practical_Handbook.

［8］ANCA P, MAHSOOD S. Defining the Quality of Higher Education Around Ethics and Moral Values [EB/OL]. [2022-11-19]. https://www.researchgate.net/publication/305803590_Defining_the_quality_of_higher_education_around_ethics_and_moral_values.

［9］JUDITH S. The Role of Quality Assurance and the Values of Higher Education ［EB/OL］. ［2022-11-19］. https：//link. springer. com/chapter/10. 1007/978-3-030-67245-4_ 28.

［10］BARNABAS C. The Evolution of Quality Assurance in Higher Education ［EB/OL］. ［2022-11-19］. https：//digitalcommons. uncfsu. edu/cgi/viewcontent. cgi? httpsredir＝1&article＝1012&context＝soe_ faculty_ wp.

［11］MARTIN T. Problems in the Transition from Elite to Mass Higher Education ［J］. Educational Problems, 1973：57.

［12］MARTIN T. Trust, Markets and Accountability in Higher Education：a Comparative Perspective ［J］. Higher Education Policy, 1996（4）：309-324.

［13］ZUMETA W. Public University Accountability to the State in the Late Twentieth Century：Time for a Rethinking? ［J］. Policy Studies Review, 1988（4）：5-22.

［14］HEAZLEWOOD I. Quality Assurance, Standards And Accreditation University Courses in Exercise and Sport Science in Australia：Processes and Outcomes ［J］. Anales De Pediatría, 2015, 73（4）：225-6.

［15］SHAH M. Ten Years of External Quality Audit in Australia：Evaluating Its Effectiveness and Success ［J］. Assessment & Evaluation in Higher Education, 2012, 37（6）：761-772.

［16］OECD. Governance in Transition：Public Management Reforms in OECD Countries ［M］. Paris：Organization for Economic Co-operation and Development publishers, 1995.

［17］GAITER G, NEDWEK B P. Measuring Up：The Promises and Pitfalls of Performance Indicators in Higher Education ［M］. San Francisco：Jossey-Bass publishers, 1994.

［18］MARTIN T. On the Accountability of Higher Education in the United States ［M］. Princeton：Princeton University Press, 1988.

[19] GRAHAM P A. Accountability of Colleges and Universities [M]. New York: Columbia University, 1995.

[20] FLAWN P T. A Primer for University Presidents: Management the Modern University [M]. Austin: University of Texas Press, 1990.

[21] GRONROOS C. A service quality model and its marketing implications [J]. European Journal of Marketing, 1984, 18 (4): 36-44.

[22] Ruth G. The Career Framework for University Teaching: background and overview [R]. London: Royal Academy of Engineering, 2018: 9.

[23] BENDERMACHER G. Unravelling Quality Culture in Higher Education: A Realist Review [J]. Higher Education, 2017, 73 (1): 39-60.

[24] EHLERS U D. Understanding Quality Culture [J]. Quality Assurance in Education: An International Perspective, 2009, 17 (4): 343-363.

[25] RAD A. The Impact of Organizational Culture on the Successful Implementation of Total Quality Management [J]. The TQM Magazine, 2006, 18 (6): 606-625.

[26] PRAJOGO D I, MCDERMOTT C M. The Relationship Between Total Quality Management Practices and Organizational Culture [J]. International Journal of Operations & Production Management, 2005, 25 (11): 1101-1122.

[27] HOFSTEDE G. Management of Multicultural Structures [M]. Bucharest: Economic Printing House, 1996.

[28] SCHEIN E H. Organizational Culture [C] //KENNETH D K. The Encyclopedia of Cross-Cultural Psychology, First Edition New York: John Wiley & Sons, Inc, 2013: 45-50.

[29] KUH G D, WHITT E J. The Invisible Tapestry: Culture in American Colleges and Universities [R]. Washington D.C.: Association for the Study of

Higher Education, 1988.

[30] HARVEY L, STENSAKER B. Quality Culture: Understandings, Boundaries and Linkages [J]. European Journal of Education, 2008, 43 (4), 427-442.

[31] BERINGS D. Reflection on Quality Culture as A Substantial Element of Quality Management in Higher Education [R]. Copenhagen: the 4th European Quality Assurance Forum, 2009.

[32] Jensen H T, Aspelin M, Devinsky F, et al. European University AssociationQuality Culture in European Universities. A Bottom up Approach: Report on the Three Rounds of the Quality Culture Project 2002—2006 [R]. Brussels: European University Association, 2006: 10.

[33] PETER T, WATERMAN R. In Search of Excellence [M]. New York: Harper & Row, 1982.

[34] WU S J. Customization of Quality Practices: The Impact of Quality Culture [J]. International Journal of Quality & Reliability Management, 2011, 28 (3): 263-279.

[35] NAOR M. The Role of Culture as Driver of Quality Management and Performance: Infrastructure Versus Core Quality Practices [J]. Decision Sciences, 2008, 39 (4): 671-702.

[36] TIA L, THERESE Z. Examining Quality Culture Part I: Quality Assurance Processes in Higher Education Institutions [M]. New York: Brussels: EUA, 2010.

[37] HOFSTEDE. Motivation, Leadership, and Organization: Do American Theories Apply Abroad? [J]. Organizational Dynamics, 1980, 9 (1): 42-63.

[38] HOFSTEDE G. Cultures and Organizations: Software of the MindThird Millennium Edition [M]. New York: McGraw-Hill, 2005: 8-9.

[39] SCHEIN E H. Coming to a New Awareness of Organizational Culture

[J]. Sloan Management Review, 1984, 25 (2): 3-16.

[40] SCHEIN E H. Organizational Culture and Leadership [M]. San Francisco, CA: Jossey-Bass, 2004: 25-26.

[41] HOFSTEDE G, NEUIJEN B, OHAYV D, et al. Measuring Organizational Cultures: A Qualitative and Quantitative Study across Twenty Cases [J]. Administrative Science Quarterly, 1990, 35 (2): 286-316.

[42] LEOVARIDIS C, CISMARU D M. Characteristics of Organizational Culture and Climate in Knowledge-intensive Organizations [J]. Romanian Journal of Communication and Public Relations, 2016, 16 (2): 35-56.

[43] EHLERS U D. Moving from Control to Culture in Higher Education Quality [C] // EHLERS U D, SCHNECKENBERG D. Changing Cultures in Higher Education. Berlin, Heidelberg: Springer, 2019. 385-401.

[44] NEWBY P. Culture and Quality in Higher Education [J]. Higher Education Policy, 1999, 12 (3): 261-275.

[45] ALI H M, MUSAH M B. Investigation of Malaysian Higher Education Quality Culture and Workforce Performance [J]. Quality Assurance in Education, 2012, 20 (3): 289-309.

[46] SMART J C, JOHN E P. Organizational Culture and Effectiveness in Higher Education: A Test of the Culture Type and "Strong Culture" Hypotheses [J]. Educational Evaluation and Policy Analysis. 1996, 18 (3): 219-241.

[47] European University Association. Developing an Internal Quality Culture in European Universities: Report on the Quality Culture Project 2002-2003 [R]. Brussels: European University Association, 2005, 6 (8): 17-25.

[48] PRAJOGO D I, MCDERMOTT C M. The Relationship Between Total Quality Management Practices and Organizational Culture [J]. International Journal of Operations & Production Management, 2005, 25 (11): 1101-1122.

[49] YU T, WU N Q. A Review of Study on the Competing Values Framework [J]. International Journal of Business & Management, 2009, 4 (7): 37-42.

[50] CAMERON K, QUINN R. Diagnosing and Changing Organizational Culture: Based on the Competing Values Framework [M]. San Francisco, CA: Jossey-Bass, 2006: 66.

[51] MCDERMOTT C M, STOCK G N. Organizational Culture and Advanced Manufacturing Technology Implementation [J]. Journal of Operations Management, 1999, 17 (5): 521-533.

[52] BERINGS D. Quality Culture in Higher Education: From Theory to Practice [R]. Copenhagen: the 5th European Quality Assurance Forum, 2010.

[53] MALGORZATA D A. Trust-Based Quality Culture Conceptual Model for Higher Education Institutions [J]. Sustainability, 2018, 10 (8): 2599-2621.

[54] TURDEAN M S, VANA D T. Quality Assurance Through Cultural Change [J]. Procedia - Social and Behavioral Sciences, 2012, 46: 2686-2692.

[55] MALHI R S. Creating and Sustaining: A Quality Culture [J]. Journal of Defense Management, 2013, S3: 2.

[56] NJIRO E. Understanding Quality Culture in Assuring Learning at Higher Education Institutions [J]. Journal of Educational Policy and Entrepreneurial Research, 2016, 3 (2): 79-92.

[57] MAULL R. Organizational Culture and Quality Improvement [J]. International Journal of Operations & Production Management, 1997, 21 (3): 302-326.

[58] ADINA P P. Quality Culture: A Key Issue for Romanian Higher Education [J]. Procedia - Social and Behavioral Sciences, 2014, 116:

3805-3810.

[59] WOODS J A. The Six Values of a Quality Culture [J]. National Productivity Review, 1997, 16 (2): 49-55.

[60] DETERT J R, SCHROEDER R G, CUDECK R. The Measurement of Quality Management Culture in Schools: Development and validation of the SQMCS [J]. Journal of Operations Management, 2003, 21 (3): 307-328.